最新行业会计实务系列

旅游、餐饮企业会计

王国生　主编

中国财政经济出版社

图书在版编目（CIP）数据

旅游、餐饮企业会计/王国生主编．—北京：中国财政经济出版社，2011.9
（最新行业会计实务系列）
ISBN 978－7－5095－3031－3

Ⅰ.①旅…　Ⅱ.①王…　Ⅲ.①旅游企业－会计②饮食业－会计　Ⅳ.①F590.66
②F719.3

中国版本图书馆CIP数据核字（2011）第161770号

责任编辑：周桂元　　　　责任校对：王　英
封面设计：朱江/杨雪　　　版式设计：董生萍

中国财政经济出版社出版
URL：http：//www.cfeph.cn
E－mail：cfeph@cfeph.cn

社址：北京市海淀区阜成路甲28号　邮政编码：100142
营销中心电话：88190406　北京财经书店电话：64033436　84041336
北京富生印刷厂印刷　各地新华书店经销
787×1092毫米　16开　20印张　356 000字
2012年5月第1版　2012年5月北京第1次印刷
定价：36.00元
ISBN 978－7－5095－3031－3/F·2570
（图书出现印装问题，本社负责调换）
本社质量投诉电话：010－88190744

编写说明

企业“经营有机密，会计要公开”是经济社会的共识，会计手续（过程）及会计结果公开披露，要依会计原则处理，但更重要的是依法、合规操作。会计法规体现一国的会计水平，但它是随着经济发展需要而逐步增添、完善和细化的，会计手段也是随着电子科技进步、随互联网发展而发展的。我们推出的这套面向不同行业企业会计人员的《最新行业会计实务系列》，正是为适应不断变化的经济、法规环境和科技发展，体现新法规、新业务、新视角的三新特征。新法规主要指本系列图书结合税务制度和内部控制制度等新规范；新业务指从过去的大分工分离出来的物业管理、建筑施工、旅游餐饮、农业、金融、物资流通、零售等新兴行业及原有行业更新内容的特点；新视角指改变以往脱离企业会计电脑实操的思路，结合会计电算化的实务进行编写，同时又从内部控制角度统驭全稿。

本系列图书由中国财政经济出版社组织，由首都经济贸易大学会计学院教授董力为博士牵头并统筹协调。编委会成员包括董力为教授、王国生副教授、许群教授、郭阜平副教授、刘瑛副教授、李百兴副教授等。

本系列图书首先推出《物业管理企业会计》、《旅游、餐饮企业会计》、《金融企业会计》、《运输企业会计》、《零售企业会计》、《农业企业会计》、《建筑企业会计》、《制造企业会计》。中国社会主义市场经济日新月异，会计理论、会计实践及会计法规制度建设快速发展。为此，我们也会根据社会和广大读者需要，以后陆续推出本系列其他分册。

《最新行业会计实务系列》编委会

2012年2月

前 言

旅游、饮食企业是以旅游资源、社会活动场所、配套设施等为基础，为顾客游览观光、食宿、娱乐、度假等方面提供综合性服务企业。随着我国经济的发展和人民生活水平的不断提高，旅游饮食服务业得到了迅速地发展，它在推动社会经济发展，促进国际文化的交流，扩大国内劳动就业，满足人民群众日益提高的生活需要等方面都起到了积极的作用。旅游饮食服务业的不断发展需要科学的管理，而科学的管理又离不开会计。《旅游、饮食企业会计》一书就是为了满足旅游饮食企业管理实践以及会计教学的需要而编写的。

本书具有以下特点：

1. 内容新颖

本书紧紧围绕我国财务与会计改革现状，对 2006 年财政部发布的《企业财务通则》、《企业会计准则——基本准则》、38 项具体会计准则和企业会计准则应用指南，2007 年全国人大公布的企业所得税法，2008 年国务院修订的增值税、营业税、消费税暂行条例，2010 年财政部等 5 部委联合发布的《企业内部控制应用指引》进行了系统地介绍。

2. 体例安排合理

在体例安排上，本书突破了目前财务会计、行业会计教材大多按会计要素逻辑关系编写的模式，其体例结构则是按照旅游、餐饮企业经济业务发生先后顺序加以设计的。从创办企业的资金来源入手，进一步阐述了货币资金、往来款项、存货、经营业务收支、对外投资、固定资产、无形资产、期间费用、税金、财务成果的核算方法以及财务报表的编制理论与方法，使读者按照教材的体系脉络，对旅游、餐饮企业会计核算内容有一个较为全面、系统的了解。

3. 由简到繁，由浅入深

本书对旅游、餐饮企业经济交易或事项的确认、计量、记录和报告的论述，力求做到深入浅出，通俗易懂，便于自学；对难于理解的内容，均举例或以图示说明。

4. 实用性强

本书实用性强，主要适用以下人员学习本书的需要：

第一，旅行社、饭店、宾馆、酒店、度假村、游乐场、歌舞厅、餐馆、酒楼、旅店、洗浴中心、照相、印染、修理、咨询等相关企业的财会人员；

第二，高等和中等财经院校会计专业及旅游、饮食、服务等专业学生；

第三，财政、税务、银行、会计服务中介、信息咨询等相关人员；

第四，旅游、餐饮企业中担任各种经济管理职责的非会计人员。

基于作者的水平，加之我国旅游、餐饮行业发展较快，会计改革的力度和深度也在不断地加大，书中可能存在不妥或谬误的内容，敬请各位同仁指正。

本书由王国生主编，参加编写人员及具体其分工如下：第二章由北京商业学校刘国成编写；第三章由华泰财产保险股份有限公司计划财务部赵兰芳编写；第四、第十三、第十四章由黑龙江煤炭职业技术学院赵晓辉编写；第十章由武洪熙编写；第十五章由王曦编写；其余章节由王国生编写。本书在写作过程中，得到王焕新、耿仁、杨继良等同志的大力支持，在此表示衷心感谢！同时，为对本书写作提供启发和帮助的有关文章、著作的作者深表谢意！

作者

2011 年 5 月

目　录

第一章 总论

旅游、餐饮企业与我们生活密切相关。每当人们购买餐饮商品或接受旅游服务时，就与企业形成了一定的财务关系，这种财务关系需要会计进行核算与反映。

第一节 旅游、餐饮企业业务活动特点

旅游、餐饮企业包括旅行社、饭店（宾馆、酒店）、度假村、游乐场、歌舞厅、餐馆、酒楼、旅店、理发、浴池、照相、洗染、修理、咨询等各类服务企业以及旅游部门所属的旅游车船公司、旅游商贸公司等。这些企业以旅游资源、社会活动场所、配套设施等为基础，为顾客游览观光、食宿、娱乐、度假等方面提供综合性服务。其经营活动内容既不同于工农业，也不同于纯商业，有着自身的许多特点和经营特殊规律，概括起来主要表现在以下方面：

一、旅游、餐饮企业以提供劳务服务为主

从经营活动特点看，旅游、餐饮企业都是以提供劳务为主，旅游业的服务对象主要是旅游者；餐饮服务业的服务对象主要是社会居民，如社会餐馆、理发、照相、印染和洗浴等主要是为居民提供日常服务。显然，旅游、餐饮企业在经营特点上是有共性的，即都是属于以提供劳务为主的经营性企业。

劳务服务具有无形性、一次性和同步性特点。其中，无形性表现为旅游餐饮服务很难量化，客人能感觉到被服务的好坏程度，但不能进行量化的描述。同时，服务的无形性只能在就客人购买并享用了服务后，从其生理与心理的满足程度来评估服务质量的优劣。一次性是指旅游餐饮服务只能当次使用，当场享受。这同酒店的客房、飞机的座位一样，如客房当日租不出去或航班没满座，那么酒店或航空公司所失去的收入是无法弥补的。同步性是指旅游餐饮服务的绝大多数产品的生产、销售、消费几乎是同步的，餐饮产品的生产过程也就是就餐者的消费过程。

二、旅游、餐饮企业职能多样性

旅游、餐饮企业具有生产、销售和服务三种职能。首先，为消费者提供服务是旅游餐饮服务业的基本出发点和本质特征。这种服务是一种具有特殊使用价值的、抽象的“商品”，而不是普通的商品。其次，旅游、餐饮服务业除具有服务职能外，其中餐饮、洗染、照相、誊印等行业，还从事加工生产，又具有生产企业的性质。再次，旅游、餐饮服务业又进行商品销售，具有零售商业的性质。可见，旅游、餐饮企业是融生产、销售与服务三种职能为一体的综合性服务企业。

三、旅游、餐饮企业经营规律具有特殊性

旅游、餐饮企业直接为消费者服务，但是，消费者是多层次的，需要是千差万别的，消费水平和爱好各不相同，这都使餐饮服务业在经营上不仅要点多、分散，还形成了不同类型、不同等级，服务项目繁多，分工也较细，经营方式灵活，既有专门经营专一品种，又有项目较全的

综合经营，各具特色。服务业这种划类分级的经营方式，成为它发挥各自专长、发扬经营特色、体现分等论价、提高服务质量、适人民群众多种多样消费需要的一个重要前提。这种特殊经营规律，是不同于一般商业的商品经营。

第二节　旅游、餐饮企业会计概念及特点

旅游、餐饮企业会计是适用于我国境内旅行社、饭店（宾馆、酒店）、度假村、游乐场、歌舞厅、餐馆、酒楼、旅店、理发、浴池、照相、洗染、修理、咨询等各类服务企业的一门专业会计。它具有一般企业会计特点，也具有自身特征。

一、旅游、餐饮企业会计概念

旅游、餐饮企业会计是适用于我国境内旅行社、饭店（宾馆、酒店）、度假村、游乐场、歌舞厅、餐馆、酒楼、旅店、理发、浴池、照相、洗染、修理、咨询等各类服务企业的一门专业会计。它主要以旅游、餐饮企业外部会计信息使用者为服务对象，以企业会计准则为指导，运用确认、计量、记录和报告等程序，提供旅游、餐饮企业财务状况、经营结果、现金流量等方面的会计信息，以反映企业管理层受托责任履行情况，有助于会计信息使用者做出经济决策的一种管理活动。我们可以从以下方面理解旅游、餐饮企业会计的概念：

（一）旅游、餐饮企业会计目标

企业会计目标既是会计行为的导向，还是衡量会计行为的最终标准。旅游、餐饮企业会计目标是向财务报告使用者提供与企业财务状况、经营成果和现金流量等有关的会计信息，反映企业管理层受托责任履行情况，有助于财务报告使用者作出经济决策。

（二）旅游、餐饮企业会计信息使用者

旅游、餐饮企业会计信息外部使用者，泛指企业外部的有关人士和组织，它们又可分为与企业有直接利害关系的外部使用者、与企业有间接利害关系的外部使用者。前者如旅游、餐饮企业的所有者与债权人等；后者如国家税务部门、证券业监管部门、顾客、供货方等。

（三）旅游、餐饮企业会计的基本程序

确认、计量、记录和报告为旅游、餐饮企业会计的基本程序。“确认”就是将某一项目作为某一会计要素正式地记入账册，进而在期末正式地列入财务报表的过程，会计确认解决的是定性问题。比如，什么是资产？判断资产的关键是什么？等；“计量”是对应予记录的会计对象加以衡量、计算，以确定其金额的处理过程，计量解决的是定量问题，即在确认的基础上确定金额；“记录”是在确认和计量基础上对经济业务事项运用会计科目进行账务处理的方法；“报告”即编写财务会计报告（包括编写会计报表和其他文字说明的信息），对外输出会计信息的过程。对会计报告所传达的信息不但有质量要求，而且有一定的格式要求。

（四）旅游、餐饮企业会计标准

会计标准是会计人员从事会计工作必须遵循的基本原则，是会计行为的规范化要求，其表现形式主要有会计准则和会计制度。目前，我国采用的是会计准则形式。

（五）旅游、餐饮企业会计信息内容

旅游、餐饮企业财务状况、经营结果、现金流量等构成了旅游、餐饮企业会计信息内容。其中，财务状况是指企业资产、负债和所有者权益及其构成；经营结果是指某时期企业收入与费用配比而得的利润或亏损；现金流量是指企业的现金和现金等价物的流入和流出。

（六）旅游、餐饮企业会计实质上是一项经济管理活动

旅游、餐饮企业会计是适应旅游、餐饮服务事业的发展和管理需要

而不断发展和完善的。在旅游、餐饮服务活动中，会计一方面要对人力、物力的消耗量及服务成果的数量进行记录、计算，提供管理所需要的各类会计信息；另一方面则要对服务过程中的耗费和服务成果进行分析、控制和审核，以促使人们减少劳动耗费，提高经济效益。可见，旅游、餐饮企业会计不仅直接介入旅游、餐饮服务管理活动过程，担当信息提供者的角色外，还直接参与管理决策与控制，因此，我们可将会计视为一种主观见之于客观的经济管理活动。

二、旅游、餐饮企业会计特点

旅游、餐饮企业会计是适应旅游、餐饮企业生产经营管理活动的不断发展而形成的一门独具特色的专业会计，与制造企业会计、施工企业会计、房地产开发企业会计、运输（交通）企业会计、邮电通信企业会计等专业会计相比具有以下特点：

（一）会计核算方法具有多样性

由于旅游、餐饮企业是以旅游、住宿、餐饮等服务为中心，辅之以烹制菜肴、食品生产和商品流通为消费者提供综合性服务的行业，其经营活动具有生产、销售和服务职能。因此，旅游、餐饮企业会计核算内容十分广泛，会计核算方法也具有多样性，如饭店加工烹制菜肴和食品需要采用成本核算方法核算加工商品的成本，商品部或零售商场出售商品需要采用零售企业的会计核算方法，而客房、娱乐、美容等纯服务性质的业务则采用服务企业的会计核算方法。可见，旅游、餐饮企业会计是零售会计、成本会计、服务会计等多种会计核算方法的综合，这些方法相互渗透、互相补充，构成了旅游、餐饮企业会计核算方法体系。

（二）成本核算方法具有特殊性

旅游、餐饮企业会计作为一门专业会计，其核算方法是集一般专业会计的共性，但在某些方面也形成了独具特点，就产品成本核算而言，餐饮企业不核算餐饮产品的全部成本，而只核算餐饮产品直接耗用原材料、配料和调料的进价成本；旅行社核算的营业成本实质上是直接用于旅游者的代收代付的有关费用；照相、洗染和修理服务企业核算的营业成本则是指企业直接耗用的原材料和辅助材料成本。可见，旅游、餐饮企业成本核算方法与制造企业成本核算方法具有明显的区别。

（三）货币资金内容具有涉外性

一般来说，企业的货币资金大多为人民币。但由于旅游、餐饮企业中，涉外饭店、旅行社和宾馆占有相当大的比重，日常经营活动会涉及多种货币的经济业务事项，外汇存入、转出和结算业务时有发生，外币资金的增减变动成为旅游、餐饮企业货币资金核算的主要内容之一。

（四）服务对象千差万别，流动性大、分散性强，呈现多变性特征

顾客在消费、需要服务、结账等方面的时间性都很强。会计工作必须满足顾客的需要，做到核算手续简便、结账准确、快速。对此，企业要建立健全严格的凭证填制、传递和审核的手续制度，督促有关人员认真履行职责。

第三节　旅游、餐饮企业会计内容

旅游、餐饮企业会计内容即旅游、餐饮企业会计的客体，它是旅游、餐饮企业在各种活动过程中以货币表现的经济活动，即旅游、餐饮企业的资金运动。

一、旅游、餐饮企业会计一般内容

旅游、餐饮企业会计内容与其经济活动内容密切相联系，即企业的基本活动是以有形空间、设备、产品和无形服务效用为基础，为消费者提供旅游、餐饮、住宿和理想的服务。旅游、餐饮企业的经济活动就是服务商品的物质运动与价值运动的统一。作为旅游、餐饮企业一项综合性管理活动的会计工作，其内容必然离不开企业的经营活动，但不是其经营活动的全部，而是那些能够用货币表现的经济活动，即旅游、餐饮企业的资金运动。旅游、餐饮企业的资金运动包括：

（一）资金的取得与运用

旅游、餐饮企业在组织经营活动过程中，除了拥有素质优良的劳动外，必须拥有一定数量的财产物资作为其开展经营活动的物质基础。在市场经济条件下，这些财产物资需要以货币来计量并表现其价值，财产物资的货币表现就是资金。

任何一个企业都必须拥有一定数量的资金，并且这些资金伴随着企业经营活动不断地进行运动，即以各种具体、特殊的形态分布并在企业经营活动的各个阶段，并不断地被加以运用，发挥其各自的功能，给企业目前和未来的经济活动带来一定的经济利益。在会计上，把资金占用与分布项目统称为“资产”。旅游、餐饮企业资产按其在资金运动过程中作用不同，可分为流动资产、长期投资、固定资产、无形资产等资产形态。

旅游、餐饮企业所运用的各项资产，都是从一定的来源渠道取得或形成的。企业资产的来源不外乎两个渠道：一是由债权人提供；二是投资者投入。债权人对提供资产的求偿权称为债权人权益，简称“负债”；所有者对净资产（资产与负债的差额）的所有权称为“所有者权益。”

资产表明企业的资金占用在哪些方面，而负债和所有者权益则说明资金是从哪些方面取得的。资产与负债、所有者权益，实质上是同一资金运动的两个方面，从数量上来说，也就是资产等于负债与所有者权益之和。它们三者之间的关系可用下列公式表示：

资产 = 负债 + 所有者权益

（二）资金的循环与周转

旅游、餐饮企业的资金，随着企业经营活动的不断进行，始终处在运动变化之中的，企业资金的运动与经营活动相适应，要经过服务准备、加工生产和销售三个阶段。

在服务准备阶段，企业要购买餐饮原材料、旅游商品以及服务设备等，发生材料、商品和设备的买价、运输费、装卸费等采购费用，与供应单位发生货款的结算关系。

在服务加工生产阶段，旅游、餐饮企业既为消费者提供“纯粹服务”，又为其提供餐饮产品、住宿、娱乐消遣等项目。在这个过程中，企业会发生餐饮材料消耗费、固定资产磨损的折旧费、工人劳动耗费的人工费等，同时，还将发生企业与工人之间的工资结算关系、与有关单位之间的劳务结算关系等。

在销售阶段，企业将旅游、餐饮服务产品销售出去，发生有关销售费用、收回货款、交纳税金等业务活动，并同业务往来单位发生货款结算关系、同税务机关发生税务结算关系等。

旅游、餐饮服务经营资金从货币资金开始，经过服务准备、服务生产加工、服务销售阶段又回到货币资金这一运动过程，称为“资金循环”。只要企业持续经营，资金循环是永无止境。随着企业经营活动不断进行而发出的连续不断的资金循环，就是资金周转。

旅游、餐饮企业在资金周转过程中，因销售旅游、餐饮产品、提供劳务服务会获得各种货币收入，称为“收入”，收入按其在企业经营中的地位不同又分为主营业务收入、其他业务收入。企业在经营过程中，为取得收入还必须有相应的各项支出，如为取得旅游商品销售收入，必须支出销售商品的成本，销售费用和营业税金；为取得其他业务收入，要付出相应的人力、物力等耗费，这些在经营过程中发生的各种耗费，称为“费用”。为考核企业的经济效益，必须通过会计核算对企业在一定会计期间的收入和费用相互配合比较，以确定其经营成果。收入抵补费用后的盈余为“利润”，收入如果不足以抵补费用，其差额则为“亏损”。其相互关系，可用公式表示：

利润 = 收入 - 费用

（三）资金的分配与退出

旅游、餐饮企业获得经营收入后，应将其进行分配。经营收入的分配包括两个方面：一方面是以收抵支，用经营收入抵偿旅游商品销售成本、弥补经营费用以及抵补其他支出；另一方面是盈利的分配，即对收支相抵后的企业盈利，用于企业的发展和向投资者进行分配。以收抵支和留归企业用于集体福利或企业的发展部分重新参与企业资金周转，向投资者分配股利或利润的部分，则从企业资金运动中退出。

二、旅游、餐饮企业会计要素

旅游、餐饮企业在上述活动过程中，由于资金的取得与运用、资金的循环与周转、资金的分配与退出等经济活动，构成了旅游、餐饮企业会计的一般内容。如果对旅游、餐饮企业会计内容按其经济特征做进一步的分类，可将其分为资产、负债、所有者权益、收入、费用和利润等会计要素。资产是资金的占用形态，负债和所有者权益是与资产相对应的资金来源渠道，它们是表示企业财务状况的会计要素；而收入、费用、利润则是资金运用的成果、即为取得成果的耗费和形成的净成果，因此是表示企业经营成果的会计要素。

（一）资产

资产，是指企业过去的交易或者事项形成的、由企业拥有或者控制的、预期会给企业带来经济利益的资源。资产通常按流动性分为流动资产与非流动资产。一般在 1 年内或长于一年的一个营业周期内变现或耗用的资产称为流动资产，如货币资金、应收及预付款项、存货等。不符合上述条件的均为非流动资产，如长期股权投资、固定资产、在建工程、无形资产等。资产具体构成如图 1－1 所示。

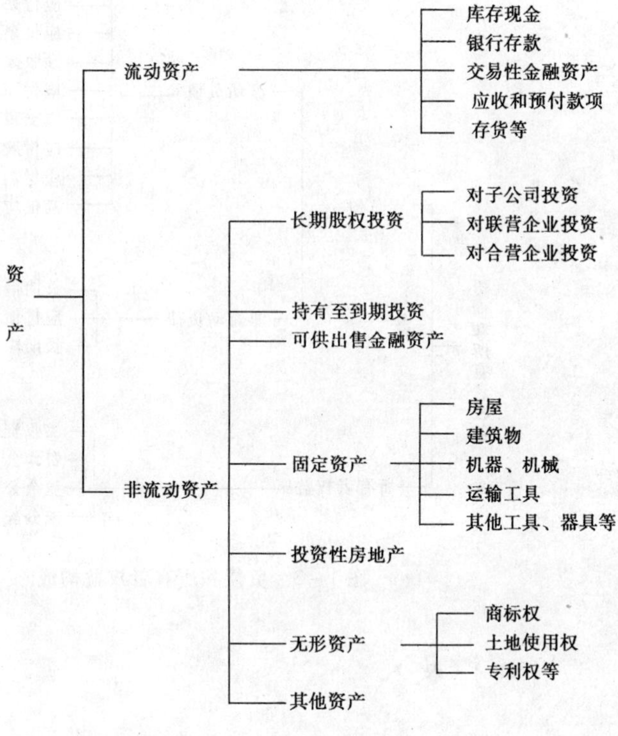

图 1－1　资产构成

（二）负债

负债，是指企业过去的交易或者事项形成的、预期会导致经济利益流出企业的现时义务。按照流动性对负债分类，负债可分为流动负债与非流动负债。一般将在1年内或长于1年的一个营业周期内偿还的债务为流动负债，如短期借款、应付及预收款项等。偿还期长于1年或长于一个营业周期的债务属于长期负债，如长期借款、应付债券以及长期应付款项等。

（三）所有者权益

所有者权益，是指企业资产扣除负债后由所有者享有的剩余权益。是所有者在企业资产中所享有的经济利益。所有者权益的来源包括所有者投入的资本、直接计入所有者权益的利得和损失、留存收益等。负债、所有者权益构成如图1－2所示。

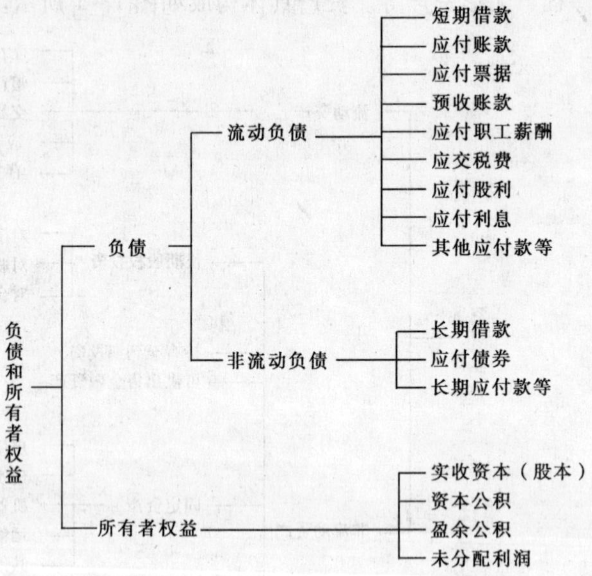

图1－2　负债和所有者权益构成

（四）收入

收入，是指企业在日常活动中形成的、会导致所有者权益增加的、与所有者投入资本无关的经济利益的总流入。收入一般包括销售商品收入、提供劳务收入和转让资产使用权收入。

（五）费用

费用，是指企业在日常活动中发生的、会导致所有者权益减少的、与向所有者分配利润无关的经济利益的总流出。费用按照其与收入的关系可分为营业成本和期间费用，如管理费用、销售费用和财务费用。

（六）利润

利润，是指企业在一定会计期间的经营成果。利润包括收入减去费用后的净额、直接计入当期利润的利得和损失等。

三、旅游、餐饮企业会计科目

会计科目是对会计要素按其经济内容和用途所作的具体分类项目。通过设置会计科目，可以将会计要素的增减变化分门别类地予以登记，为企业内部经济管理和外部有关方面提供一系列具体的分类数量指标。设置会计科目，在会计核算体系中占有十分重要的位置，它是设置科目、进行账务处理的依据。

（一）旅游、餐饮企业会计科目表

一个企业所使用的全部总分类科目的目录称为会计科目表。一份会计科目表表明一个会计主体的完整的科目体系。一个企业的会计科目（总分类科目）无论是由有关部门统一制定，还是由单位自主设置，都需要事先编列会计科目表，按照会计科目表开设分类账，以便企业内部随时查找。旅游、餐饮企业会计科目表如表 1－1 所示。

表 1－1　　旅游、餐饮企业会计科目表

顺序号	会计科目	顺序号	会计科目
	一、资产类	9	应收利息
1	库存现金	10	其他应收款
2	银行存款	11	坏账准备
3	其他货币资金	12	材料采购
4	交易性金融资产	13	在途物资
5	应收票据	14	原材料
6	应收账款	15	库存商品
7	预付账款	16	发出商品
8	应收股利	17	商品进销差价

续表

顺序号	会计科目	顺序号	会计科目
18	委托加工物资	51	预计负债
19	周转材料	52	递延收益
20	存货跌价准备	53	长期借款
21	持有至到期投资	54	应付债券
22	持有至到期投资减值准备	55	长期应付款
23	可供出售金融资产	56	未确认融资费用
24	长期股权投资	57	专项应付款
25	长期股权投资减值准备	58	递延所得税负债
26	投资性房地产		三、所有者权益类
27	长期应收款	59	实收资本
28	未实现融资收益	60	资本公积
29	固定资产	61	盈余公积
30	累计折旧	62	本年利润
31	固定资产减值准备	63	利润分配
32	在建工程	64	库存股
33	工程物资		四、成本类
34	固定资产清理	65	劳务成本
35	累计摊销	66	研发支出
36	无形资产减值准备		五、损益类
37	商誉	67	主营业务收入
38	长期待摊费用	68	其他业务收入
39	递延所得税资产	69	公允价值变动损益
40	待处理财产损溢	70	投资收益
	二、负债类	71	营业外收入
41	短期借款	72	主营业务成本
42	交易性金融负债	73	其他业务成本
43	应付票据	74	营业税金及附加
44	应付账款	75	销售费用
45	预收账款	76	管理费用
46	应付职工薪酬	77	财务费用
47	应交税费	78	资产减值损失
48	应付股利	79	营业外支出
49	应付利息	80	所得税费用
50	其他应付款	81	以前年度损益调整

（二）会计科目的运用

为了保证企业会计核算工作的正常进行，并满足会计资料使用者的需要，企业在会计科目的使用上，必须注意以下几点：

1. 企业应按会计准则的规定，设置和使用会计科目，以保证会计指标的统一性和可比性。在不影响会计核算要求和会计报表指标汇总以及对外提供统一的财务会计报告的前提下，可以根据实际情况自行增设、减少或合并某些会计科目。明细科目的设置，除会计制度已有规定者外，在不违反统一会计核算要求的前提下，企业可以根据需要自行确定。

2. 企业应按照会计准则规定的会计科目编号，编制会计凭证，登记账簿，查阅账目，实行会计电算化。企业不应当随意打乱重编。对于单位根据需要增设的会计科目，其科目编号可相应排列在所留的会计科目编号之间的空号中。

3. 对于会计科目名称，企业可以根据本企业的具体情况，在不违背会计科目使用原则的基础上，确定适合于本企业的会计科目名称。

4. 企业在填制会计凭证、登记账簿时，应当填列会计科目的名称，或者同时填列会计科目的名称和编号，不应当只填科目编号，不填科目名称。

第四节　旅游、餐饮企业会计工作的组织

为了做好旅游、餐饮企业会计工作，实现其会计目标，必须在企业中建立专门的会计机构，配备专职的会计人员，并且按照规定的会计法规和制度进行工作。这就需要科学地组织旅游、餐饮企业会计工作。

一、旅游、餐饮企业会计机构[①]

旅游、餐饮企业会计机构，应根据旅游、餐饮企业管理对会计信息

① 该部分内容参考了宋雪鸣、费志冰主编：《饭店财务运转与管理》，高等教育出版社 2008 年版，第 25 页。

要求的详细程度和各类经济业务工作量的大小，结合旅游、餐饮企业的业务具体情况组织会计工作。对于那些财务收支数额大、会计业务多的单位，都要单独设置由本单位领导人直接领导的财务会计机构（即一级管理机构），如会计处、财务部、会计科等。其中，有些业务复杂、会计工作繁重的基层单位，还可以在会计处（科）下，分设若干职能组，分别承担一定的核算任务。对于财务收支数额不大、会计业务比较简单的旅游、餐饮企业，可以不单独设置会计机构。但应在有关机构中设置若干办理会计工作的专职或兼职会计人员，单位领导人应当在这些会计人员中指定一人为主管人员，负责领导和办理本单位的会计工作。

下面介绍实行一次性结账和财务统管的饭店财会部门机构设置（如图1－3所示）。

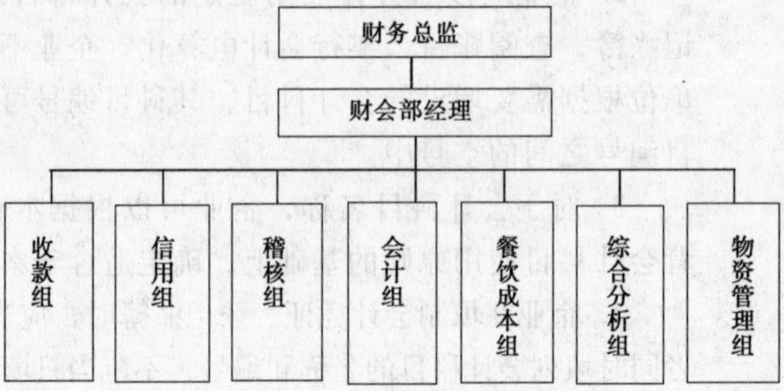

图1－3　某饭店财会部机构设置

图1－3中：1. 收款组：主要管理住店客人分户账及除商场以外各营业点的结账、收款工作；受中国银行委托办理外币兑换业务；管理供客人使用的贵重物品保险箱。

2. 信用组：负责已结账离店客人的应收款的明细分类核算和催收工作，分析应收账款的回收情况，并根据饭店的信用政策处理日常营业中的有关赊销及催收、催付款问题，如能否向某客人或某公司赊销，赊销的金额是多少；某位住店客人账户欠款达到饭店规定的限额数时如何催付，是催其全部付清还是部分付清，或和该客人商定另作信用安排等。

3. 稽核组：负责核对及结算饭店当日营业收入，在次日晨报出“饭店营业收入日报表”；负责将每晚房费过账于住店客人分户账内，核对“住店客人房费”总数结余；核对当日过账于住店客人分户账内的各营业部门账项，抽样检查餐厅账单，核查各类单据销号，防止舞弊。

4. 会计组：负责流动资产、长期投资、固定资产、无形及递延资产的明细分类核算；负责流动负债、长期负债及所有者权益的明细分类核算；负责营业收入及销售费用、管理费用、财务费用的明细分类核算；正确计算各会计期间的利润，按规定进行利润分配；办理饭店总分类核算，定期编制资产负债表、利润表、财务状况变动表和其他会计报表；执行国家现金管理制度、结算制度、信贷制度和外汇管理条例；负责会计档案的保管等工作。

5. 餐饮成本组：负责餐饮营业成本的核算，编制“餐饮成本日报表”；监督销售费用的支出和营业成本计划的执行情况；在业务上指导和组织餐厅、酒吧的成本控制工作。

6. 综合分析组：负责饭店的统计工作，分析饭店营业收入及利润计划的完成情况，定期综合分析饭店财务成本计划的执行情况，编制财务情况说明书；根据总经理室及上级的要求编制饭店年度预算，参与审查经营物资供应、技术措施、基本建设等计划和主要经济合同，分析各项计划和经济合同，对执行中存在的问题提出改进措施；负责饭店的价格管理工作。

7. 物资管理组：负责饭店各项经营物资的验收、发放和保管工作，办理经营物资的明细分类核算；配合会计组分析采购资金的使用情况、储备资金的占用情况及原材料、物料用品消耗定额的执行情况；定期进行仓库盘点，保证账物相符。

二、旅游、餐饮企业会计人员

（一）会计从业资格与会计人员

从事会计工作的人员必须取得会计从业资格证书（简称“会计证”）。该证书是证明能够从事会计工作的合法凭证，它是进入会计职业、从事会计工作的一种法定资质，是进入会计职业的“门槛”。未取得会计从业资格证书的人员，不得从事会计工作。

从事会计工作的所有人员，统称为会计人员。会计人员一般包括会计机构负责人或者会计主管人员，以及从事出纳、财物核算、工资核算、成本费用核算、财务成果核算、资金核算、往来结算、总账报表、稽核、档案管理等工作的普通人员。

（二）会计人员的职责

根据会计法规的有关规定，会计人员的职责主要包括：

1. 按照规定进行会计核算。即按照我国《会计法》和《企业会计准则》的规定，认真填制和审核会计凭证，登记各种账簿，记录各种财产物资的增减变动及使用情况，正确地计算各种收入、费用和经营成果。按期结算、核对账目，进行财产清查，编报各种会计报表。

2. 按照规定进行会计监督。即通过会计工作对本单位的各项经济业务和会计手续的合法性、合理性、有效性或预算执行情况进行监督。

3. 拟订本单位办理会计事务的具体办法。即结合本单位的具体情况，拟定本单位会计工作必须遵循的要求和办理会计事务的具体办法，如会计人员岗位责任制度、内部稽核制度、财产清查制度和成本计算办法等。

4. 参与拟订经济计划、业务计划，考核分析预算、财务计划的执行情况。

5. 办理其他会计事项。比如，协助单位内部其他管理部门做好管理的基础工作，提供关于改制、合并、分立等方面有关的会计信息等。

（三）会计人员的职业道德

会计人员的职业道德是指会计人员在职业活动中应遵循的、体现会计职业特征的、调整会计职业关系的职业行为准则和规范。

会计人员在提供会计信息的过程中，除了必须将本职工作置于法律、法规的约束和规范之下，还必须具备与其职能相适应的职业道德水准。根据我国会计工作、会计人员的实际情况，我国会计人员职业道德规范主要包括：爱岗敬业；诚实守信；廉洁自律；客观公正；坚持准则；提高技能；参与管理；强化服务。

三、旅游、餐饮企业会计标准

旅游、餐饮企业进行会计核算必须遵循一定的标准。《企业会计准则》与《企业会计制度》是我国企业会计标准主要形式。

我国的企业会计标准自20世纪50年代直至90年代初，一直采用企业会计制度的形式，如1992年财政部制定的《旅游、餐饮企业会计制度》。随后我国开始研究起草企业会计准则。企业会计准则是会计核算工作的规范，即会计确认、计量、记录和报告必须达到的标准。1992年11月经国务院批准，财政部以部长令的形式，正式发布了《企业会计准则》（称为基本会计准则），规定从1993年7月1日起正式施行。这是我国会计改革的一项重要措施，它标志着我国企业会计工作进入了一个新的发展时期。之后又先后发布了16项具体准则。为了适应我国市场经济发展和经济全球化的需要，财政部对原有准则做了系统性修改，并制定了一系列新的准则，于2006年2月15日发布，2007年1月1日实施。新的企业会计准则体系由1项基本准则、38项具体准则、企业会计准则应用指南和解释公告三个层次构成。

（一）基本准则

基本准则，是企业会计准则体系的概念基础，是制定具体准则及其应用指南等的依据。基本准则包括六部分内容：①财务报告目标。明确了我国财务报告的目标是向财务报告使用者提供决策有用的信息，并反映企业管理层受托责任的履行情况。②会计基本假设。强调了企业会计确认、计量和报告应当以会计主体、持续经营、会计分期和货币计量为会计基本假设。③会计基础。坚持了企业会计确认、计量和报告应当以权责发生制为基础。④会计信息质量要求。建立了企业会计信息质量要求体系，规定企业财务报告中提供的会计信息应当满足会计信息质量要求。⑤会计要素分类及其确认、计量原则。新的基本准则将会计要素分为资产、负债、所有者权益、收入、费用和利润六个要素，同时对有关要素建立了相应的确认和计量原则，规定会计要素在确认时，均应满足相应条件。会计要素在计量时可供选择的计量属性包括历史成本、重置成本、可变现净值、现值和公允价值等。⑥财务报告。明确了财务报告的基本概念、应当包括的主要内容和应反映信息的基本要求等。

基本准则的作用主要体现在以下方面：①基本准则是制定具体准则的依据。具体准则涉及会计核算的具体业务，为了保证各个具体准则相互之间的协调，使整个会计准则形成一个严密的体系，必须有一个贯彻始终的指导原则，即基本准则。由于基本准则是对财务报告目标等会计的基本问题所进行的规范，从而成为制定各项具体准则和指导会计实务的重要依据。②基本准则是解决新的会计问题的指南。在会计实务中，由于经济交易或事项的不断发展、创新，可能会出现一些新的交易或者事项在具体准则中尚未规范但又急需处理的问题，基本准则就为解决这些问题提供了依据。

（二）具体会计准则

具体会计准则，是根据基本会计准则的要求，用以规范企业发生的具体交易或事项的会计处理。2006年2月15日财政部在对原基本会计准则作重大修订的基础上，发布了38项具体会计准则（见表1-2所示）。

表 1-2　　38 项具体会计准则

序号	名称	序号	名称	序号	名称
1	存货	14	收入	27	石油天然气开采
2	长期股权投资	15	建造合同	28	会计政策、会计估计变更和差错更正
3	投资性房地产	16	政府补助	29	资产负债表日后事项
4	固定资产	17	借款费用	30	财务报表列报
5	生物资产	18	所得税	31	现金流量表
6	无形资产	19	外币折算	32	中期财务报告
7	非货币性资产交换	20	企业合并	33	合并财务报表
8	资产减值	21	租赁	34	每股收益
9	职工薪酬	22	金融工具确认和计量	35	分部报告
10	企业年金基金	23	金融资产转移	36	关联方披露
11	股份支付	24	套期保值	37	金融工具列报
12	债务重组	25	原保险合同	38	首次执行企业会计准则
13	或有事项	26	再保险合同		

上述 38 项具体会计准则按照内容分为共同性业务会计准则、特殊行业的特定业务准则和报告准则三类。其中，共同性业务会计准则主要规范各类企业普遍适用的一般经济业务的确认和计量要求；特殊行业的特定业务准则主要规范特殊行业的特定业务的确认与计量要求；报告准则主要规范普遍适用于各类企业的报告类准则。

（三）会计准则应用指南

会计准则应用指南，是根据基本会计准则、具体会计准则制定的，用以指导会计实务的操作性指南。会计准则应用指南主要包括具体准则解释和会计账户、主要账务处理、财务报表及其格式等，为企业执行会计准则提供操作性规范。

四、旅游、餐饮企业会计信息化建设

旅游、餐饮业是直接面对消费者的行业。旅游、餐饮服务业提供优质的、特色化的、全程的旅游服务，搜集、分析客户信息并对这些信息进行整合，更好地实现客户交互，跟上国内其他成熟的服务产业的发展步伐，接轨世界旅游服务业的进程等等，都离不开信息技术的支持。近年来，随着网上旅游的兴起和国家旅游局对旅游网站开放旅游企业的经营权，传统的旅游企业的信息化建设也就显得日益迫切。

会计信息化是会计发展的内在要求与必然趋势，也是未来会计改革发展的必由之路。具体地说，会计信息化是全面运用以计算机、网络和通信为主的信息技术，对伴随企业经营过程发生的原始数据进行获取、加工、传输、存储、分析等处理，为企业经营管理、控制与决策提供及时、准确的信息。

（一）会计信息系统建设

会计信息化是借助会计信息系统为载体实现的，会计信息系统建设是指企业建立会计信息系统的全过程。无论企业规模大小，结构及业务复杂程度如何，建立会计信息系统的工作程序都大致相同（如图 1 – 4 所示）。但由于我国旅游、餐饮企业规模小、资金少、底子薄，在会计信息系统实际建设过程中更加关注系统建设所能带来的实效，低廉的价格和良好的服务质量。因此，与知名品牌的专业供应服务商合作和自身发展结合的方法由于成本低、见效快、服务有保障，而成为我国中小旅游、餐饮企业进行会计信息系统建设的普遍选择。

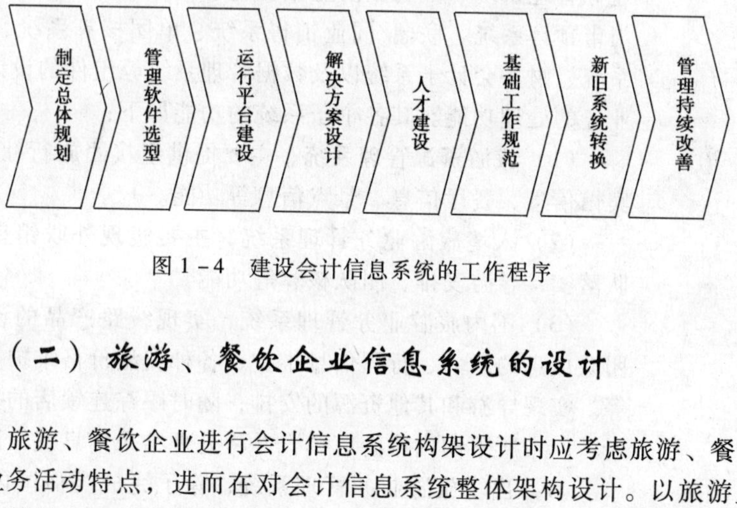

图 1 – 4　建设会计信息系统的工作程序

（二）旅游、餐饮企业信息系统的设计

旅游、餐饮企业进行会计信息系统构架设计时应考虑旅游、餐饮企业业务活动特点，进而在对会计信息系统整体架构设计。以旅游业为例，其活动内容、范围如图 1 – 5 所示。

信息系统建设的核心是应用软件，应用软件是支撑企业业务处理的实体。旅游企业无论是购买软件厂商开发的，还是自行研发设计的信息管理软件，在进行信息系统构架设计时应考虑业务操作、管理控制和战略管理等方面的因素，因此在会计信息系统整体架构设计可分为三层：

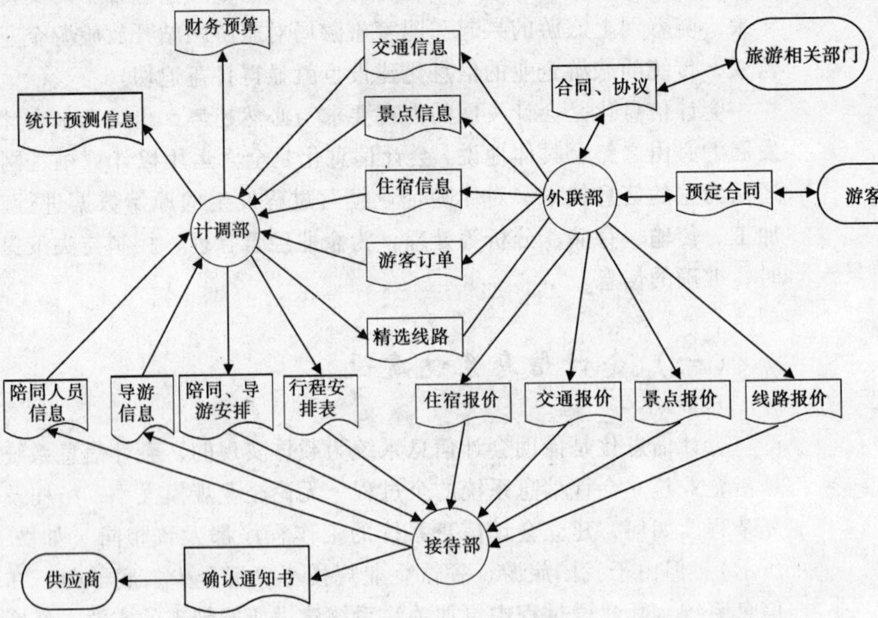

图 1－5　旅游餐饮企业活动内容、范围

第一层为业务操作层设计。一般包含旅游资源管理系统、入境旅游业务管理系统、国内旅游业务管理系统、出境旅游业务管理系统、连锁门市预订系统、联盟/同业销售系统、单团核算系统、订房订票服务子系统、财务会计子系统以及数据管理系统等组件的设计，提供企业日常业务的处理功能。其各个子系统的功能如下：

（1）旅游资源管理系统，主要提供组接团旅行社信息、交通信息、宾馆信息、餐厅信息、景点信息等功能。

（2）入境旅游业务管理系统，主要实现外联销售、计划调度、团队落实、导游安排、团队核算等功能。

（3）国内旅游业务管理系统，实现线路产品的设计、维护；实现团队信息的录入、行程信息维护、各种类型价格维护、附加费的维护等等。实现导游和其他资源的安排；随时跟踪连锁店的报名情况，办理部门、门市所下国内旅游订单，并将处理结果信息反馈到有关数据库。

（4）出境旅游业务管理系统，除了完成类似国内游操作系统的基本功能之外，提供了针对出境游操作特殊功能。如办理护照、办理签证、银行换汇等。

（5）连锁门市预订系统，辅助业务员受理客户咨询，预订、购买、退订旅游产品。实现对团队信息查询、客户预订、客户下单、收退款操作、退转团处理、暂存款、押金、保险、银行存款、客户信息、统计查询等功能。

（6）联盟/同业销售系统，联盟/同业组织是各大型旅游集团或者旅行社为了应对激烈的市场竞争，联系国内旅游行业其他旅行社、销售代理商，自发组成的联盟性组织。为了支持集团化管理和业务规模扩张的需求，联盟/同业销售系统为联盟组织、同业组织提供了业务往来的支持。

（7）单团核算系统，实现业务结算流程处理的计算机化，实现业务系统的相关业务在财务系统中生成相关的记账凭证，提供单团辅助核算的功能，实现对单团收支情况的综合查询。

（8）订房订票服务系统，实现宾馆预订、火车票预订、机票销售、票证票据管理、销售核算等功能。

（9）财务核算系统。通用账务模块的主要功能包括：凭证制作、凭证复核、自动记账、凭证汇总记总账、月底结账等数据处理凭证管理、账目管理、应收应付、银行对账、部门核算、内部银行、固定资产管理、薪酬管理等。

（10）数据管理系统，是旅游企业解决跨地域管理的有效工具。通过采用相应的技术手段将企业的各机构成员分布在不同物理位置的业务数据，在交易处理阶段就集中存放到同一物理位置，但在业务处理上仍然表现为分散核算的模式。为企业总部及时、准确获取信息，建立数据仓库，为实现战略分析奠定基础。

第二层为管理控制层设计。设计管理控制层要考虑提供全面的业务分析与优化功能，包括财务分析、客流分析、旅游产品分析、促销分析、场效分析等。管理合并工具、报表合并工具、全面预算、预算监控等，用于帮助中层管理者贯彻执行企业战略，并对战略执行情况实时监控，以便及时发现问题并采取相应的措施。其中，业务运营层的各种业务支持系统是管理控制层的数据基础。

第三层为战略管理层设计。设计战略管理层要考虑通过提供企业战略管理和战略规划的各种工具与方法，来实现战略目标管理、业务规划、预算管理、管理监控、业务合并、投资者关系管理等功能。战略管理层包括平衡计分卡、战略地图、业务建模、运营预测、全面预算等工具，用于帮助企业高层进行战略制定、战略监控和优化。其中，平衡计分卡是决策支持层的核心工具，完成对企业战略目标的分解和关键绩效指标的确定。

（三）旅游、餐饮企业信息系统建设应注意的问题

完整的旅游企业信息系统不仅应实现现代旅行企业的所有功能，而且更应适应了企业的信息化要求，包括数据管理、报表管理、业务处

理、统计查询、数据传输接口等。因此旅游企业在信息系统建设过程中应着重注意下列几个方面的问题：

1. 将旅行社的主要业务流程都看做信息处理流程，例如组接团、旅游线路设计和包装、订房订票派车派陪的后台保障、团队核算、财务结算、部门效益考核、应收应付往来等，并且在必要时对这些业务流程进行重新组织，以适应信息化处理的需要。

2. 面向市场运作，及时采集和更新客源信息和旅游资源信息，并将收集的信息进行整理、归类、数字化存档。

3. 企业信息流应保持一致性和共享性。

4. 对于企业信息的整理、分析，业务流程的信息化等工作，需要设置专门机构，由专人负责。

5. 对企业信息资源的应用，应以业务流程为基础，实行集中管理、分权使用。

第二章 2

资金筹集的核算

旅游、餐饮企业的生存与发展以企业筹集足够的资金并灵活运用这些资金为前提。

所谓“资金”是指各单位所拥有的财产物资的货币表现以及货币本身。资金是企业筹办和从事生产经营活动的物质基础，也是企业财务活动的起点和会计核算的内容。

俗话说“巧妇难为无米之炊”，任何一个旅游、餐饮企业的开办都必须要有一定的资金投入，用于建设客房、添置服务设备、物料用品、支付员工的工资及其他费用，或用于向其他企业的投资。有了上述的生产要素，员工和生产资料可以进行结合，经过旅游服务、生产加工过程形成旅游、餐饮服务产品，借助旅游市场，供给消费者，企业以此取得货币收入。

旅游、餐饮企业资金筹集渠道是多方面的，但总体而言主要包括：一是从所有者处取得的资金形成资本金；二是从债权人处取得的资金形成负债；三是从企业获利中以留利形式取得的资金构成为所有者权益的一部分。如果将这三个方面的筹资进一步按权益性质进行归并，就可以归集为两种性质的资金即所有者权益和负债。

从形态分析，旅游、餐饮企业资金筹集的资金一般是货币资金形态，也可以是实物形态、无形资产形态。

第一节 货币资金的核算

旅游、餐饮企业大部分经济业务始于货币资金或终于货币资金，货币资金构成了企业资金运动的起点和终点，货币资金包括库存现金、银行存款、其他货币资金。

一、货币资金的概念

货币资金，是指企业在生产经营过程中处于货币形态的那部分资金。包括库存现金、银行存款、其他货币资金。

货币资金不仅是旅游、餐饮企业资金来源形态之一，而且货币资金的可用性是旅游、餐饮企业的生命。旅游、餐饮企业大部分经济业务始于货币资金或终于货币资金，货币资金构成了企业资金运动的起点和终点。有了货币资金，再加上科学的管理使之经济、高效的运动，旅游、餐饮企业很快就会发展、繁荣。

二、库存现金的核算

库存现金是指存放于企业财会部门，由出纳人员负责经管的货币，包括库存的人民币和各种外币。库存现金可以直接支用，也可以立即投入流通，还可以作为存款存入银行。它是企业流动性最强的资产项目，也是最容易被挪用和侵吞的对象。因此，必须对现金进行严格的管理和控制。

（一）库存现金的控制

根据现行制度，国家有关部门对企业使用现金有如下规定：

1. 现金的使用范围，企业只能在下列范围内支付现金：职工工资、津贴；个人劳务报酬；根据国家规定发给个人的各种奖金；各种劳保、福利费用以及国家规定的对个人的其他支出；向个人收购农副产品和其他物资的价款；出差人员须随身携带的差旅费；结算起点以下的零星支出；中国人民银行确定需要支付现金的其他支出。

2. 库存现金限额，为了促进现金流转，保证现金的安全，通常由企业的开户银行核定其库存现金的最高限额。企业必须按规定的限额控制库存现金，每日现金结存额，不得超过核定的限额，超过部分应及时送存银行。

3. 库存现金日常收支管理。

旅游、餐饮企业应做好以下工作，加强库存现金日常收支的管理：

（1）严格按照国家规定的现金使用范围使用现金。除规定可用现金支付的项目外，一切款项的收付均应通过银行转账结算。

（2）应设置“现金日记账”，对现金收支业务应根据合法凭证，逐日、逐笔登记入账。

（3）不得“坐支”现金，即不得以旅游、餐饮企业的现金收入直接进行现金支出。因特殊情况需要“坐支”现金的，必须报经有关部门批准并在核定的范围和限额内进行。

（4）定期或不定期地由内部审计人员对库存现金进行查核。

（二）库存现金的总分类核算

为了反映库存现金收支和结存情况，企业应设置“库存现金”和“待处理财产损溢”账户。

“库存现金”账户是核算企业库存现金收付和结存情况。该账户的借方登记现金的增加；贷方登记现金的减少；期末余额在借方，反映企业实际持有的库存现金。

“待处理财产损溢”账户是核算企业在清查财产过程中查明的各种财产盘盈、盘亏和毁损的价值。该账户的借方登记企业盘亏、毁损的资产和报经批准处理的盘盈资产；贷方登记盘盈的资产和报经批准处理的盘亏资产；清查的各种财产的损溢，在期末结账前应处理完毕。该账户处理前的借方余额，反映企业尚未处理的各种财产的净损失；贷方余额，则反映企业尚未处理的各种财产的净溢余。期末，处理后该账户应无余额。

旅游、餐饮企业收入现金的主要途径有：从银行提取现金；收取转账起点以下的小额销售款；职工交回的差旅费剩余款等。企业收入现金时，根据审核无误的记账凭证借记“库存现金”账户，贷记有关账户。企业支出现金时，根据审核无误的记账凭证借记有关账户，贷记”库存现金“账户。

【例 2-1】 某酒店 2011 年 3 月 5 日发生如下现金收支业务：

（1）从开户银行提取现金 72 000 元以发放工资；

（2）临时出租固定资产取得租金收入 3 600 元；

（3）销售旅游商品收入现金 2 808 元；

(4) 企业管理部门职工王某出差借款5 000元，报销5 200元，以现金补足差额；

(5) 以现金支付职工工资72 000元。

根据上述现金收付业务编制如下会计分录：

(1) 借：库存现金　72 000
　　贷：银行存款　72 000

(2) 借：库存现金　3 600
　　贷：其他业务收入　3 600

(3) 借：库存现金　2 808
　　贷：主营业务收入　2 808

(4) 借：管理费用　5 200
　　贷：其他应收款——王某　5 000
　　　　库存现金　200

(5) 借：应付职工薪酬　72 000
　　贷：库存现金　72 000

(三) 现金的明细分类核算

企业应设置"现金日记账"对库存现金进行明细分类核算。现金日记账是由现金出纳员根据有关现金的收付凭证，按照经济业务逐日、逐笔进行登记的。"现金日记账"必须做到日清月结，每日业务终了，出纳员应计算全日现金收支合计数和结余数，并将结余数与实际库存数核对，保证账款相符。如果发现账款不符，应及时查明原因，并进行处理。月份终了，"现金日记账"的余额应与"现金"总账的余额核对，做到账账相符。"现金日记账"格式如表2－1所示。

表2－1　现金日记账

2011年		凭证		摘要	对应账户	借方	贷方	借或贷	结存
月	日	种类	号数						
3	5			承前页				借	15 000
	5	收	5	提取现金	银行存款	72 000		借	
	5	收	6	出租收入	其他业务收入	3 600		借	
	5	收	7	销售收入	主营业务收入	2 808		借	
	5	付	6	报销差旅费	管理费用		400	借	
	5	付	7	支付工资	应付职工薪酬		72 000	借	
	5			本日合计及余额		78 408	72 400	借	21 008

（四）库存现金清查的核算

为了加强现金管理，出纳或有关人员应对库存现金进行定期或不定期的盘点清查。清查结束，应根据清查结果编现金盘点报告单，列明实存、账存和盈亏金额。如有盈亏，要查明原因，及时报请领导，以便得到妥善处理。尚待查明原因的现金短缺或溢余，应通过“待处理财产损溢”账户核算，待查明原因，按管理权限报经批准后，分别以下情况处理：如为现金短缺，属于应由责任人赔偿或保险公司赔偿的部分，计入其他应收款；属于无法查明的其他原因，计入管理费用；如为现金溢余，属于应支付给有关人员或单位的，计入其他应付款；属于无法查明原因的，计入营业外收入。

【例2-2】某旅行社2011年5月份发生如下现金长短款业务：

（1）15日现金清查时，发现库存现金比账面余额多出150元，编制会计分录如下：

借：库存现金　　150
　　贷：待处理财产损溢——待处理流动资产损溢　　150

（2）25日现金清查时，发现库存现金比账面余额短缺80元，编制会计分录如下：

借：待处理财产损溢——待处理流动资产损溢　　80
　　贷：库存现金　　80

（3）经反复核查，15日现金长款原因不明，月末经批准转作营业外收入处理，编制会计分录如下：

借：待处理财产损溢——待处理流动资产损溢　　150
　　贷：营业外收入　　150

（4）经查，25日现金短缺100元属于出纳员张洁的责任，应由其赔偿，部分现金短缺无法查明原因，经批准作为管理费用处理。编制会计分录如下：

借：其他应收款——张洁　　100
　　管理费用　　50
　　贷：待处理财产损溢——待处理流动资产损溢　　150

（5）收到上述出纳员张洁赔款100元，编制会计分录如下：

借：库存现金　　100
　　贷：其他应收款——张洁　　100

三、银行存款的核算

银行存款，是指企业或企业存入银行和其他金融机构的各种存款。任何独立核算的企业都必须在当地银行开设账户。除规定可用现金直接支付的款项外，其他一切收支业务均须通过银行存款账户核算。

（一）银行账户的设置

根据《银行账户管理办法》，银行账户分为基本存款账户、一般存款账户、临时存款账户和专用存款账户。其中：①基本存款账户，是指存款人办理日常转账结算和现金收付的账户。存款人的工资、奖金等现金的支取，只能通过本账户办理；②一般存款账户，是在基本存款账户以外的银行借款转存或与基本存款户的存款人不在同一地点的附属不独立核算单位开立的账户，单位可以通过本账户办理转账结算和现金交存，但不能办理现金的支取；③临时存款账户，是指单位因临时业务活动需要而开立的账户，本账户可以办理转账和根据国家现金管理的规定办理现金收付；④专用存款账户，是指单位特定用途需要而开立的账户。特定用途的资金范围包括：基本建设的资金；更新改造的资金；其他特定用途，需要专户管理的资金。

需要说明的是，按照有关规定，一个单位只能选择一家银行的一个营业机构开立一个基本存款账户，不得在多家银行机构开立基本存款账户；不得在同一家银行的几个分支机构开立一般存款账户。

（二）银行存款的总分类核算

企业应设立“银行存款”账户核算银行存款收支和结存情况。该账户的借方登记银行存款的增加；贷方登记银行存款的减少；期末余额在借方，反映企业实际存在银行或其他金融机构的款项。企业按开户银行和其他金融机构的名称以及存款种类分别设置“银行存款日记账”。有外币存款的企业，应在“银行存款”账户下分别按人民币和各种外币设置银行存款日记账进行明细核算。

【例 2－3】 某火锅店 2011 年 3 月份发生如下银行存款收付业务：

（1）从银行借入半年期借款 50 000 元，存入银行。

（2）采购牛羊肉一批，价款 11 700 元，商品已验收入库，款项以银行存款支付。

(3) 持有三个月的商业汇票到期，收回票款30 000元存入银行。

根据上述经济业务编制如下会计分录：

(1) 借：银行存款　　50 000
　　贷：短期借款　　50 000

(2) 借：原材料　　11 700
　　贷：银行存款　　11 700

(3) 借：银行存款　　30 000
　　贷：应收票据　　30 000

(三) 银行存款的明细分类核算

企业应设置“银行存款日记账”对银行存款进行明细分类核算。“银行存款日记账”应按开户银行、其他金融机构以及存款种类等分别设置，其格式与现金日记账基本相同。银行存款日记账应由出纳人员根据收付款凭证，逐日逐笔序时登记，每日终了应结出余额，月末结出当月收入、付出的合计数和月末结存数，并与银行核对账目。

(四) 银行存款的清查

为了确保银行存款余额正确无误，企业应及时与银行核对账目。核对方法是将银行定期送交企业的对账单与企业银行存款日记账记录逐笔进行核对。银行对账单上余额，常与企业银行存款日记账余额不一致，其原因如下：(1) 企业或银行记账错误，如企业在几家银行同时开户，记账时可能发生银行之间串户错误，同样银行也可能把各存款企业账目相互混淆；(2) 未达账项，即企业与银行之间，由于双方记账时间不同，而发生的一方已入账，而另一方尚未入账的事项。

企业与银行之间双方记账差错引起账单不符，分别由双方按规定的错账更正方法予以更正；而对于未达账项而引起的账单余额不符，则应编制“银行存款余额调节表”表示与调整银行与企业间银行存款余额记录上的差异，据以核实银行与企业双方账目是否正确。银行存款调节表编制方法是：将企业的账面余额与银行对账单余额都调整到正确余额。

【例2-4】 某度假村2011年5月30日银行对账单日记账账面余额为51 400元，而银行对账单余额为52 100元，经逐笔核对，发现有以下未达账项：

(1) 28日送存银行转账支票一张，计15 000元，银行尚未入账。

(2) 29日开出现金支票一张，支付费用3 500元，银行尚未收到支票转账。

（3）委托银行代收款项12 500元，银行已收款入账，企业尚未接到银行收款通知，未入账。

（4）银行代企业支付本月水电费850元、煤气费650元，银行已付款入账，企业尚未收到付款通知。

（5）银行已结算本季度存款利息1 200，企业尚未转账。

根据上述银行存款余额调节表编制方法而编制的调节表如表2－2所示。

表2－2　　银行存款余额调节表

户名：某度假村

账号：03568009　　2011年5月30日

项　目	金 额	项　目	金额
银行存款日记账余额	51 400	银行对账单余额	52 100
加：银行已收企业未收的款项		加：企业已收银行未收的款项	
（3）银行代收销售款	12 500	（1）企业送存转账支票	15 000
（5）银行结算存款利息	1 200		
减：银行已付企业未付的款项		减：企业已付银行未付的款项	
（4）银行代付水费	850	（2）企业开出现金支票银行未付	3 500
银行代付煤气费	650		
调整后银行存款余额	63 600	调整后银行存款余额	63 600

这里需要说明两点：①未达账项不是记账错误，因此，对查出的未达账项不需作账务调整，但对长期未达账项，应查明原因及时处理；②在表2－2中，经过调整后所得出的相等数额，在双方记账无误的情况下，它表示企业在银行的实际存款额。

四、银行转账结算方式

旅游、餐饮企业在其生产经营过程中，由于商品交易、劳务供应、资金调拨等活动而要经常与其他企业或个人发生各种往来结算款项。除按照国家规定的现金使用范围利用现金结算外，其他各种往来结算款项都必须通过开户银行进行转账结算。目前，银行转账结算方式有支票、银行本票、商业汇票、银行汇票、委托收款、托收承付、汇兑、信用卡等方式。

（一）支票

支票是单位或个人签发的，委托办理支票存款业务的银行在见票时无条件支付确定的金额给收款人或者持票人的票据。

单位和个人在同一票据交换区域的各种款项结算，均可以使用支票。支票由银行统一印制，支票上印有“现金”字样的为现金支票。支票上印有“转账”字样的为转账支票，转账支票只能用于转账。未印有“现金”或“转账”字样的为普通支票，普通支票可以用于支取现金，也可以用于转账。在普通支票左上角划两条平行线的，为划线支票，划线支票只能用于转账，不得支取现金。支票结算方式结算程序如图 2－1 所示。

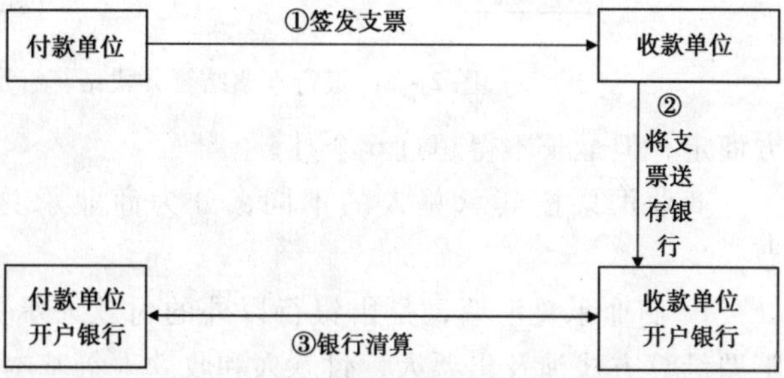

图 2－1　支票结算方式结算程序

（二）银行本票

银行本票是银行签发的，承诺自己在见票时无条件支付确定的金额给收款人或者持票人的票据。

银行本票由银行签发并保证兑付，而且见票即付，具有信誉高，支付功能强等特点。单位或个人，在同一票据交换区域支付各种款项，都可以使用银行本票。

银行本票分为定额和不定额两种。定额银行本票面额分别为 1 000 元、5 000 元、10 000 元和 50 000 元。银行本票一律记名，可以背书转让，付款期为自出票起最长不超过 2 个月。银行本票结算方式结算程序如图 2－2 所示。

（三）商业汇票

商业汇票是出票人签发的，委托付款人在指定日期无条件支付确定的金额给收款人或者持票人的票据。

在银行开立存款账户的法人以及其他组织之间须具有真实的交易关系或债权债务关系，才能使用商业汇票。商业汇票的付款期限由交易双

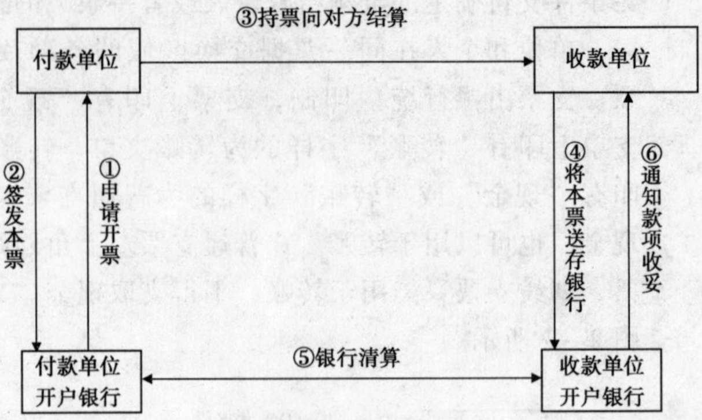

图 2－2　银行本票结算方式结算程序

方商定，但最长不得超过 6 个月。

商业汇票按其承兑人的不同，分为商业承兑汇票和银行承兑汇票。

1. 商业承兑汇票，是由银行以外的付款人承兑的票据。商业承兑汇票结算方式涉及出票人、付款人和收款人等基本当事人。其中，出票人是指银行和其他金融机构以外的工商企业。商业承兑汇票的出票人可能是收款人，也可能是付款人；付款人是指商业承兑汇票金额的实际付款人。当持票人向承兑工商企业提示承兑，该工商企业代为付款并成为实际付款人；收款人是指商业承兑汇票上标明的收款单位或个人。商业承兑汇票结算程序如图 2－3 所示。

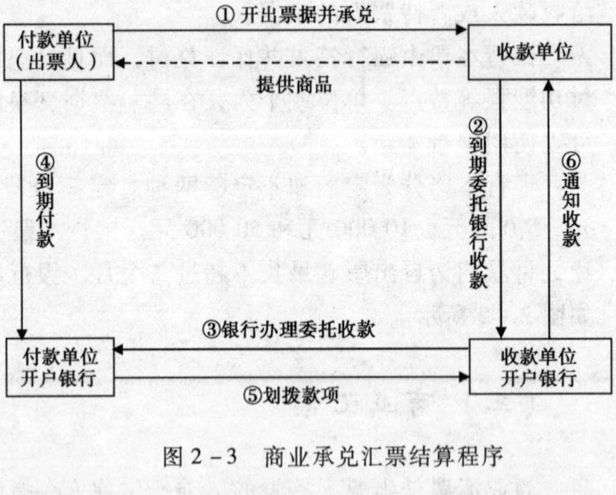

图 2－3　商业承兑汇票结算程序

2. 银行承兑汇票，是由在承兑银行开立存款账户的存款人签发，并由银行承兑的商业汇票。

银行承兑汇票结算方式涉及出票人、付款人和收款人等基本当事人。其中：出票人是指银行和其他金融机构以外的工商企业。银行承兑汇票的出票人可能是收款人，也可能是付款人（或承兑申请人）；付款人是指银行承兑汇票金额的实际付款人。当持票人向承兑银行提示承兑，由该银行从出票人的银行存款中代为付款，出票人实际上就是付款人；收款人是指银行承兑汇票上标明的收款单位或个人。

银行代企业承兑票据，既要承担经济风险，又要付出一定劳务。对此，承兑银行要按承兑汇票票面金额一定比例收取承兑手续费。付款人签发银行承兑汇票结算程序如图 2－4 所示。

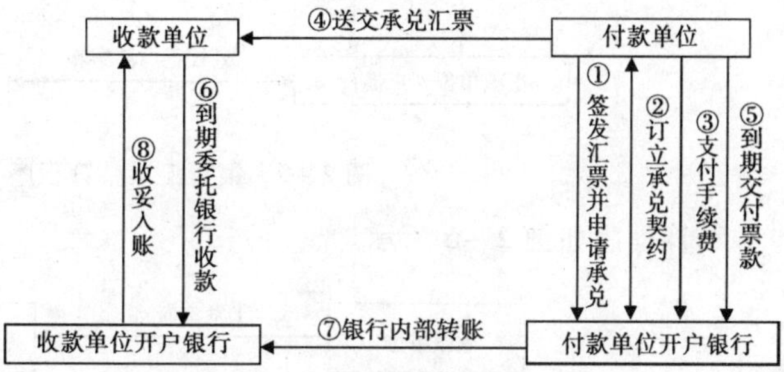

图 2－4　付款人签发银行承兑汇票结算程序

（四）银行汇票

银行汇票是汇款人将款项交存当地出票银行，由出票银行签发的，由其在见票时，按照实际结算金额无条件支付给收款人或持票人的票据。

银行汇票可以用于转账，填明“现金”字样（申请人或者收款人为单位的，不得在“银行汇票申请书”上填明“现金”字样）的银行汇票也可以用于支取现金。银行汇票的提示付款期限为自出票日起 1 个月，持票人超过付款期限提示付款的，银行将不予受理。单位和个人、各种款项结算，均可使用银行汇票。银行汇票结算程序如图2－5 所示。

（五）托收承付

托收承付，是指根据经济合同由收款人发货后，委托银行向异地付款人收取款项，由付款人向银行承认付款的结算方式。使用托收承付结算方式的收付款双方，必须是国有企业、供销合作社以及经营管理较好，并经开户银行审查同意的城乡集体所有制工业企业。办理托收承付结算的款项，必须是商品交易，以及因商品交易而产生的劳务供应的款项。代销、寄销、赊销商品的款项，不得办理托收承付结算。托收承付

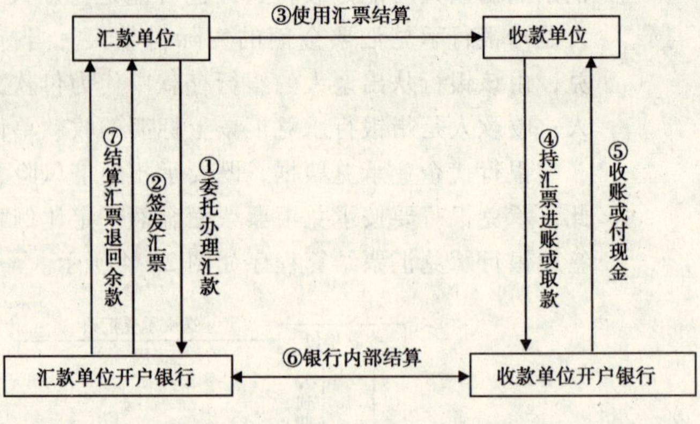

图 2－5　银行汇票结算程序

结算程序如图 2－6 所示。

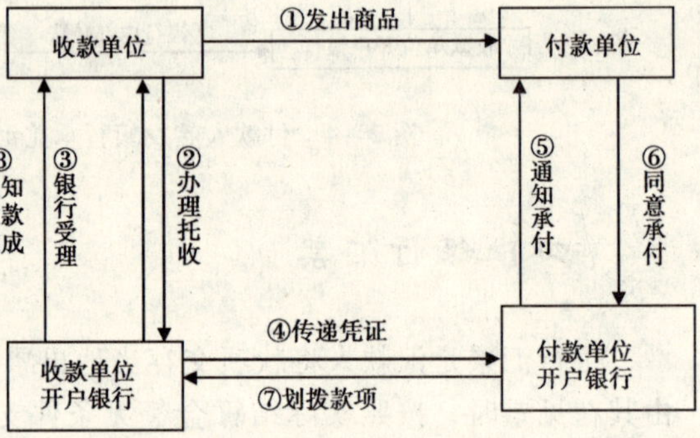

图 2－6　托收承付结算程序

（六）委托收款

委托收款，是收款人委托银行向付款人收取款项的结算方式。单位和个人凭已承兑商业汇票、债券、存单等付款人债务证明办理款项的结算，均可以使用委托收款结算方式。委托收款在同城、异地均可以使用。委托收款结算程序如图 2－7 所示。

（七）汇兑

汇兑，是付款人委托银行将款项汇给外地收款人的结算方式。汇兑分为信汇和电汇两种。这两种方式由汇款人选择使用。使用汇兑结算方式所涉及的当事人一般包括汇款人和收款人。其中：汇款人是指委托银行将其款项支付给收款人的单位或个人；收款人是指收受汇款人款项的

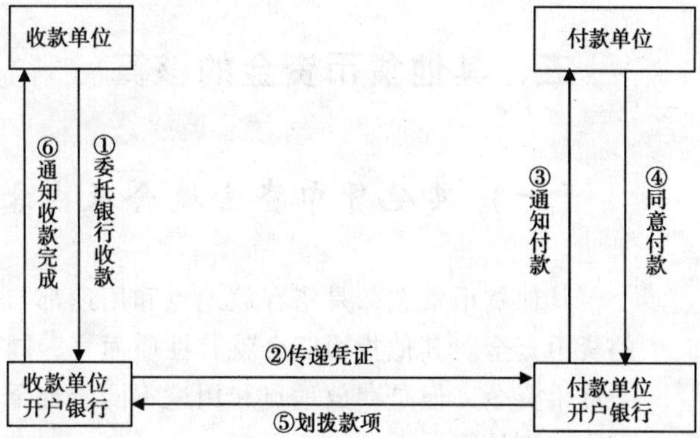

图 2－7　委托收款结算程序

单位或个人。

汇兑结算的适用范围比较广泛，单位与单位、个人与个人、单位与个人之间都可以使用。既可以同城使用，也可以异地使用，而且没有结算起点的限制。汇兑结算程序如图 2－8 所示。

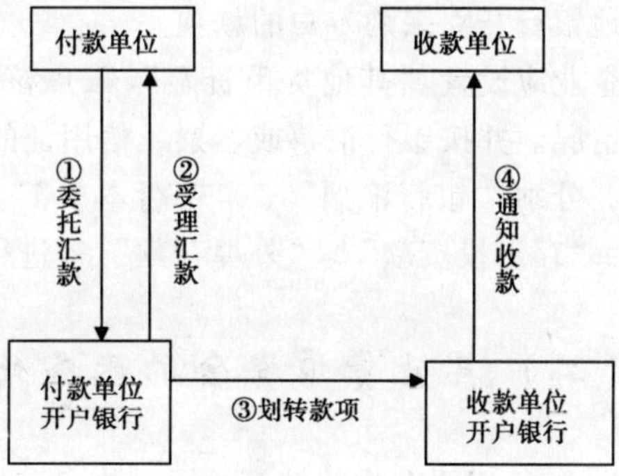

图 2－8　汇兑结算程序

（八）信用卡

信用卡是指商业银行向单位和个人发行的，凭以向特约单位购物、消费和向银行存取现金，且具有消费信用的特制载体卡片。信用卡按使用对象分为单位卡和个人卡。单位卡账户的资金一律从其基本存款账户转账存入，不得交存现金，不得将销货收入的款项存入其账户。单位卡不得用于 10 万元以上的商品交易、劳务供应款项的结算。

五、其他货币资金的核算

（一）其他货币资金概念及内容

其他货币资金，是指存放地点和用途都与库存现金和银行存款不同的货币资金。其他货币资金就其性质而言，同现金和银行存款一样均属于货币资金，但是存放地点和用途不同于现金和银行存款，因此在会计上应分别核算。

其他货币资金包括以下内容：①银行汇票存款，指企业为取得银行汇票按规定存入银行的款项。②银行本票存款，指企业为取得银行本票按规定存入银行的款项。③信用卡存款，指企业为取得信用卡按规定存入银行的款项。④信用证保证金存款，指企业为取得信用证按规定存入银行的保证金。⑤存出投资款，指企业已存入证券公司但尚未进行短期投资的现金。⑥外埠存款，指企业到外地进行临时或零星采购时，汇往采购地银行开立采购专户的款项。

企业应设置“其他货币资金”账户核算其他货币资金增减变动和结存情况。并按银行汇票或本票、信用证的收款单位，外埠存款的开户银行，分别“银行汇票”、“银行本票”、“信用卡”、“信用证保证金”、“存出投资款”、“外埠存款”等进行明细核算。

（二）其他货币资金的账务处理

1. 银行汇票存款的核算。企业在填送“银行汇票申请书“并将款项交存银行，取得银行汇票后，根据银行盖章退回的申请书存根联，借记“其他货币资金”账户，贷记“银行存款”账户。企业使用银行汇票后，根据发票账单等有关凭证，借记“原材料”、“库存商品”等账户，贷记“其他货币资金”账户；如有多余款或因汇票超过付款期等原因而退回款项，根据开户行转来的银行汇票第四联（多余款收账通知），借记“银行存款”账户，贷记“其他货币资金”账户。

【例 2－5】某企业 2011 年 5 月 10 日申请办理银行汇票，将银行存款 56 000 元转为银行汇票存款。5 月 15 日以银行汇票结算采购材料款 45 000 元，增值税 7 650 元，共计 52 650 元，材料验收入库。5 月 20 日银行将多余款项 3 350 元退回，收妥入账。会计部门编制如下会计分录：

借：其他货币资金——银行汇票存款　　　　　56 000

贷：银行存款 56 000

借：材料采购 45 000

应交税金——应交增值税（进项税额） 7 650

贷：其他货币资金——银行汇票存款 52 650

借：银行存款 3 350

贷：其他货币资金——银行汇票存款 3 350

2. 银行本票存款的核算。企业向银行提交“银行本票申请书”并将款项交存银行，取得银行本票后，根据银行盖章退回的申请书存根联，借记“其他货币资金”账户，贷记“银行存款”账户。企业使用银行本票后，根据发票账单等有关凭证，借记“原材料”、“库存商品”等账户，贷记“其他货币资金”账户。因本票超过付款期等原因而要求退款时，应当填制进账单一式两联，连同本票一并送交银行，根据银行盖章退回的进账单第一联，借记“银行存款”账户，贷记“其他货币资金”账户。

【例 2-6】某企业 2011 年 5 月发生银行本票存款收付业务如下：5 日企业在外埠开立临时采购账户，委托银行将 30 000 元汇往南昌采购地；15 日采购员以外埠存款购买商品一批 29 250 元，其中商品价款 25 000元，增值税 4 250 元，商品入库；31 日外埠采购结束，将外埠存款清户，收到银行转来收账通知，余款 750 元收妥入账。会计部门编制如下会计分录：

（1）申请办理银行本票：

借：其他货币资金——银行本票 30 000

贷：银行存款 30 000

（2）收到购货发票等单据，商品入库：

借：材料采购 29 250

贷：其他货币资金——银行本票 29 250

（3）收到收款单位退回的银行本票余款 750 元，存入银行：

借：银行存款 750

贷：其他货币资金——银行本票 750

3. 信用卡存款的核算。企业应按规定填制申请表，连同支票和有关资料一并送交发卡银行，根据银行盖章退回的进账单第一联，借记“其他货币资金”账户，贷记“银行存款”账户。企业用信用卡购物或支付有关费用，借记有关账户，贷记“其他货币资金”账户。企业信用卡在使用过程中，需要向其账户续存资金的，借记“其他货币资金”账户，贷记“银行存款”账户。

【例 2-7】某企业发生信用卡存款收付业务如下：将银行存款 30 000元存入信用卡；信用卡支付业务招待费 2 500 元；收到信用卡存

款的利息50元。会计部门编制如下会计分录：

（1）将资金存入信用卡：

借：其他货币资金——信用卡存款　　30 000

　　贷：银行存款　　30 000

（2）信用卡支付业务招待费：

借：管理费用　　2 500

　　贷：其他货币资金——信用卡存款　　2 500

（3）收到信用卡存款的利息：

借：其他货币资金——信用卡存款　　50

　　贷：财务费用　　50

4. 信用证保证金存款的核算。企业向银行申请开立信用证，应按规定向银行提交开证申请书、信用证申请人承诺书和购销合同。企业向银行交纳保证金，根据银行退回的进账单第一联，借记“其他货币资金”账户，贷记“银行存款”账户。根据开证行交来的信用证来单通知书及有关单据列明的金额，借记“原材料”、“库存商品”等账户，贷记“其他货币资金”账户和“银行存款”账户。

5. 存出投资款的核算。企业向证券公司划出资金时，应按实际划出的金额，借记“其他货币资金”账户，贷记“银行存款”账户；购买股票、债券等时，按实际发生的金额，借记“交易性金融资产”账户，贷记“其他货币资金”账户。

【例2-8】某企业发生短期投资业务如下：将银行存款100 000元划入某证券公司准备进行短期股票投资；将存入证券公司款项用于购买股票，并已成交，购买股票成本为60 000元。会计部门编制如下会计分录：

（1）将资金划入证券公司：

借：其他货币资金——存出投资款　　100 000

　　贷：银行存款　　100 000

（2）用存入证券公司的款项购买股票：

借：交易性金融资产　　60 000

　　贷：其他货币资金——存出投资款　　60 000

6. 外埠存款的核算。企业将款项委托当地银行汇往采购地开立专户时，借记“其他货币资金”账户，贷记“银行存款”账户。收到采购员交来供应单位发票账单等报销凭证时，借记“原材料”、“库存商品”等账户，贷记“其他货币资金”账户。将多余的外埠存款转回当地银行时，根据银行的收账通知，借记“银行存款”账户，贷记“其他货币资金”账户。

【例2-9】某企业于2011年5月8日委托开户的工商银行汇往山

西工商银行10 000元以开立采购专户；10月20日，采购员交来供货单位发票两张计金额8 400元，其中货款7 180元，增值税1 220元，采购的商品尚未收到；10月25日收到开户银行的收账通知，多余的外埠存款1 600元已转回开户银行（流转税略）。会计部门编制如下会计分录：

（1）2011年5月8日委托银行开立采购专户：

借：其他货币资金——外埠存款　　10 000

　　贷：银行存款　　10 000

（2）2011年5月20日采购商品：

借：材料采购　　8 400

　　贷：其他货币资金——外埠存款　　8 400

（3）2011年5月25日收到多余的外埠存款：

借：银行存款　　1 600

　　贷：其他货币资金——外埠存款　　1 600

第二节　投入资本的核算

旅游、餐饮企业所有者权益按其来源渠道划分可分为以下三类：一是投入资本，如国家、其他法人单位和个人向企业的初始投入的资本和追加投入的资本；二是盈利转化部分，是指企业从净利润提取的盈余公积和未分配利润，亦即留存收益；三是直接计入所有者权益的利得和损失，是指不应计入当期损益、会导致所有者权益发生增减变动的、与所有者投入资本或者向所有者分配利润无关的利得或者损失。本章先介绍投入资本的核算，所有者权益后两部分内容将在第十三章讲述。

一、投入资本概述

（一）投入资本的概念

投入资本是投资者作为资本实际投入到企业的资金数额。投入资本与实收资本是联系密切的两个概念，实收资本（或股本），是指投资者按照企业章程，或合同、协议的约定，实际投入企业的资本。一般情况下，投资者的投入资本，即构成企业的实收资本，也正好等于其在登记机关的注册资本。但是，在一些特殊情况下，投资者也会因种种原因超额投入（如溢价发行股票等），从而使得其投入资本超过企业注册资本，在这种情况下，企业进行会计核算时，就不应将投入资本超过注册资本的部分作为实收资本核算，而应单独核算，计入资本公积。

（二）投入资本的形式

在我国，投资者投入资本可以采取以下几种形式：

1. 以货币资金投资。这是指投资者直接以现金、银行存款向企业出资。如国家直接向企业拨付资金，国家、其他法人或个人以货币资金认购企业股份等进行的投资，以及外商以某种外币投入的资本。

2. 以实物资产和有价证券投资。实物资产投资是指投资者以一定数量的实物资产向企业进行的投资，这些实物资产主要包括：机器设备、房屋建筑物等固定资产，原材料、产成品等流动资产；有价证券投资是指以持有的其他单位的债券或股票等有价证券进行的投资。

3. 以无形资产投资。这是指投资者以工业产权、非专利技术、土地使用权等无形资产向企业进行的投资。

（三）投入资本的计价

投入资本的计价是指投资者投入资本的入账金额确定的方法。我国企业会计准则规定，投资者投入的资本应按实际投资数额计价入账。不同的投资形式，其实际投资数额的确定并不完全相同。具体而言，若投资者以货币资金投入，则可以以实际拨付或转入的数额确定；若投资者以固定资产和流动资产等实物资产或无形资产投入，应先对投资的实物或无形资产按照法律、法规的规定进行评估，按资产评估确认后的价值入账。

（四）账户的设置

“股本”账户。股份有限公司发行股票，不论是普通股还是优先股，均应设置“股本”账户进行核算。该账户贷方登记已发行的股票面值，借方登记经批准核销的股票面值，贷方余额反映发行在外的股票面值。其明细账应按股票的类别设置。

"实收资本"账户。除股份有限公司外，其他各类企业应设置"实收资本"账户，核算国家及各投资者投入资本的情况。接受投资时记入账户的贷方，减少投资时调入账户的借方，期末余额在贷方，表示企业实有的资本额。其明细账应按投资者设置。

"股本"账户和"实收资本"账户记录的数额应与企业向理部门登记的注册资本一致。

二、有限责任公司投入资本的核算

（一）有限责任公司的特征

有限责任公司（简称有限公司）是由两个以上的股东共同出资，每个股东以其所认缴的出资额对公司承担有限责任，公司以其全部资产对其债务承担责任的企业法人。其基本特征是：①公司是由股东共同出资设立的，其股东人数必须在50人以下，公司资本毋需分为等额股份；②公司注册资本的最低限额为人民币3万元；③公司不对外发行股票筹集资本，资本是由股东依照其资格向公司投入货币资产、实物资产和无形资产来筹集。对于筹集的资产，公司只向股东签发出资证明；④公司具有一定的人和因素、其股权转让要受到限制。按照我国公司法规定，公司的股权只能在股东之间相互转让，不能转给股东以外的人。

（二）有限责任公司投入资本核算的原则

有限责任公司进行投入资本核算时，应遵循以下原则：①公司对投资者交付的作为出资的非货币财产应当评估作价，在评估作价、核实资产后进行账务处理，不得高估或低估作价。②公司全体股东的首次出资额不得低于注册资本的20%，也不得低于法定的注册资本最低限额，其余部分由股东自公司成立之日起两年内缴足；其中，投资公司可以在五年内缴足。③股东以货币出资的，应当将货币出资足额存入有限责任公司在银行开设的账户，全体股东的货币出资金额不得低于有限责任公司注册资本的30%；以非货币财产出资的，应当依法办理其财产权的转移手续。股东不按照规定交纳所认缴的出资，应当向已足额交纳出资的股东承担违约责任。股东交纳出资后，必须经依法设立的验资机构验资并出具证明。④公司建立的初期，股东按其在企业注册资本中所占的份额出资，不会出现资本溢价，按实际收到各投资者如期缴足的资本数额，记入“实收资本”账户。在公司发展过程中，如果需要增资扩股时，有新的投资者介入，这时，对于新的投资者交纳的出资额大于其约定比例计算的其在注册资本中所占的份额部分，应作为资本公积处理。

（三）有限责任公司投入资本的会计处理

有限责任公司投资人可以用货币出资，也可以用实物、知识产权、土地使用权等可以用货币估价并可以依法转让的非货币财产作价后出资。

旅游、餐饮企业收到投资者投入的资本，借记“银行存款”、“其他应收款”、“固定资产”、“无形资产”等账户，按其在注册资本或股本中所占份额，贷记“实收资本”账户，按其差额，贷记“资本公积——资本溢价或股本溢价”账户。涉及增值税进项税额的，还应进行相应的处理。

【例 2-10】某酒店为有限责任公司，其甲公司注册资本为4 500 000元。2010 年 4 月，设立时投资情况如下（假设接受投资资产的合同约定价值与其公允价值、在注册资本中应享有的份额相符）：

（1）收到甲公司作为资本投入的不需要安装的机器设备一台，甲公司开具了增值税专用发票，价款 600 000 元，税款 102 000 元。

（2）收到乙饭店作为资本投入的旅游商品一批，该批商品投资合同或协议约定价值为 234 000 元。

（3）收到丙公司作为资本投入的非专利技术一项，该非专利技术投资合同约定价值为 120 000 元，同时收到丁度假村作为资本投入的土地使用权一项，投资合同约定价值为 160 000 元。

该酒店根据上述业务，编制会计分录如下：

（1）借：固定资产	600 000	
应交税费——应交增值税（进项税额）	102 000	
贷：实收资本		450 000
资本公积		252 000
（2）借：库存商品	234 000	
贷：实收资本——乙饭店		234 000
（3）借：无形资产——非专利技术	120 000	
——土地使用权	160 000	
贷：实收资本——丙公司		120 000
——丁度假村		160 000

三、股份有限公司股本的核算

（一）股份有限公司的特征

股份有限公司是指公司全部注册资本由等额股份构成并通过发行股票筹集资本的企业法人。其基本特征是：（1）公司的资本总额平分为金额相等的股份。股份有限公司最主要特征是企业资本总额平均分成许多为数较小的份额，每一份额称为“一股”。公司资本总额划分为等额股份后，既可吸收社会闲散资金，也便于股份转让。（2）有限责任性。股份公司有限责任性表现形式为：一是公司股东对公司仅仅承担有限责任，即公司股东仅有义务交付应当由他们支付的出资或股金，而对公司债务不直接承担个人责任；二是公司具有法律人格，是依法独立享有民事权利和承担民事义务的企业，依其全部财产对公司的债务承担责任。(3) 股份可以自由转让。股份有限公司的一个重要特征在于其股份可以自由转让。当股东遇有急需，或持有此种股票获利水平不佳，或发现公司经营不善，面临亏损和破产时，可以根据自己意志不用征得其他股东的同意，将股份转让出去，收回投资。

（二）股份与股票

股份有限公司的股份，是指按相等金额或相同比例，平均划分公司资本的基本金额计量单位；其含义包括以下两点：①股份是公司资本的构成单位，股份有限公司的全部资本都被划分为金额相等或比例相同的股份，所有股份金额之和等于公司资本总额；②股份体现了股东在股份有限公司中的法律地位，它代表了股东对于公司的权利和义务。股东可以凭其所持有公司的股份享有股息和红利；在公司破产清算和分配公司财产时得到优先清偿等权利和交付股款、重复投资等义务。股东的权利和义务完全取决于股东所持有的股份的种类和数量。

股票与股份是密切相关的两个概念。股票是公司签发的证明股东按其所持股份享有权利和承担义务的凭证，是公司股份的表现形式，一定数量的股票代表了一定份额的股份，有什么样的股份，也就构成了什么样的股票。

注册资本中已由股东认股缴款并已在股东账号上加以记录的股份，称之为已发行股份；尚未发行但公司在认为必要时仍可继续发行的股份，称之为未发行股份；已发行股份中经公司向外界收回尚未办理注销手续而由公司持有的股份，称之为库藏股份；已发行股份减去库藏股份后的余额称为发行在外股份。

（三）股票发行的核算

1. 按面值发行股票收到现金的核算

旅游、餐饮企业发行股票收到现金的账务处理，依照其发行方式而有所区别。股票的发行价格受当时资本市场供求关系等因素的影响，可能等于面值，也可能高于面值。股票之所以会出现溢价发行，主要有三方面原因：一是发行股票时证券市场需求旺盛；二是投资人与发行者对公司获利能力期望较高；三是公司资信度较高。由于我国《公司法》明确规定股票发行价格不得低于其面值，因此，我国股票没有折价发行。

股票的发行费应区别对待，溢价发行的股票，应从溢价中扣除，冲减资本公积中的股本溢价；按面值发行的股票或溢价发行的股票溢价不足抵扣的，不足抵扣的部分，依次冲减盈余公积和未分配利润。公司发行股票时，按照扣除发行费后实际收到的款项，借记“银行存款”账户；无论按面值发行还是按溢价的发行股票，均按面值贷记“股本”账户；按溢价的发行股票，溢价扣除发行费后的余额贷记“资本公积”账户，溢价不足以扣除发行费的部分，或按面值发行的发行费，借记“盈余公积”和“利润分配”账户。

【2－11】某饭店股份有限公司，委托证券公司代理发行30 000 000股，每股面值5元。与证券公司约定，按发行收入的4%收取手续费，从发行收入中直接扣除。根据上述资料，该饭店股份有限公司应编制如下会计分录：

借：银行存款［30 000 000×5×（1－4%）］

144 000 000

资本公积　　6 000 000

贷：股本——普通股　　150 000 000

（2）按溢价发行股票收到现金的核算

股份有限公司发行股票时，既可以按面值发行股票，也可以溢价发行（我国目前不准许折价发行）。股份有限公司在核定的股本总额及核定的股份总额的范围内发行股票时，应在实际收到现金资产时进行会计处理。

【例2－12】经批准，某饭店股份有限公司发行普通股20 000 000股，每股面值1元，每股发行价格5元。假定股票发行成功，股款100 000 000元已全部收到（不考虑其他因素）。根据上述资料，该饭店股份有限公司编制如下会计分录：

应记入“资本公积”账户的金额 = 100 000 000 – 20 000 000 = 80 000 000（元）

编制会计分录如下：

借：银行存款　　　　100 000 000
　　贷：股本　　　　　　20 000 000
　　　　资本公积——股本溢价　　80 000 000

第三节　资本公积的核算

一、资本公积的概念及内容

（一）资本公积的概念

资本公积是指归所有者拥有，而非经营收益形成的，不能计入实收资本的所有者权益。主要包括投资者实际缴付的出资额超过其资本份额的差额（如股票溢价、资本溢价），以及直接计入所有者权益的利得和损失等。资本公积既不是企业生产经营利润产生的，也不一定是由所有者直接投入的，它形成了所有者权益中极具特点的重要内容。

资本公积与实收资本都属于投入资本范畴，但两者具有以下区别：实收资本来自所有者对企业资本的投入，其目的是为谋取一定的投资回报，除按规定增资或减资外，实收资本金额相对不变；而资本公积具有特定的来源，有时，不需要所有者实际投入，形成资本公积时，原投入者并不谋求投资回报。

（二）资本公积的内容

1. 资本溢价，是指企业投资者投入的资金超过其在注册资本中所占份额的部分。

2. 其他资本公积，是指除上述各项资本公积以外所形成的资本公积，以及从资本公积各准备项目转入的金额。

企业应设置“资本公积”账户，核算资本公积增减变动情况。该账户贷方登记资本公积的增加额；借方登记资本公积减少额；期末贷方余额反映企业资本公积结余额。其明细账按资本公积的类别设置。

二、资本（股本）溢价的核算

（一）资本溢价的核算

资本溢价，是指企业投资者投入的资金超过其在注册资本中所占份额的部分。

企业在筹集资本金的活动中，投资者缴付的出资额超过资本金的情形主要有以下两种：一是企业创立时，注册资本的额度不能满足创立时对资金的需求，各出资方协商一致同意按相同比例增加出资额。二是企业在持续经营中，新的投资者加入企业，其出资额的一部分要作为资本公积处理，其原因是：①同为企业资本，其投入时间不同，获利能力也未必相同。如企业创立时要经过一系列艰辛的创立过程，经受着巨大的投资风险，企业的创办者为此付出了代价，同样数额的资本，出资时间越早，对企业的影响就越大，相应地，投资者享有的权利也大些，这样新加入的投资者为了取得一定的投资比例，往往需要付出大于按这一投资比例计算实收资本额。②企业经营过程中因盈利而形成的留存收益是企业所有者的权益，但未转入实收资本，如果新的投资者一旦加入企业，本该属于出资者的企业积累，就要在新旧投资者之间进行分享，对于原投资者而言显失公平。新的投资者为了获得一定的投资比例，并补偿原投资者的权益损失，就要多付出比原投资者享有同样比例的出资额。投资者投入的资本大于按其投资比例计算的实收资本额部分，作为资本公积。

【例 2－13】某饭店有限责任公司是 2011 年 1 月 5 日由甲、乙两个股东各出资 4 000 000 元设立的，经过 5 年经营后已有盈余公积、未分配利润共 2 000 000 元，现有丙投资者欲出资投资该企业，准备占有该企业注册资本的 20%。某饭店有限责任公司同意增资 2 000 000 元，使其注册资本扩充到 10 000 000 元，并让丙占有 20% 的投资比例。某饭店有限责任公司会计处理如下：

设丙投资者应该投入 X 元，则有下列等式：

（8 000 000 + 2 000 000 + X）×（1 － 20%）= 10 000 000（元）

X = 2 500 000（元）

直接增加实收资本的金额 = 10 000 000 × 20% = 2 000 000（元）

资本溢价 = 2 500 000 － 2 000 000 = 500 000（元）

收到丙投资者货币资金缴款时，编制如下会计分录：

借：银行存款　　2 500 000

　　贷：实收资本——丙投资者　　2 000 000

　　　　资本公积——资本溢价　　500 000

（二）股本溢价的核算

股本溢价，是指股份有限公司发行股票时，实际收到的款项超出股票面值总额的差额。股份有限公司是以发行股票的方式筹集股本的，股票可按面值发行，也可按溢价发行，我国目前不准折价发行。

由于股票是企业签发的证明股东按其所持股份享有权利和承担义务的书面证明。股东按其所持企业股份享有权利和承担义务，为了反映和便于计算各股东所持股份占企业全部股本的比例，企业的股本总额应按股票的面值与股份总数的乘积计算。国家规定，实收股本总额应与注册资本相等。因此，为提供企业股本总额及其构成及注册资本等信息，在采用与股票面值相同的价格发行股票的情况下，企业发行股票取得的收入，应全部计入股本；在采用溢价发行股票的情况下，企业发行股票收入，相当于股票面值部分计入股本，超出股票面值的溢价收入计入资本公积。

需要说明两点：

（1）与其他类型的企业不同，股份有限公司在成立时可能会溢价发行股票，因而在成立之初，就可能会产生股本溢价。股本溢价的数额等于股份有限公司发行股票时实际收到的款额超过股票面值总额的部分。

（2）发行股票相关的手续费、佣金等交易费用，如果是溢价发行股票的，应从溢价中抵扣，冲减资本公积（股本溢价）；无溢价发行股票或溢价金额不足以抵扣的，应将不足抵扣的部分冲减盈余公积和未分配利润。

【例 2－14】2011 年 1 月 5 日，某饭店股份有限公司委托证券公司代理发行 300 000 股股票，每股面值 5 元，每股实收股款 6 元。与证券公司约定，按发行收入的 4% 收取手续费，从发行收入中直接扣除。该企业收到证券公司交来股票款时，编制如下会计分录：

借：银行存款　　［300 000 × 6 ×（1 − 4%）］1 728 000

　　贷：股本——普通股　　1 500 000

　　　　资本公积　　228 000

3. 其他资本公积的核算

其他资本公积是指除资本溢价（或股本溢价）项目以外所形成的

资本公积，其中主要是直接计入所有者权益的利得和损失。其核算方法将在“第十章　对外投资的核算”中说明。

第四节　借入资金的核算

一、短期借款的核算

旅游、餐饮企业在日常旅游服务活动中，除了自有资金外，都必然要筹措和使用一定比例的借入资金，以满足其经营活动的需要。

短期借款是旅游、餐饮企业向银行或其他金融机构借入的还款期限在一年或超过一年的一个营业周期的各种借款。借款主要用于弥补企业临时性经营周转或季节性原因等出现的资金暂时不足。其基本特征：一是其债权人不仅包括银行，还包括其他非银行金融机构；二是借款期限较短，一般为 1 年以下（含 1 年）；三是归还短期借款时，不仅要归还借款本金，还应支付相应的利息。

旅游、餐饮企业应设置“短期借款“账户核算短期借款的增减变动及结存情况。该账户的贷方登记短期借款增加额；借方登记短期借款减少额，期末余额在贷方，表示尚未归还的借款本金。其明细账按债权人设置。

旅游、餐饮企业借入各种短期借款时，借记“银行存款”账户，贷记“短期借款”账户；归还借款做相反的会计分录。资产负债表日，应按计算确定的短期借款利息费用，借记“财务费用”等账户，贷记“银行存款”、“应付利息”等账户。

【例 2-15】 某旅行社因业务活动的临时性需要，于 2010 年 10 月 1 日向工商银行借入期限 5 个月、年利率 10% 的短期借款240 000元，按月预提利息费用，到期一次还本付息。编制如下会计分录：

（1）借入资金：

借：银行存款　　240 000

　　贷：短期借款　　240 000

（2）年末确认利息费用：

借：财务费用　　6 000（240 000 × 10% ÷ 12 × 3）

　　贷：应付利息　　6 000

(3) 次年1月份确认利息费用2 000元，会计分录同上略。

(4) 次年3月1日还本付息：

借：应付利息　　8 000

　　短期借款　　240 000

　　贷：银行存款　　248 000

二、长期借款的核算

(一) 长期借款的分类

长期借款，是指企业向银行或其他金融机构借入的、期限在一年以上的各种借款。其款项用于满足企业长期资产投资和永久性流动资产的需要。

目前，我国企业的长期借款主要是从银行取得的。按归还期限可分为定期偿还的长期借款和分期偿还的长期借款；按使用结果可分为形成固定资产的长期借款和形成流动资产的长期借款；按借款条件可分为抵押借款、担保借款和信用借款；按借入的币种可分为人民币借款和外币借款。

企业应设置“长期借款”账户核算长期借款的借入、计息及偿还的情况。该账户的贷方登记借入贷款的本金及发生的相应利息；借方登记偿还的贷款本金及支付的借款利息；贷方余额为尚未偿还的贷款本息。其明细账应按照贷款单位和贷款种类，分别“本金”、“利息调整”等项目设置。

(二) 长期借款的账务处理

旅游、餐饮企业借入长期借款时，按实际收到的金额，借记“银行存款”账户，贷记“长期借款——本金”账户，如有差额，应借记“长期借款——利息调整”账户。

长期借款的利息费用应当按照权责发生制原则的要求，按期预提计入所购建或者生产符合资本化条件资产的成本中即予以资本化，或直接计入当期财务费用。

资产负债表日，应按摊余成本和实际利率计算确定的长期借款的利息费用，根据借款具体用途，分别借记“在建工程”、“财务费用”、“研发支出”等账户，按合同约定的名义利率计算确定的应付利息金额，贷记“长期借款——应计利息”或“应付利息”账户，按其差额，贷记“长期借款——利息调整”账户。

实际利率与合同约定的名义利率差异很小的，也可以采用合同约定的名义利率计算确定利息费用。

归还长期借款本金时，借记“长期借款——本金”账户，贷记“银行存款”账户。同时，按应转销的利息调整、应计利息金额，借记或贷记“在建工程”、“财务费用”、“研发支出”等账户，贷记或借记本账户“长期借款——利息调整、应计利息“账户。

【例 2-16】某旅游、餐饮企业为建造营业用房，从银行借入长期借款 3 500 000 元，已存入银行。借款期限为 3 年，年利率 8%，每年计息一次，单利计算，每年付息一次。款项借入后，以银行存款支付工程款 2 800 000 元，该工程一年建造后达到可使用状态并完成交付使用，结转固定资产价值。编制会计分录如下：

（1）取得借款：

借：银行存款　　3 500 000

　　贷：长期借款　　3 500 000

（2）支付工程款：

借：在建工程　　2 900 000

　　贷：银行存款　　2 900 000

（3）支付第一年的借款利息：

借：在建工程　　280 000（3 500 000 ×8% ×1）

　　贷：应付利息　　280 000

（4）工程完工交付使用 ：

借：固定资产　　3 180 000（2 900 000 +2 80 000 ）

　　贷：在建工程　　3 180 000

（5）第二、三年分别预提利息：

借：财务费用　　280 000（3 500 000 ×8% ×1）

　　贷：应付利息　　280 000

（6）借款到期归还本息：

借：长期借款　　4 340 000（3 500 000 +3 500 000 ×8% ×3）

　　贷：银行存款　　4 340 000

三、应付债券的核算

应付债券是企业为筹集长期资金而发行的、超过一年期以上的债券。由于债券的票面利率与同期银行存款利率可能不一致，使债券可能面值发行、溢价发行，也能折价发行。

假设其他条件不变，如果债券的票面利率与同期银行存款利率相同，可按票面价格发行。债券的票面利率高于同期银行存款利率时，可按超过债券面值的价格发行，称为溢价发行。如果债券的票面利率低于同期银行存款利率，可按低于债券面值的价格发行，称为折价发行。溢价或折价是发行债券企业在债券存续期内对利息费用的一种调整。

企业应设置“应付债券”账户，核算企业应付债券的发行、计息、溢折价摊销及还本付息的情况。该账户的贷方登记应付债券本金和利息，借方登记归还债券本金和利息，期末贷方余额表示企业尚未归还的债券本金和利息。该账户一般需要设置“面值”、“利息调整”和“应计利息”明细账户，并按债券的种类设置明细账。

（一）债券发行的核算

无论是按面值发行，还是溢价发行或折价发行，均应按实际收到的款项，借记“银行存款”、“库存现金”等账户，按债券票面价值，贷记“应付债券——面值”账户，按实际收到的款项与票面价值之间的差额，贷记或借记“应付债券——利息调整”账户。

【例 2－17】 2006 年 12 月 31 日，某旅游、餐饮企业经批准发行 5 年期、一次还本、分期付息的公司债券，其面值为 20 000 000 元，债券利息在每年 12 月 31 日支付，票面利率为年利率 6%。假定债券发行时的市场利率为 5%，实际发行价格为 20 865 400 元。该企业发行债券时，编制会计分录如下：

借：银行存款　　20 865 400
　　贷：应付债券——面值　　20 000 000
　　　　　　　　——利息调整　　865 400

（二）利息调整的摊销

利息调整应在债券存续期间内采用实际利率法进行摊销。实际利率法，是指按照应付债券的实际利率计算其摊余成本及各期利息费用的方法。

在资产负债表日，对于分期付息、一次还本的债券，企业应按应付债券的摊余成本和实际利率计算确定的债券利息费用，借记“在建工程”、“财务费用”等账户，按票面利率计算确定的应付未付利息，贷记“应付利息”账户，按其差额，借记或贷记“应付债券——利息调整”账户。

对于一次还本付息的债券，应于资产负债表日按摊余成本和实际利率计算确定的债券利息费用，借记“在建工程”、“财务费用”等账户，按票面利率计算确定的应付未付利息，贷记"应付债券——应计利息"账户，按其差额，借记或贷记"应付债券——利息调整"账户。

【例2-18】承【例2-17】该企业采用实际利率法和摊余成本计算确定的利息费用，如表2-3所示。

表2-3 利息费用一览表

付息日期	支付利息	利息费用	摊销的利息调整	应付债券摊余成本
	(1)=面值×6%	(2)=期初(4)×5%	(3)=(1)-(2)	(4)=期初(4)-(3)
2006年12月31日				20 865 400
2007年12月31日	1 200 000	1 043 270	156 730	20 708 670
2008年12月31日	1 200 000	1 035 434	165 566	20 543 104
2009年12月31日	1 200 000	1 027 155	172 845	20 370 259
2010年12月31日	1 200 000	1 018 513	181 487	20 188 772
2011年12月31日	1 200 000	1 011 228※	188 772	20 000 000

※尾数调整。

2007年12月31根据利息费用一览表，编制会计分录如下：

借：财务费用等　　1 043 270
　　应付债券——利息调整　　156 730
　　贷：应付利息　　1 200 000

2009年、2010年、2011年确认利息费用的会计处理同2007年。

（三）债券清偿的核算

企业发行债券时，一般都规定了到期清偿债券的条款。因此，发行债券企业应根据条款偿还本金。如企业发行的债券属于定期支付利息，债券到期时只需按债券的票面金额向债券持有者支付本金；若属于一次还本付息，除支付本金外，还应偿付债券的利息。至于债券的折价或溢价，由于已在整个偿还期内摊销完毕，因此，偿还本息时不予以考虑。

【例2-19】承【例2-17】2011年12月31日，该企业发行的债券到期，归还债券本金及最后一期利息费用，编制会计分录如下：

借：应付债券——面值　　20 000 000
　　应付利息　　1 200 000
　　贷：银行存款　　21 200 000

第三章 3

往来结算款项的核算

旅游、餐饮企业在组织旅游、商品购销、劳务供应、费用开支、解交利税等交易或事项活动中，常会发生一些待结算的款项，即应收、应付项目。随着商品经济的发展，商业信用的增多，企业各项应收、应付款项也不断增加，加强应收、应付项目核算具有重要意义。

第一节　应收项目的核算

应收项目是指旅游、餐饮企业在提供旅游、餐饮服务等经营活动中因提供旅游饮食服务、商品、产品取得的向其他单位或个人索取货款及劳务补偿的要求权。这种要求权产生于企业旅游、饮食服务等经营活动或非经营活动，包括应收票据、应收账款、预付账款和其他应收款项。应收票据、应收账款和预付账款项目产生于企业旅游、饮食服务等经营活动，其他应收款项产生于企业的非购销活动。

一、应收票据的核算

（一）应收票据的确认和种类

旅游、餐饮企业间的商品交易除了用现金直接支付外，还可以用票据作为结算工具。我国票据法规定，票据是指出票人依法签发的，约定自己或委托付款人在见票时或指定的日期向收款人或持票人无条件支付一定金额并可转让的有价证券。通常，企业持有还没有到期、尚未兑现的票据包括支票、银行本票、银行汇票和商业汇票等。但在我国实务中，上述票据大部分为即期票据，可以即刻收款或存入银行成为货币资金，不需要作为应收票据核算。因此，旅游、餐饮企业会计中的应收票据，是指企业持有的还没有到期、尚未兑现的商业汇票。

商业汇票按承兑人不同，分为商业承兑汇和银行承兑汇票；按是否计息可分为不带息商业汇票和带息商业汇票。不带息商业汇票是指商业汇票到期时，承兑人只按票面金额（即面值）向收款人或被背书人支付票款的票据。带息票据是指商业汇票到期时，承兑人必须按票面金额加上应计利息向收款人或被背书人支付票款的票据。

（二）应收票据取得与收回的核算

旅游、餐饮企业应设置“应收票据”账户核算应收票据增减变动情况。该账户的借方登记取得的应收票据的面值和计提的票据利息；贷方登记到期收回的票款或到期前向银行贴现的应收票据的票面余额，期末余额在借方，反映企业尚未收回且未申请贴现的应收票据的面值和应计利息。其明细账应按商业汇票的种类设置。同时设置“应收票据备查簿”，逐笔登记每一应收票据从取得至退出企业的详细情况。

旅游、餐饮企业取得商业汇票一般有两种情况：一是因企业销售旅游商品、提供旅游服务等而收到商业汇票；二是因债务人抵偿前欠货款而取得的应收票据。应收票据取得的原因不同，其会计处理方法也不同。

旅游、餐饮企业因销售商品、提供劳务等而收到开出、承兑的商业汇票，借记“应收票据”账户，贷记“主营业务收入”等账户；因债务人抵偿前欠货款而取得的应收票据，企业应借记“应收票据”账户，贷记“应收账款”账户，商业汇票到期，如果付款人支付票据款，应借记“银行存款”账户，贷记“应收票据”账户；如果商业承兑汇票到期时，付款人无力支付票据款，企业收到银行退回的商业承兑汇票、委托收款凭证、未付票款通知书等，按应收票据的票面金额，借记“应收账款”账户，贷记“应收票据”账户。

【例3-1】2011年6月1日，某旅游度假村为南方公司提供会务服务，会务费为20 000元。该度假村收到南方公司商业承兑汇票一张，期限为3个月，面值为20 000元。该度假村账务处理如下：

（1）收到商业票据：

借：应收票据——南方公司	20 000	
贷：主营业务收入		200 000

（2）商业汇票到期收回款项：

借：银行存款	20 000	
贷：应收票据——南方公司		20 000

（三）应收票据转让的核算

应收票据转让，是指持票人因偿还前欠货款等原因，将未到期的商业汇票背书后转让给其他单位或个人的业务活动。背书是指持票人在票据背面签字，签字人称为背书人，背书人对票据的到期付款负连带责任。

旅游、餐饮企业将持有的商业汇票背书转让取得商品时，按应计入商品成本的金额，借记“原材料”或“库存商品”等账户，按商业汇票的票面金额，贷记“应收票据”账户，如有差额，借记或贷记“银行存款”等账户。

【例3-2】2011年6月5日，甲饭店将面值为46 800元的票据背书转让给乙公司取得所需旅游商品一批，该批商品货款45 000元，增值税7 650元，商品验收入库。另外，以转账支票补付商品差价款5 850元，支付运输公司商品运杂费850元（不考虑其他因素）。根据上述资料，甲饭店编制会计分录如下：

借：库存商品	53 500	
贷：应收票据——甲公司		46 800
银行存款		6 700

（四）应收票据贴现的核算

应收票据贴现，是指企业将未到期的商业汇票经过背书，交给银行，银行受理后，从票面金额中扣除按银行的贴现率计算确定的贴现息后，将余额付给贴现企业的一种融通资金行为。在贴现中，企业付给银行的利息称为贴现息，所用的利率称为贴现率，票据到期值与贴现息之差称为贴现所得。商业汇票贴现时，贴现息和贴现所得的计算公式如下：

贴现息 = 票据到期价值 × 贴现率 × 贴现天数 ÷ 360

贴现所得 = 票据到期价值 − 贴现息

贴现天数为贴现日至票据到期前一日的实际天数，或贴现日至票据到期日的实际天数减 1 天。

不带追索权的商业汇票（如银行承兑汇票）贴现后，企业应按实际收到的金额（即扣除贴现息后的净额），借记“银行存款”账户；按应收票据的票面金额，贷记“应收票据”账户；按其差额，借记“财务费用”账户。

带追索权的商业汇票（如商业承兑汇票）贴现后，企业的责任并未解除，应将贴现票据的票面金额视为一项负债。企业应按贴现所得金额，借记“银行存款”账户；按贴现票据的票面金额，贷记“短期借款”账户，按其差额，借记“财务费用”账户。如果贴现的带追索权的商业汇票到期，付款人无力支付票据款，则银行从贴现企业账户中扣除票据到期价值。贴现企业应按支付的票据款，借记“短期借款”账户，贷记“银行存款”账户；同时，借记“应收账款”账户，贷记“应收票据”账户。如果贴现企业存款账户余额不足，银行作逾期贷款处理。

【例 3－3】 2011 年 5 月 2 日，某旅游服务公司持所收取的出票日期为 3 月 23 日、期限为 6 个月、面值为 55 000 元的不带息商业承兑汇票一张到银行贴现，假设银行年贴现率为 12%。

（1）该票据贴现天数、贴现息、贴现所得的计算以及票据贴现账务处理如下：

该应收票据到期日为 9 月 23 日，其贴现天数为 144 天（30 + 30 + 31 + 31 + 23 − 1）。

贴现息 = 55 000 × 12% × 144 ÷ 360 = 2 640（元）

贴现所得 = 55 000 − 2 640 = 52 360（元）

借：银行存款	52 360	
财务费用	2 640	
贷：短期借款		55 000

（2）如果贴现的商业承兑汇票到期，票据付款人足额向贴现银行支付票据款：

借：短期借款	55 000	
贷：应收票据		55 000

（3）如果贴现的商业承兑汇票到期，付款人无力支付票据款：

借：短期借款　　55 000
　　贷：银行存款　　55 000

同时：

借：应收账款　　55 000
　　贷：应收票据　　55 000

二、应收账款的核算

（一）应收账款的确认与计价

应收账款，是指企业因销售旅游商品、产品、提供旅游劳务或服务等，应向购货单位或接受劳务单位收取的款项。它代表了企业未来收取现金、得到商品等各类经济利益的权利。

应收账款应根据销售商品或提供劳务的实际发生额记账。其入账价值包括销售货物或提供劳务的价款、增值税，以及代客户垫付的包装费、运杂费等。

（二）应收账款的核算方法

旅游、餐饮企业应设置“应收账款”账户核算企业因销售旅游商品、提供旅游劳务或服务等应向买方收取的款项。该账户的借方登记应收账款的增加额；贷方登记应收账款的减少额；期末借方余额，反映尚未收回的应收账款；若为贷方余额，反映企业预收的账款。其明细账应按购货单位或接受劳务单位设置。不单独设置“预收账款”账户的企业，预收的款项也记入“应收账款”账户。

旅游、餐饮企业销售商品发生应收款项时，借记“应收账款”账户，贷记“主营业务收入”、“应交税费——应交增值税”等账户；收回款项时，借记“银行存款”等账户，贷记“应收账款”账户。

旅游、餐饮企业代购货单位垫付包装费、运杂费时，借记“应收账款”账户，贷记“银行存款”等账户；收回代垫费用时，借记“银行存款”账户，贷记“应收账款”账户。

如果旅游、餐饮企业应收账改用应收票据结算，在收到承兑的商业汇票时，借记“应收票据”账户，贷记“应收账款”账户。

【例 3－4】某饭店 2011 年 6 月 10 日客房营业资料如表 3－1 所示。

表 3-1　　　　　　　　　　　　客房营业日报表

2005 年 10 月 1 日

<table>
<tr><td colspan="3">今日应收</td><td colspan="2">结　算</td></tr>
<tr><td colspan="2">项　目</td><td>金　额</td><td>项　目</td><td>金　额</td></tr>
<tr><td colspan="2">房　金</td><td>840</td><td>昨日结存</td><td></td></tr>
<tr><td colspan="2">加　床</td><td>100</td><td>今日收款</td><td>2 500</td></tr>
<tr><td colspan="2">酒水食品</td><td>10</td><td>今日应收</td><td>1 300</td></tr>
<tr><td colspan="2">电　话</td><td>55</td><td>今日结存</td><td>1 200</td></tr>
<tr><td colspan="2">餐　费</td><td>270</td><td colspan="2">宾客挂账内容</td></tr>
<tr><td colspan="2">洗　衣</td><td>25</td><td>单位或姓名</td><td>金　额</td></tr>
<tr><td colspan="2">应收合计</td><td>1 300</td><td></td><td></td></tr>
<tr><td rowspan="5">附
注</td><td>今日可出租房</td><td>间</td><td rowspan="5"></td><td rowspan="5"></td></tr>
<tr><td>今日实际出租房</td><td>间</td></tr>
<tr><td>出租率</td><td>%</td></tr>
<tr><td>今日维修房</td><td>间</td></tr>
<tr><td>今日空房</td><td>间</td></tr>
</table>

客房部主管：　　　　　　　　　　　　　　　　　　　　制表：

财务部门根据表 3-1 编制会计分录如下：

借：应收账款——应收户　　　　　　　　1 300

　　贷：主营业务收入——房金　　　　　　　940

　　　　　　　　　　——酒水等　　　　　　10

　　　　　　　　　　——其他　　　　　　　25

　　　　　　　　　　——餐费　　　　　　　270

　　　　其他应付款——电话费　　　　　　　55

电话费将来冲减销售费。

根据收银员交款收据作如下分录：

借：库存现金　　　　　　　　　　　　2 500

　　贷：应收账款——预收户　　　　　　　2 500

三、应收利息及股利的核算

（一）应收利息的核算

应收利息，是指企业因进行交易性金融资产、可供出售金融资产、持有至到期投资等投资活动而发生的应计利息。

旅游、餐饮企业应设置“应收利息”账户核算应收利息增减变动情况。该账户的借方登记企业应收利息；贷方登记企业收回利息；期末借方余额，反映企业尚未收回的利息。其明细账应按照借款人或被投资单位设置。

旅游、餐饮企业按照规定方法确认应收未收利息时，借记“应收利息”账户，贷记“投资收益”；收到利息时借记“银行存款”、“库存现金”账户。贷记“应收利息”账户。

【例3-5】 2010年1月5日，某酒店购入甲公司同日发行的公司债券一批，其面值为3 000万元，票面年利率为4%，债券利息按年支付。2011年1月15日收到债券利息。编制如下会计分录：

（1）2010年12月31日，确认债券利息：

借：应收利息	1 200 000	
贷：投资收益		1 200 000

（2）2011年1月15日收到债券利息：

借：银行存款	1 200 000	
贷：应收利息		1 200 000

（二）应收股利的核算

应收股利，是指企业应收取的现金股利和应收取其他单位分配的利润。

旅游、餐饮企业应设置“应收股利”账户核算应收股利或利润增减变动情况。该账户的借方登记企业应收股利或利润；贷方登记企业收回股利或利润；期末借方余额，反映企业尚未收回的股利或利润。其明细账应按照被投资单位设置。

旅游、餐饮企业按照规定方法确认应收未收利息时，借记“应收股利”账户，贷记“投资收益”；收到利息时，借记“银行存款”、“库存现金”账户，贷记“应收股利”账户。

【例3-6】 某饭店根据被投资企业股东大会通过的现金股利分配方案，确定本饭店应分得现金股利60 000元。编制如下会计分录：

（1）确认应收股利：

借：应收股利	60 000	
贷：投资收益		60 000

（2）实际收到现金股利：

借：银行存款	60 000	
贷：应收股利		60 000

四、预付款项的核算

（一）预付账款的核算

预付账款是企业按照购货合同规定预付给供应单位的款项。预付货款和应收账款同为企业结算中的资金占用，反映了企业的短期债权。但应收账款是应向购货方收取的款项，而预付账款则是预先付给供货方的款项。

预付款项较多的企业，应单独设置“预付账款”账户核算预付账款增减变动情况。该账户的借方登记企业向供应方预付货款；贷方登记企业收到所购商品（或劳务结算时）应结转的预付账款；期末借方余额，反映企业预付的款项；期末如为贷方余额，反映企业尚未补付的款项。其明细账应按供货企业的名称设置。

预付款项情况不多的企业，也可以将预付的款项直接记入“应付账款”账户的借方，不设置“预付账款”账户。但在编制会计报表时，仍然要将“预付账款”和“应付账款”的金额分开报告。

旅游、餐饮企业根据购货合同的规定向供应单位预付款项时，借记“预付账款”账户，贷记“银行存款”账户。企业收到所购商品，按应计入购入商品成本的金额，借记“在途物资”、“库存商品”、“应交税费——应交增值税（进项税额）”等账户，贷记“预付账款”账户；当预付货款小于采购商品所需支付的款项时，应将不足部分补付，借记“预付账款”账户，贷记“银行存款”账户；当预付货款大于采购商品所需支付的款项时，对收回的多余款项应借记“银行存款”账户，贷记“预付账款”账户。

【例 3-7】某饭店旅游商品部从外地安信公司订购旅游商品 100 件，单价 500 元，货款 50 000 元，增值税进项税额 8 500 元。按订货合同规定，应先向供货单位预付货款 20 000 元，交货后再补足余款。假定公司分别采用两种设置账户方法核算预付账款，则分别编制会计分录如下：

	设置“预付账款”账户			不设置“预付账款”账户		
（1）预付货款	借：预付账款——安信公司	20 000		借：应付账款——安信公司	20 000	
	贷：银行存款		20 000	贷：银行存款		20 000
（2）收到所预定商品	借：库存商品	58 500		借：库存商品	58 500	
	贷：预付账款——安信公司		58 500	贷：应付账款——安信公司		58 500
（3）补付余款	借：预付账款——安信公司	38 500		借：应付账款——安信公司	38 500	
	贷：银行存款		38 500	贷：银行存款		38 500

（二）预付工程款的核算

旅游、餐饮企业进行在建工程预付工程价款时，借记“预付账款”账户，贷记“银行存款”账户，按工程进度结算工程价款，借记“在建工程”账户，贷记“预付账款”账户。企业的预付账款，如有确凿证据表明其不符合预付账款性质，或者因供货单位破产、撤销等原因已无望再收到所购货物的，应将原计入预付账款的金额，借记“其他应收款”账户，贷记“预付账款”账户。

五、其他应收款的核算

（一）其他应收款的内容

其他应收款，是指企业除应收票据、应收账款、预付账款、应收股利、应收利息、长期应收款等经营活动以外的其他各种应收、暂付的款项等。

其他应收款主要内容有：应收的各种赔款、罚款；应收出租包装物租金；应向职工收取的各种垫付款项；备用金（向企业各职能科室、车间等拨出的备用金）；存出保证金，如租入包装物支付的押金；预付账款转入；其他各种应收、暂付款项。

（二）其他应收款的核算

旅游、餐饮企业应设置“其他应收款”账户核算其他应收款的增减变动和结存情况。该账户借方登记其他各种应收、暂付款项发生额；贷方登记收回或转销各种其他应收款项；期末借方余额，反映企业尚未收回的其他应收款；期末如为贷方余额，反映企业尚未支付的其他应付款。其明细账应按其他应收款的项目和不同的债务人设置。

1. 应收各种赔款、罚款的核算。企业发生应收各种赔款、罚款等其他应收款时，增加其他应收账款；收回各种赔款、罚款时，减少其他应收账款。

【例 3 -8】某饭店服务员因工作疏忽使舞厅音响设备报废。该音响设备原值 60 000 元，已提折旧 15 000 元。按企业制度规定，该职工应按损失金额的 40% 赔偿。该音响设备变卖收入为 5 000 元，其余部分由管理费用负担。编制如下会计分录：

（1）音响设备转入清理：

借：固定资产清理　　45 000

　　累计折旧　　15 000

　　贷：固定资产　　60 000

（2）转销固定资产清理：

借：其他应收款——××职工　　18 000

　　银行存款　　5 000

　　管理费用　　22 000

　　贷：固定资产清理　　45 000

2. 备用金的核算。备用金是企业财会部门为了便于日常零星开支的需要而预付给企业某些部门或职工备用的款项。为了使频繁的日常小额零星支出摆脱常规的逐级审批及逐项签发支票的过繁手续，对那些供零星开支、零星采购或小额差旅费用等需用的现金，建立备用金制度加以控制。备用金的特点是先领后用，用后报销。对备用金的管理，有定额备用金制度和非定额备用金制度两种。定额备用金制度，是根据使用部门工作的实际需要，先核定其备用金定额并依此拨付备用金，使用后再拨付现金补足其定额的制度。非定额备用金制度，是为了满足临时性需要而暂付给有关部门和个人现金，使用后实报实销的制度。

【例3-9】某饭店对总务部门实行定额备用金制度。2011年6月5日按核定额5 000元拨付现金；6月10日总务部门使用备用金后，持单据向财会部门报销零星费用3 500元；7月10日因业务需要增加定额1 000元，以现金付讫；年末结算收回总务部门的定额备用金6 000元。编制如下会计分录：

（1）按核定备用金定额拨付现金：

借：其他应收款——备用金——总务部门　　5 000

　　贷：库存现金　　5 000

（2）总务部门持单据向财会部门报销零星费用：

借：管理费用　　3 500

　　贷：库存现金　　3 500

（3）增加定额备用金，与建立备用金的会计分录相同，略。

（4）年末核销定额备用金：

借：库存现金　　6 000

　　贷：其他应收款——备用金——总务部门　　6 000

3. 存出保证金的核算。存出保证金，是指企业租入有关用品或劳动资料时支付的保证金或押金等。待企业租入的有关用品或劳动资料退还出租单位时，存出保证金如数收回。

【例3-10】2011年8月份，某饭店商品部随购进商品租入包装物一批，支付押金800元，以现金付讫。编制如下会计分录：

（1）租入包装物：

借：其他应收款——存出保证金　　800

　　贷：库存现金　　800

（2）归还租入包装物，收回押金：

借：库存现金　　800

　　贷：其他应收款——存出保证金　　800

第二节　应收款项减值的核算

一、应收款项减值损失的确认

应收款项减值损失，是指企业的各种应收款项因债务人拒付、破产、死亡等原因不能如数收回或根本无法收回而使企业蒙受的损失。

企业确认应收款项减值时，应具体分析各种应收款项的特性、金额的大小、信用期限、债务人的信誉和当时的经营情况等因素。一般来讲，企业的应收款项符合下列条件之一的，应确认应收款项已发生减值：

1. 债务人死亡，以其遗产清偿后仍然无法收回；
2. 债务人破产，以其破产财产清偿后仍然无法收回；
3. 债务人较长时期内未履行其偿债义务，并有足够的证据表明无法收回或收回的可能性极小。

二、坏账损失的核算方法

目前，我国对于坏账损失采用备抵法进行核算，即企业定期或者至少于每年年度终了，估计可能产生的坏账损失，并将其列入资产减值损失，并形成坏账准备，实际发生坏账时再冲销坏账准备和应收款项。

采用备抵法，在按期估计坏账损失计入资产减值损失的同时，设置“坏账准备”账户，待实际发生坏账时冲销坏账准备和应收款项的金额。这样使资产负债表的应收款项反映扣减预计坏账后的净值，并尽可能接近变现价值。

旅游、餐饮企业应当设置“坏账准备”账户，核算应收款项的坏账准备计提、转销等情况。“坏账准备”账户的贷方登记当期计提的坏账准备金额，借方登记实际发生的坏账损失金额和冲减的坏账准备金额，期末余额一般在贷方，用以反映企业已计提但尚未转销的坏账准备。

能否正确估计坏账损失是恰当运用备抵法的关键。坏账损失核算有多种方法，下面以应收账款余额百分比法为例进行说明。

应收账款余额百分比法，是指按应收账款余额的一定比例计算提取坏账准备的一种方法。这种方法是建立在坏账损失与应收账款余额直接相关性的基础上，一般来说，应收账款的余额越大，产生坏账的风险也就越高。因此，当期坏账准备应根据应收账款期末余额乘以规定的坏账比例计算确定。会计期末，企业应提取的坏账准备大于已提取的坏账准备时，应按其差额提取；反之，则按其差额冲减坏账准备。

企业提取坏账准备时，借记“资产减值损失——计提的坏账准备”账户，贷记“坏账准备”账户。冲减已计提的坏账准备时，借记“坏账准备”账户，贷记“资产减值损失——计提的坏账准备”账户。发生坏账损失时，借记“坏账准备”账户，贷记“应收账款”、“其他应收款”账户。已确认并转销的坏账损失以后又收回时，借记“应收账款”、“其他应收款”账户，贷记“坏账准备”账户，同时借记“银行存款”账户，贷记“应收账款”、“其他应收款”账户。

【例3－11】2008年年末，某饭店应收账款余额为2 000 000元，提取坏账准备的比例为3‰，“坏账准备”账户余额为零。2009年发生坏账损失12 000元，其中甲旅行社2 000元，乙公司10 000元，年末应收账款为2 400 000元。2010年已冲销的上年乙公司应收账款10 000元又收回，年末应收账款2 600 000元。该企业各年提取坏账准备以及编制的会计分录如下：

（1）2008年应提取坏账准备：

应提取坏账准备＝20 000 000×3‰＝6 000（元）

借：资产减值损失　　　　6 000

　　贷：坏账准备　　　　　　6 000

（2）2009年年末按应收账款的余额计算提取坏账准备：

坏账准备应保留的余额＝2 400 000×3‰＝7 200（元）

“坏账准备”账户已有余额＝6 000（贷方）－12 000（借方）

＝－6 000（元）

应提取的坏账准备＝7 200＋6 000＝13 200（元）

借：资产减值损失　　　　13 200

贷：坏账准备　　13 200

（3）2010 年末按应收账款的余额计算提取坏账准备：

坏账准备余额＝2 600 000×3‰＝7 800（元）

“坏账准备”账户已有贷方余额＝7 200＋10 000＝17 200（元）

应提取的坏账准备＝7 800－17 200＝－9 400（元）

借：坏账准备　　9 400

贷：资产减值损失　　9 400

第三节　应付款项的核算

旅游、餐饮企业的应付款项包括应付票据、应付账款、预收账款、应付职工薪酬、应付股利、应交税费、其他应付款项等。

一、应付票据的核算

当旅游、餐饮企业采用商业承兑汇票结算货款时，购货方签发承兑商业汇票后即构成一种债务，所签发承兑的汇票称为应付票据。在采用银行承兑汇票的情况下，承兑人虽为银行，但由银行承兑的票据，只是为收款方按期收回债权提供了可靠的信用保证，对付款人或承兑申请人来说，不会由于银行承兑而使这项负债消失。因此，即使是由银行承兑的汇票，付款人（或承兑申请人）的现存义务依然存在，也应将银行承兑的汇票作为应付票据。

旅游、餐饮企业应设置“应付票据”账户核算应付票据增减变动情况。该账户的贷方登记开出并承兑汇票的面值及带息票据的预提利息，借方登记支付票据的款项，期末贷方余额，反映企业持有尚未到期的应付票据本息。

为了反映应付票据的具体情况，企业应设置“应付票据备查簿”，详细登记每一应付票据的种类、号数、签发日期、到期日、票面金额、票面利率、合同交易号、收款人姓名或单位名称，以及付款日期和金额等资料。应付票据到期结清时，应在备查簿内逐笔注销。

旅游、餐饮企业因购买商品和接受劳务供应等而开出、承兑的商业汇票，应当按其票面金额作为应付票据的入账金额，借记“原材料”、

“库存商品”、“应付账款”、“应交税费——应交增值税（进项税额）”等账户，贷记“应付票据”账户。企业支付的银行承兑汇票手续费应当计入当期财务费用，借记“财务费用”账户，贷记“银行存款”账户。支付银行承兑汇票的手续费，借记“财务费用”账户，贷记“银行存款”账户。银行承兑汇票到期，如企业无力支付票款，应将应付票据的账面余额转作短期借款，借记“应付票据”账户，贷记“短期借款”账户。

【例 3-12】2010 年 11 月 1 日，某饭店旅游商店购进旅游商品一批，其价值为 20 745 元，增值税进项税为 3 527 元。该饭店开出承兑期限为 6 个月的不带息商业承兑汇票，其面值为 25 000 元。当时的市场利率为 3%（6 个月的市场利率）。商品款和增值税进项税合计为24 272 元（25 000 ÷ 1.03）。该饭店有关会计分录如下：

（1）购入库存商品：

借：库存商品	20 745	
应交税费——应交增值税	3 527	
应付票据贴现	728	
贷：应付票据		25 000

（2）年末结息：

借：财务费用（728 ÷ 6 × 2）	243	
贷：应付票据贴现		243

（3）次年 4 月 1 日票据到期支付票款：

借：财务费用（728 ÷ 6 × 4）	485	
贷：应付票据贴现		485
借：应付票据	25 000	
贷：银行存款		25 000

二、应付账款的核算

应付账款，是指企业因购买原材料、商品和接受劳务供应等而应付给供应单位的款项。非上述业务发生的如应付赔款、应付租金、存入保证金等其他应付款项，不属于应付账款的范畴。

旅游、餐饮企业应设置“应付账款”账户核算应付账款的形成及其偿还情况。该账户的贷方登记应付未付款项的增加额；借方登记应付未付款项的减少额；余额一般在贷方，表示尚未偿还的应付账款。其明细账应按供应单位设置。

旅游、餐饮企业购入商品等或接受劳务所产生的应付账款，应按应付金额入账。购入商品已验收入库，但货款尚未支付，根据有关凭证（发票账单、随货同行发票上记载的实际价款或暂估价值），借记“原材料”、“库存商品”等账户，按可抵扣的增值税税额，借记“应交税费——应交增值税（进项税额）”账户，按应付的价款，贷记“应付账款”账户。

【例3-13】2011年7月5日，某饭店厨房购进食品原材料8 000元，直接交付厨房鲜活原材料3 000元，其余为干货原材料交库房验收入库。货款6 000元以转账支票付讫，其余部分暂欠。该饭店财务部门根据购货发票（略）、食品验收日报表、支票存根等凭证。编制会计分录如下：

借：主营业务成本　　3 000
　　原材料　　5 000
　　贷：银行存款　　6 000
　　　　应付账款——某副食公司　　2 000

旅游、餐饮企业接受供应单位提供劳务而发生的应付未付款项，根据供应单位的发票账单，借记“管理费用”、“销售费用”等账户，贷记“应付账款”账户。

【例3-14】根据供电部门通知，某旅游、餐饮企业本月应支付电费48 000元，其中营业厅电费32 000元，行政管理部门电费16 000元，款项尚未支付。该企业编制会计分录如下：

借：销售费用　　32 000
　　管理费用　　16 000
　　贷：应付账款——某电力公司　　48 000

该企业偿还应付账款或开出商业汇票抵付应付账款时，借记“应付账款”账户，贷记“银行存款”、“应付票据”等账户。企业转销确实无法支付的应付账款，应按其账面余额计入营业外收入，借记“应付账款”账户，贷记“营业外收入”账户。

【例3-15】2010年12月31日，某旅行社确认一笔应付账款4 000元为无法支付的款项，应予转销。编制会计分录如下：

借：应付账款　　4 000
　　贷：营业外收入——其他　　4 000

三、预收账款的核算

预收账款，是指企业按照合同规定向客户预收的款项。有时，企业根据合同预收客户部分款项，并承诺在收款后一定日期向客户交付商品或提供劳务。预收账款，在核算上有以下两种方法可供选择：一是单独设置“预收账款”账户；二是不单独设置“预收账款”账户，而将预收货款记入“应收账款”账户。

预收货款业务较多的企业，可以单独设置“预收账款”账户核算预收账款的增减变动情况。该账户的贷方登记预收货款的数额和购货单位补付货款的数额；借方登记企业向购货方发货后冲销的预收货款数额和退回购货方多付货款的数额；余额一般在贷方，表示已预收货款但尚未向购货方发货的数额。

预收货款业务不多的企业，可不单独设置“预收账款”账户，将预收货款记入“应收账款”账户。企业发生预收账款时，将预收的货款直接作为应收账款的减项，反映在“应收账款”账户的贷方，待发生应收账款时，再在“应收账款”账户核算。

四、应付利息与股利的核算

（一）应付利息的核算

应付利息，是指企业按照合同约定应支付的利息，包括分期付息到期还本的长期借款、企业债券等应支付的利息。应付利息的主要账务处理如下：

1. 企业采用合同约定的名义利率计算确定利息费用时，应按合同约定的名义利率计算确定的应付利息，借记“在建工程”、“财务费用”等账户，贷记“应付利息”账户。实际支付利息时，借记“应付利息”账户，贷记“银行存款”账户。

【例3-16】 某旅游、餐饮企业借入3年期到期还本每年付息的长期借款2 000 000元，合同约定年利率为3.5%，利息费用为70 000元（2 000 000×3.5%），假定不符合资本化条件，则编制会计分录如下：

（1）每年确认利息费用：

借：财务费用　　70 000

　　贷：应付利息　　70 000

（2）每年实际支付利息时：

借：应付利息　　70 000

　　贷：银行存款　　70 000

2. 采用实际利率计算确定利息费用时，应按摊余成本和实际利率计算确定的利息费用，借记“在建工程”、“财务费用”等账户，按合同约定的名义利率计算确定的应付利息的金额，贷记“应付利息”账户，按其差额，借记或贷记“长期借款——利息调整”账户。

实际支付利息时，借记“应付利息”账户，贷记“银行存款”账户。

（二）应付股利的核算

应付股利，是指旅游、餐饮企业根据股东大会或类似机构决议确定分配的现金股利或利润。企业作为独立核算的经济实体，对其实现的经营成果除了依法交纳税费外，还必须给予投资者一定的回报，使其能够分享投资收益。因此，企业分配给投资者的现金股利或利润，在实际未支付给投资者之前，形成了一项负债。

旅游、餐饮企业通过“应付股利”账户，核算企业确定或宣告支付但尚未实际支付的现金股利或利润。企业根据股东大会或类似机构审议批准的利润分配方案，确认应付给投资者的现金股利或利润时，借记“利润分配——应付现金股利或利润”账户，贷记“应付股利”账户；向投资者实际支付现金股利或利润时，借记“应付股利”账户，贷记“银行存款”等账户。

【例3－17】某旅游、餐饮企业2010年度实现净利润4 000 000元，经过董事会批准，决定分配2009年现金股利3 000 000元，并已经用银行存款支付。编制会计分录如下：

借：利润分配——应付现金股利　　3 000 000
　　贷：应付股利　　3 000 000
借：应付股利　　3 000 000
　　贷：银行存款　　3 000 000

需要说明两点：

1. 旅游、餐饮企业董事会或类似机构通过的利润分配方案中拟分配的现金股利或利润，不确认为负债，但应在附注中披露。

2. 旅游、餐饮企业分配的股票股利不通过“应付股利”账户核算。其原因是股票股利的分派并没有造成净资产从企业流出，分派前后股东权益总额也并无变化。通常认为股票股利的分派实质上是将原本就属于股东所有的未分配利润或盈余公积，以向股东发放股票作为证明的形式，使其不能再次用于股利的分派。

旅游、餐饮股东大会批准股票股利分配方案并且办妥增资手续发放股票股利时，企业应当按照实际发放的股票股利的数额，作为利润分配的金额，按照实际发放股票的票面金额计入股本，两者之间的差额计入资本公积。

五、其他应付款的核算

其他应付款是指企业应付、暂收其他单位或个人的款项，如应付租入固定资产和包装物的租金、存入保证金、职工未按时领取的工资等。

企业应设置“其他应付款”账户，核算其他应付款的增减变动情况。该账户的贷方登记发生的其他应付款；借方登记偿付其他应付款。期末贷方余额，反映企业尚未支付的其他应付款项；期末余额如为借方余额，反映企业尚未收加的其他应收款项。其明细账按款项的类别和单位或个人设置。

企业发生其他各种应付、暂收款项时，借记“管理费用”等账户，贷记“其他应付款”账户；支付或退回其他各种应付、暂收款项时，借记“其他应付款”账户，贷记“银行存款”等账户。

【例 3-18】 某旅游服务公司 2011 年 1 月份租入一幢办公用房，合同规定租赁期为两年，每月租金 10 500 元，每季度末支付。编制的有关会计分录如下：

(1) 每月预提租金费用：

借：管理费用	10 500	
贷：其他应付款		10 500

(2) 季度末支付租金：

借：其他应付	31 500	
贷：银行存款		31 500

六、非流动负债中的流动部分

企业发行的公司债券、长期借款等长期债务，如果其中存在将在下一会计年度（或下一营业周期）内到期或部分到期，其性质与其他流动负债并无不同，都需用流动资产或流动负债加以清偿的，因此，应将其视为流动负债，并以“一年内到期的非流动债务”项目列示在资产负债表的流动负债项下，但不必作任何账务处理，仅仅在编表时将这部分债务从长期负债金额中剔除出来。

第四章 4

存货的核算

存货是旅游、餐饮企业重要的流动资产组成部分，通常其价值占企业资产的很大比重。存货的确认和计量对确定旅游、饮食企业的资产和收益有十分重要的意义。因此，旅游、餐饮企业必须加强对存货的核算。

第一节 存货概述

一、存货的概念

存货，是指企业在旅游、餐饮服务日常经营活动中持有以备出售的产成品或商品、处在生产过程中的在产品、在生产过程或提供劳务过程中耗用的材料和物料等，包括原材料、燃料、低值易耗品、物料用品、库存商品等。存货是旅游、饮食企业经营活动中最活跃的因素，它不停地被购进、消耗或被生产出来，然后不停地被领用、销售，并通过存货的购进、生产和销售，实现企业的利润。

存货具有以下特点：

（一）存货属于流动资产，具有较快的变现能力和明显的流动性。

但其流动性不及现金和应收款项，而且其时效性强，发生潜在损失的可能性也比前者大。

（二）存货是有形资产，但有别于专利权、商标权等无形资产。

（三）存货与固定资产同为有形资产，但其价值转移方式与固定资产不同。存货在正常的业务活动中，不断地处于销售和重置、耗用和重置之中，在1年内能够有规律地转换为货币资金或其他资产。而固定资产使用周期长，其价值分期转移。

二、存货的分类

旅游、饮食企业的存货一般可作以下分类：

（一）按存货的经济内容分类

按存货的经济内容分类，旅游、餐饮企业的存货分为原材料、燃料、低值易耗品、物料用品和商品。

1. 原材料，是指企业在库和在途的用于生产、加工服务的各种原材料，包括饮食企业、饭店等库存的食品原材料，以及进行生产加工服务的照相、洗染、修理等企业库存的原材料等。

2. 燃料，是指企业在库和在途的液体、固体和气体等各种燃料，如生产加工、取暖烧水等耗用的煤、柴、焦炭、液化气、石油等。

3. 低值易耗品，是指企业不作为固定资产核算的各种用具、家具，如工具、管理用具、玻璃器皿，以及在经营过程中周转使用的包装容器等。

4. 物料用品，是指企业在库和在途的除原材料、燃料、低值易耗品以外的其他物料用品的实际成本，包括企业的日常用品、办公用品、包装物品、日常维修用材料、零配件等。

5. 商品，是指企业在库和在途的各种商品，包括饭店商品部、餐饮部或附设商场等库存的各种商品；进行生产加工服务的照相等企业附设小卖部库存的商品；饮食企业附设小卖部库存的商品等。

（二）按存货的存放地点分类

按存货的存放地点分类，旅游、餐饮企业的存货可分为在库存货、在用存货、在售存货、在途存货、在制存货、在修存货、寄存存货、委托代销存货等。

（三）按存货的来源渠道分类

按存货的来源渠道分类，旅游、餐饮企业的存货可分为购入存货、自制存货、委托加工存货、投资者投入存货、盘盈存货等。

三、存货取得计价方法

（一）外购存货的实际成本

外购存货的实际成本由买价、运杂费、按规定应计入成本的税金和采购保管费组成。其中：①买价，指购货发票所开列的货款金额，包括存货的原价和供应部门的手续费。若有商业折扣和现金折扣的，应为扣除折扣后实际支付的货款。买价应直接计入存货的采购成本。②运杂费，指存货运到旅游、饮食服务公司指定地点以前所发生的包装、运输、装卸、保险、挑选整理及合理运输损耗等费用。运杂费能分清负担对象的，可按材料物资的重量或买价的比例等分摊标准，分摊计入各有关材料物资的采购成本。③税金，指按规定应计入成本的有关税费。④采购保管费，指存货供应部门以及仓库为组织存货采购、验收、保管和收发所发生的各项费用，一般包括采购、保管人员工资、工资附加费、办公费、劳动保护费、检验试验费、存货整理及零星运费、存货盘亏（减盘盈）及毁损等。

（二）自制存货的计价

自制存货，以自制过程中各项实际支出计价。

（三）委托加工存货的实际成本

委托外单位加工的存货，按照实际耗用的原材料半成品，加工费、运输费、装卸费和保险费等费用以及按规定应计入成本的税金，作为实际成本。

（四）其他方式取得的存货成本

投资者投入存货的成本，应当按投资合同或协议约定的价值确定，但合同或协议约定的价值不公允的除外。在投资合同或协议约定的价值不公允的情况下，按照该项存货的公允价值作为其入账价值。

四、存货发出的计价方法

具有较快的变现能力和明显的流动性是存货的重要特点之一。在一个持续经营的旅游、餐饮企业中，其存货始终处于流动状态。原有的存货不断流出，新的存货又不断流入。如饭店的商品部会不断地发生商品购进和销售；饭店厨房会不断地购进和发出原材料、并加工制造并销售餐饮产品。随着经营活动的变化，存货不断地改变其存在的形态和分布位置。当企业发出存货时，就必须采用一定的方法确定其发出成本。

《企业会计准则第 1 号——存货》规定，企业应当采用先进先出法、加权平均法或者个别计价法确定发出存货的实际成本。发出存货计价方法的不同，对企业财务状况、盈亏情况以及缴纳所得税的数额都会产生不同的影响。

（一）个别计价法

个别计价法，是指对存货逐一辨认，分别按各自购入或取得时的成本计价，以确定发出存货和结存存货的实际成本。其特征是注重所发出存货具体项目的实物流转与成本流转之间的联系，逐一辨认各批发出存货和期末存货所属的购进批别或生产批别，分别按其购入或生产时所确定的单位成本作为计算各批发出存货和期末存货的成本。

【例 4-1】2010 年 3 月份，某饭店仓库枪鱼罐头入库、出库及购进单价成本如表 4-1 所示。

表 4-1　　枪鱼罐头收发资料

日期	收进			发出			库存		
	数量（听）	单价（元）	总额（元）	数量（听）	单价（元）	总额（元）	数量（听）	单价（元）	总额（元）
5月1日							200	10	2 000
8日	600	9.5	5 700				800		
12日				400			400		
16日	300	10.50	3 150				700		
27日				200			500		
31日				240			260		
合计	900	—	8 850	840	—	—	260	—	—

该饭店仓库12日发出的400听枪鱼罐头中，有100听是上期结转下来的，有300听为8日购入的，27日发出的200听中为8日购进的；31日发出的240听16日购进的。采用个别计价法发出和结存枪鱼罐头成本计算方法如下：

发出枪鱼罐头成本 = 100 × 10 + 300 × 9.5 + 200 × 9.5 + 240 × 10.5
= 8 270（元）

期末结存枪鱼罐头成本 = 100 × 10 + 100 × 9.5 + 60 × 10.5
= 2 580（元）

根据计算结果，编制枪鱼罐头领用的会计分录（假定全部用于生产经营活动）：

借：主营业务成本　　8 270
　贷：原材料　　8 270

个别计价法是一种合理而准确的存货计价方法。但这种方法的前提是需要对发出存货和结存存货的批次进行具体认定，以辨别其所属的收入批次，所以计算工作量较大。

个别计价法适用于一般不能替代使用的存货料以及为特定项目专门购入或制造的存货，如珠宝、名画等贵重物品。

（二）加权平均法

加权平均法有“月末一次加权平均法”和“移动加权平均法”之分。

1. 月末一次加权平均法，是指以月初存货数量加上当月全部进货数量作为权数，去除当月全部进货成本加上月初存货成本，计算出存货的加权平均单位成本，以此为基础计算当月发出存货的成本和期末存货的成本的一种方法。其计算公式如下：

$$\text{存货加权平均单位成本} = \frac{\text{月初库存存货的实际成本} + \text{本月各批进货成本之和}}{\text{月初库存存货数量} + \text{本月各批进货数量之和}}$$

本月发出存货成本 = 本月发出存货的数量 × 存货加权平均单位成本

本月月末库存存货成本 = 月末库存存货的数量 × 存货加权平均单位成本

或 =（月初库存存货的实际成本 + 本月各批进货成本之和）－本月发出存货的成本

根据表4－1资料，采用加权平均法有关指标计算结果如下：

枪鱼罐头单位成本 =（2 000 + 5 700 + 3 150）÷（200 + 600 + 300）
= 9.86（元）

本月发出枪鱼罐头的成本 = 840 × 9.86 = 8 282.40（元）

本月月末库存枪鱼罐头成本 =（2 000 + 5 700 + 3 150） − 8 282.40

= 2 567.60（元）

采用加权平均法，只在月末计算月份内发出存货和结存存货的成本，这样可以大大简化存货核算工作，但因平时不能确定发出存货成本和结存存货金额，会影响耗用存货成本的计算；也不便于随时取得存货储备占用情况的信息，并使该存货核算工作过于集中。另外，当市场存货价格上涨时，加权平均成本会小于现行成本，反之，当价格下降时，则会超过现行成本。

2. 移动加权平均法，是指每次收到存货后，立即根据库存存货总成本和总数量，计算出新的加权平均单位成本，作为对下次进货前计算各次发出存货单位成本的依据。这种方法的特点是如果月份内收入存货的单价变动一次，就得重新计算一次加权平均成本，发出存货时，按照变动后单价确定存货发出成本。计算存货平均单位成本的公式如下：

存货单位成本 =（原有库存存货的实际成本 + 本次进货的实际成本）÷（原有库存存货的数量 + 本次进货数量）

本次发出存货的成本 = 本次发出存货的数量 × 本次发出存货前存货的单位成本

本月月末库存存货成本 = 月末库存存货的数量 × 本月月末存货单位成本

根据表 4－1 资料，采用移动加权平均法计算发出枪鱼罐头的成本和库存枪鱼罐头成本的结果如表 4－2 所示。

表 4－2 枪鱼罐头明细账（简式）

（按移动加权平均法计算）

日期	收入			发出			库存		
	数量（听）	单价（元）	总额（元）	数量（听）	单价（元）	总额（元）	数量（听）	单价（元）	总额（元）
3月1日							200	10	2 000
8日	600	9.5	5 700				800	9.625	7 700
12日				400	9.625	3 850	400	9.625	3 850
16日	300	10.50	3 150				700	10	7 000
27日				200	10	2 000	500	10	500
31日				120	10	2 400	260	10	2 600
合计	900	—	8 850	720	—	8 250	260	—	2 600

第一次购货后枪鱼罐头单位成本 =（2 000 + 5 700）÷（200 + 600）= 9.625（元）

第一次发出枪鱼罐头的成本 = 400 × 9.625 = 3 850（元）

$$\text{第二次购货后枪鱼罐头单位成本} = (3\ 850 + 3\ 150) \div (400 + 300) = 10\ (\text{元})$$

本月发出存货成本 = 3 850 + 2 000 + 2 400 = 8 250（元）

本月月末库存存货成本 = 260 × 10 = 2 600（元）

移动加权平均法，在每次发出存货前即可求出移动加权平均单价，弥补月末一次加权平均法的缺点，可以随时确定发出存货的实际成本和库存存货的价格。但如果月份内购进次数多、每次购进单价变化小、采用这种计算方法的工作量较大。

（三）先进先出法

先进先出法，是以发出存货按库存中最早进货存货的价格进行计价的一种计算方法。在发出存货的数量超过库存中最早进货的数量时，超过部分要依次按后一批收进的存货单价计算。这种方法是假定先收到的存货先发出使用这样的实物流动假设为前提，并根据这种假设的成本流转顺序对发出存货和期末库存存货进行计价。

采用这种方法时，要依次查明有关各批次的实际单位成本，核算手续比较繁琐。适用于收、发存货业务次数不多的企业。采用这种方法，本期发出存货的成本是按存货中早期进货的价格计算，而期末结存的存货则按库存中近期进货的价格计算。

根据表 4 - 1 资料，按先进先出法计算发出枪鱼罐头的成本和库存枪鱼罐头的成本情况如表 4 - 3 所示。

表 4 - 3　　枪鱼罐头明细账（简式）

（按先进先出法计算）

日期	收入			发出			库存		
	数量（听）	单价（元）	总额（元）	数量（听）	单价（元）	总额（元）	数量（听）	单价（元）	总额（元）
5月1日							200	10	2 000
8日	600	9.5	5 700				200 600	10 9.5	7 700
12日				200 200	10 9.5	3 900	400	9.5	3 800
16日	300	10.50	3 150				400 300	9.5 10.5	6 950
27日				200	9.5	1 900	200 300	9.5 10.5	5 050
31日				200 40	9.5 10.5	2 320	260	10.5	2 730
合计	900	—	8 850	840	—	8 070	260	—	2 730

先进先出法的优点是使企业不能随意挑选存货计价以调整当期利润，缺点是工作量比较繁琐，特别对于存货进出比较频繁的企业更是如此。而且当物价上涨时，会高估企业当期利润和库存存货价值；反之，会低估企业存货价值和当期利润。

（四）期末存货计价

期末存货计价，是指期末存货以什么价值在资产负债表中反映。期末存货计价方法有历史成本法和成本与可变现净值孰低法。所谓历史成本法，就是指存货期末价值以存货的账面余额为准，在财务报表中以实际成本列示各项存货，不计提存货跌价准备。成本与可变现净值孰低法，是指对期末存货按照成本与可变现净值两者中较低者计价的方法。即当成本低于可变现净值时，存货按成本计价；当可变现净值低于成本时，存货按可变现净值计价。

企业会计准则规定，“资产负债表日，存货应当按照成本与可变现净值孰低计量。”其具体内容见第九章旅游商品的核算。

第二节 原材料的核算

旅游、饮食企业存货包括饮食企业、饭店等库存的食品原材料，进行生产加工服务的照相、洗染、修理等企业库存的原材料等。

一、原材料采购一般程序

以饭店、宾馆、酒店原材料采购为例，其采购活动主要采用了饭店、宾馆、酒店采购部负责所有餐饮物品采购的组织形式。并且各单位也根据自己的管理模式，制定符合本企业的采购程序。一般采购程序如图4－1所示。

说明：餐饮部和仓库分别通过采购申请单向采购部门提出订货要求。当采购部门接到订货申请之后，通过正式的订购手续向供应单位订货，同时给验收部门一份订购单，以备收货时核对。订货后，供应单位或个体经营者如送货上门，则由验收部门验收员填写“货物验收单”

（见表4－4），将货物验收合格后转送入库；如供应单位不提供送货服务，则由采购部门承运回来，交验收部门验收入库。

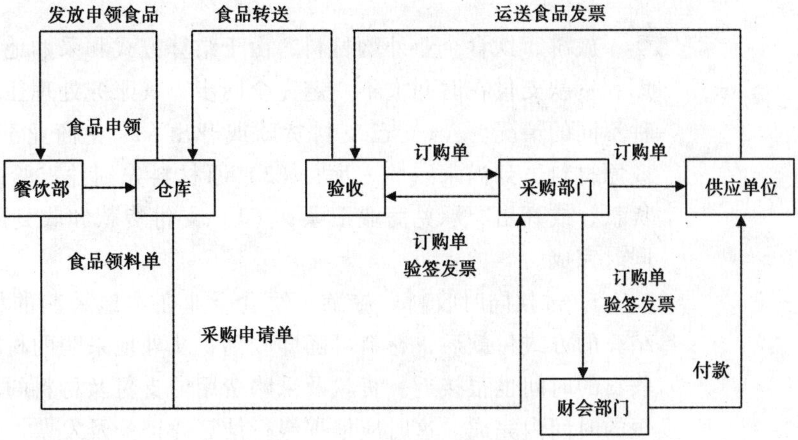

图4－1 餐饮原料采购程序

表4－4 **货物验收单**

______饭店　　　　编号______
供货单位：______　　　　日期______
供货单位地址：______
订购单编号：______

存货编号	项目及规格	单位	数量	单价	合计
总计					

验收员______　　　　送货员______
贮藏室管理员______

二、原材料购入的总分类核算

“原材料”账户，核算企业库存的各种材料的实际成本。该账户的借方登记入库原材料的实际成本；贷方登记发出原材料的实际成本；期末借方余额反映企业库存材料及包装物的实际成本。其明细账应按材料的保管地点（仓库）、材料的类别、品种和规格设置。

（一）原材料购入一般业务的总分类核算

旅游、饮食企业外购材料，由于结算方式和采购地点不同，材料入库和货款支付在时间上不一定完全同步，其账务处理往往会出现以下三种不同的情况。（1）已支付货款或开出、承兑商业汇票，商品后到，或原材料虽到尚未点验入库；（2）原材料先到并点验入库，而未支付货款，或开出、承兑商业汇票；（3）支付货款和收到原材料点验入库同时完成。

1. 付款同时收料。旅游、饮食企业在本地采购的材料，采用同城结算的方式付款后，材料可随即收到；从外地采购的材料，有时付款和收料的时间也很接近。货款及采购费用的支付及材料的验收工作可在较短的时间内完成。这时应根据银行结算凭证，及发票、运杂费等单据和收料单等凭证，填制付款并收料的记账凭证。

【例4－2】2010年7月14日，某饭店从正大食品公司采购各类罐头如表4－5所示，该批罐头的买价为8 280元，供货单位发货时代垫运杂费600元，另外按罐头购价的17%缴纳增值税1 407.6元。货款、运费以及增值税已通过银行支付，材料验收入库。

表4－5　　某饭店采购各类罐头情况

编号02352　　2010年7月14日

品名	供应商名称	发票号	箱数	每箱听数	每听容量	每听单价（元）	每箱单价（元）	总金额（元）
鱼类罐头	正大食品公司	36875	50	12	（略）	8	96	4 800
肉类罐头	正大食品公司	36875	30	12	（略）	6	72	2 160
蔬菜罐头	正大食品公司	36876	10	12	（略）	5	60	600
水果罐头	正大食品公司	36876	15	12	（略）	4	48	720
合　计								8 280

该饭店根据货物验收单、增值税专用发票和饮料验收日报表等有关凭证，编制会计分录如下：

原材料采购成本＝8 280＋600＋ 1 407.6＝ 10 287.6（元）

借：原材料　　10 287.6

　　贷：银行存款　　10 287.6

2. 先付款后收料。在这种情况下，企业对已付货款或已开出、承兑商业汇票的事项，以及原材料在途情况，都必须如实反映并进行监督管理。企业财务部门收到供货方发货凭证、结算单据等凭证，经审核无误后，按原材料采购成本，借记“在途物资”账户，按应付的有关费用，借记“销售费用”账户，按实际支付的上述款项，贷记“库存现金”、“银行存款”账户。如果以开出、承兑商业汇票结算上述款项，按开出、承兑商业汇票的面值，贷记“应付票据”账户。商品到达验收入库后，按原材料采购成本，借记“原材料”账户，贷记“在途物资”账户。

【例4-3】 承【例4-2】该饭店2010年7月14日从正大食品公司采购各类罐头，该批罐头的买价为8 280元，供货单位发货时代垫运杂费600元，另外按罐头购价的17%缴纳增值税1 407.6元。饭店签发为其3个月的商业汇票结算各类款项，材料尚在途中。

(1) 签发商业汇票结算货款：

借：在途物资　　10 287.6
　　贷：应付票据　　10 287.6

(2) 收到原材料：

借：原材料　　10 287.6
　　贷：在途物资　　10 287.6

(3) 支付商业汇票款：

借：应付票据　　10 287.6
　　贷：银行存款　　10 287.6

3. 先收料后付款。企业在验收原材料时，如果尚未收到结算凭证，不知商品款项数额，无法付款。由于结算凭证一般在收到原材料几天以后就可以收到，因此，在验收原材料时，可以暂不编制分录，待收到结算凭证，付款时才编制会计分录。

但到月终，为了真实反映企业的实际拥有的资产和负债，同时也为了保持总账与明细账的一致，正确编制资产负债表，需要对尚未付款的已入库原材料按暂估价入账，借记“原材料”账户，贷记“应付账款”账户。下月初再用红字冲回，以便下个月付款或开出承兑商业汇票后，按支付进货款和收到原材料同时完成的情况处理。

【例4-4】 2010年9月25日，某饭店收到外购食品类干货100箱已验收入库，至9月30日仍未收到货款结算凭证。该批食品类干货合同价15 000元。

(1) 9月30日编制会计分录如下：

借：原材料　　15 000
　　贷：应付账款　　15 000

(2) 10月1日用红字编制相同分录，入账冲转：

借：库存商品　　15 000

贷：应付账款 15 000

（3）10月10日，收到上述购入食品类干货结算凭证，金额共计15 710元，其中货物价款13 000元，增值税额2 210元，运杂费500元，予以承付。编制会计分录如下：

借：原材料 15 710

　　贷：银行存款 15 710

（二）原材料购入直接交付使用的核算

旅游、餐饮企业购进原材料，如食品原材料、肉类家禽、水产品、鲜蛋、蔬菜以及低价少量调味用的酱油，食盐和少量的维修材料等。为减少办理出入库手续，降低商品损耗，及时满足业务经营需要，可采取不入库，直接由各业务部门指定专人负责办理验收、保管及领用手续。一验收时，可在发票上由负责验收人直接签字，代替“原材料验收单”多如果原材料由几个部门分别使用，还应会同有关部门共同验收，然后将验收后有关凭证送交财会部门审核记账。

原材料购入不入库的账务处理有两种方式：

1. 原材料购入时，借记“原材料（某部门领用）”账户，贷记“银行存款”账户，月末盘存计耗即通过“期初原材料结存额+本期原材料进额-期末原材料结存额”，确定本期耗用原材料成本，将其耗用数，再转入“主营业务成本”账户，并注销“原材料”账户。

【例4-5】某酒楼从本地集市购进食品原材料60千克，单价7.50元，共计450元，货款以现金付讫。购入后直接交厨房管理。财会部门根据签收后发票和有关凭证，编制如下会计分录：

借：原材料——厨房领用 450

　　贷：库存现金 450

月末厨房盘点结余原材料120元，实际耗用原材料为450-120=330（元），根据计算结果，编制如下会计分录（会计实务中，该项账务处理是按企业各项耗用综合进行）：

借：主营业务成本 330

　　贷：原材料——厨房领用 330

这种方法可以通过“原材料”账户完整地反映原材料购进、领用和结存情况，便于加强对原材料的监督与管理。但核算手续相对复杂，一般在大中型企业采用。

2. 购进原材料时不通过“原材料”账户核算，直接计入“主营业务成本”账户。

【例4-6】某修理公司购进维修材料一批，价值270元，直接交付营业组验收备用。

根据原材料验收单等凭证，应编制如下会计分录：

借：主营业务成本　　270

　　贷：银行存款　　270

这种方法突出特点是核算手续简化，一般在小型企业采用。

（三）原材料购进溢余、短缺的核算

旅游、餐饮企业原材料购进后应及时组织有关部门和人员进行验收，查明原材料实收数额与应收数额相符程度。如果发现两者不一致，出现溢余或短缺，应根据具体情况在账务上得到反映，保证账实相符，并督促有关部门和人员查明原因及时处理。

旅游、餐饮企业购进原材料发生溢余或短缺，有的是运输途中发生的自然升溢或损耗多有的是供货单位工作疏忽多发或少发；有的则是运输部门失职造成丢失或损坏。对此，企业有关部门应作出详细记录，并取得证明，进行相应处理。仓库应按照实收数填制“原材料验收单”，对于溢余或短缺部分，另外填制“原材料溢余（短缺）报告单”一式数联，连同有关记录一起送财会部门审核后据以记账。

1. 购进材料溢余的核算。旅游、餐饮企业购进材料发生溢余，未查明原因或经批准才能转账的，先记入“待处理财产损溢”账户的贷方，然后查找原因并进行处理。如查明溢余材料属于自然升溢，则借记“待处理财产损溢”账户，贷记“销售费用”账户；如果查明溢余材料原因是供货方多发，由进货企业购进，当收到供货方补来的专用发票并补付货款和进项税额时，按补付的货款，借记“在途物资”账户，按支付的款项，贷记“库存现金”、“银行存款”账户，同时，借记“待处理财产损溢”账户，贷记“在途物资”账户。

【例4-7】某旅游、餐饮企业从海南M公司购进材料4 000千克，单价3.50元，计价款14 000元，货款已承付。材料运到，实收材料4 100千克，溢余100千克，其价值350元，原因待查。财会部门根据“发货票”（随货联）、“收货单”和“材料溢余报告单”编制如下会计分录：

借：原材料　　14 350

　　贷：在途物资——海南M公司　　14 000

　　　　待处理财产损溢——待处理流动资产损溢　　350

经查，上项溢余商品中40千克计140元属自然升溢，其余部分为供方多发，该旅游、餐饮企业同意购进，收到海南M公司补来的专用发票，材料款210元，补付货款从银行存款户汇出。编制会计分录如

下：

借：在途物资——海南 M 公司　　210

　　贷：银行存款　　210

同时：

借：待处理财产损溢——待处理流动资产损溢　　350

　　贷：销售费用　　140

　　　　在途物资——海南 M 公司　　180

2. 购进商品短缺的核算。旅游、餐饮企业购进商品发生的短缺，能确定由保险公司或过失负责的部分，应自“在途物资”账户转入“应付账款”、“其他应收款”等账户。尚待查明原因和需要报批才能转销的损失，应通过“待处理财产损溢”账户核算，查明原因后，分别以下情况处理：

属于应由供应单位、运输机构、保险公司或其他过失人负责赔偿的损失，借记“应付账款”、“其他应收款”等账户，贷记“待处理财产损溢”账户；属于自然灾害等非正常原因造成的损失，应将扣除残料价值和过失人、保险公司赔偿后的净损失，借记“营业外支出——非常损失”账户，贷记“待处理财产损溢”账户；属于无法收回的其他损失，报经批准后，借记“销售费用”账户，贷记“待处理财产损溢”账户。

【例 4-8】 承【例 4-7】假定该批发企业验收商品时发现商品短少 80 千克，原因待查。根据有关凭证编制会计分录如下：

借：原材料　　13 720

　　待处理财产损溢——待处理流动资产损溢　　280

　　贷：在途物资——海南 M 公司　　14 000

经查，上项短缺材料属于运输途中自然损耗。根据有关凭证，编制会计分录如下：

借：销售费用　　280

　　贷：在途物资——海南 M 公司　　280

三、原材料发出的总分类核算

原材料发出是指企业从采购入库的原材料中，发出原材料供给生产加工部门使用的过程。发料形式有无需入库原材料的发放、库存原材料的发放以及原材料的内部调拨。

（一）采购原材料直接发放的核算

食品原料经验收合格之后，从验收处直接发至厨房，其价值按当日进料价格计入当天食品成本账内。食品成本控制员在计算当日食品成本时，只需从进货日报表的直接进料栏内抄录数据即可。

（二）库存原料发放的核算

库存原料包括需干藏的食品、冷藏的食品、冰鲜藏的食品和冻藏的食品等。这些食品原料经验收后入库房贮存备用，在生产部门需要时从仓库领出，在领出当日转入当日食品成本账目。因此，对每一次仓库原料的发放都应有正确的记录，这样才能正确计算每一天的食品成本。库房每天向厨房和酒吧发出的原料都要登记在“食品仓库发料日报表”上，月末将每日“食品仓库发料日报表”上的发料总额汇总，便得到本月仓库发料总额。“食品仓库发料日报表”的式样见表 8 – 15。

【例 4 – 9】 2010 年 5 月 10 日，某饭店食品仓库发料情况，如表 4 – 6所示。

表 4 – 6　　食品仓库发料日报表

日期：2010 年 5 月 10 日

货号	品名	数量	单价（元）	金额（元）	成本分摊部门	领料单号	备　注
BC – 315	黄油（2#）	20 块	6.00	120	咖啡厅厨房	3 856	
BC – 514	鸡蛋	15 千克	3.20	48	中餐厅厨房	3 472	

本日发料汇总：发料项目数＿＿＿＿，总金额＿＿＿＿，制表人＿＿＿＿

财务部门根据“食品仓库发料日报表”编制会计分录如下：

借：主营业务成本　　200

　　贷：原材料　　200

（三）原料的内部调拨的核算

大型饭店往往拥有多处餐厅、酒吧、厨房。餐厅之间、酒吧之间、餐厅与酒吧之间等常因业务需要发生食品原料的互相调拨、转让，而厨房之间的食品原料调拨则更为经常。为使各自的成本核算达到应有的准确性，饭店内部食品原料调拨应坚持使用调拨单，以记录所有的调拨往来。在统计各餐厅和酒吧的成本时，要减去各部门调出的原料金额，加上调入的原料金额。这样可使各部门的经营情况得到正确的反映，食品饮料调拨单应一式三份或四份，调入与调出部门各留存一份，另一份及时送财务部，有的企业还要送一份给仓库记账。食品饮料调拨单的式样见表 4－7。

【例 4－10】某饭店拥有快餐厅仓库和大堂餐厅仓库两个库房。2010 年 8 月 10 日，将大堂餐厅仓库的木耳、香菇转往快餐厅仓库，供快餐厨房使用。

表 4－7　饮食原料内部调拨单

调入部门：快餐厅仓库　　时间：2010 年 8 月 10 日
调出部门：大堂餐厅仓库　　编号：623145

品名	规格	单位	数量		金额（元）	
			请拨数	实拨数	单价	小计
木耳		盒	10	10	30	300
香菇		盒	15	15	20	300
合计						600

调入部门负责人：张炳　　主管：吴国太　　仓库保管员：张美娜
调出部门负责人：李毅　　主管：姚广孝

双方待填写了出入库单，并把木耳、香菇运到快餐厅仓库之后，根据内部调拨单（表 4－7），应编制会计分录如下：

借：原材料——快餐厅——木耳　　300
　　　　　　　　　——香菇　　300
　贷：原材料——大堂餐厅——木耳　　300
　　　　　　　　　　——香菇　　300

四、委托加工原材料的核算

委托加工原材料是指企业将原材料委托外单位加工改制，并按一定标准支付加工费，到期收回成品的一种业务活动。由于企业本身经营条件的限制，购进的某些原材料需要委托外部单位加工成另一种原材料，如饮食业将面粉加工成切面或半成品，修理业把原木锯成板材，以满足企业生产和服务的需要。原材料委托外单位加工前，应与加工单位签订加工合同，切实遵守有关规定，并及时收回成品。原材料发出后，虽然保管地点发生位移，但原材料所有权仍属于委托加工企业，为了加强对委托加工原材料的管理，应对其单独组织核算，委托加工原材料的核算，是通过“原材料——加工材料”专户进行。

（一）拨付加工原材料

企业将原材料拨付加工时，应由有关部门根据合同规定填制“委托加工原材料发货单”一式数联（如表4－8），通知仓库发料后将其中一联送交财会部门记账。

表4－8　委托加工原材料发货单

发料部门：中餐仓库　　2010年10月5日　　第345号

接受加工单位		北方食品加工厂		2010年5月25日		发料编号		508
材料编号	名称及规格	单位	数量	单价	金额	加工后成品		
						名称	单位	数量
	富强面粉	千克	100	3.6	360	馄饨皮	千克	105
合计			100		360			105

（有关人员签章略）

【例4－11】某餐饮企业委托北方食品加工厂加工馄饨皮一批，发出富强粉100千克，其相关内容如表4－8所示。根据“委托加工原材料发货单”编制如下分录：

借：原材料——加工材料——馄饨皮　　360

　　贷：原材料——食品原材料——富强面粉　　360

（二）支付加工费用及税金

原材料的加工费，有的在事先预付一部分，也有在成品收回时一次付清。支付的加工费、交纳增值税等支出应在“加工材料”明细账中核算，以便通过该账户取得委托加工原材料成本总额的资料。

【例 4－12】承【例 4－11】该企业支付馄饨皮加工费 50 元、往返运费 10 元，以现金支付，应根据有关凭证，编制如下会计分录：

借：原材料——加工材料——馄饨皮　　　　60

　　贷：库存现金　　　　　　　　　　　　　60

（三）收回加工成品

委托加工原材料，按合同规定期限应及时收回。对于收回的成品，有关部门应及时对其质量和耗用原材料情况进行检查，经审核无误后填制“委托加工原材料收回单，如表 4－9 所示，交仓库验收，验收后一联交财会部门记账。

表 4－9　　委托加工原材料收回单

收料部门：中餐厅厨房

收回原材料名称	单位	数量	耗用原材料				加工费用	往返费用	总成本
			名称	单位	数量	金额			
馄饨皮	千克	105	富强面粉	千克	100	360	50	10	420
合　计		105			100	360	50	10	420

（有关人员签章略）

【例 4－13】承【例 4－11】该企业收回委托加工原材料验收入库，根据“委托加工原材料收回单”，编制如下会计分录：

借：原材料——食品原材料——馄饨皮　　　　420

　　贷：原材料——加工中材料——馄饨皮　　　　420

如果收回委托加工原材料直接拨付厨房使用时，根据“委托加工原材料收回单”，编制借记“主营业务成本”账户，贷记“原材料——加工材料”账户的会计分录。

五、原材料储存的明细分类核算

原材料储存的明细分类核算就是按原材料品种、规格设置明细分类账户进行数量和金额核算，以此掌握原材料增减变动和结存详细情况。

（一）原材料明细账分户方法

企业库存原材料一般存量不大、但品种较多，进出频繁，很难按所有品种设置明细账进行明细核算。明细账分户方法主要有以下三种：

1. 主要原材料。按品名、规格开立明细分类账，登记其收发存数量和金额。

2. 一般原材料。按类别开立明细分类账户，登记该类收、发、存数量和金额。

3. 辅助材料。如价格低、用量小的维修零配件、调味品等，可作为一类，开设明细分类账户，只登记其收、发、存的金额。

（二）原材料明细账的设置

原材料明细账，根据企业规模大小、业务量的多少和有关人员配备情况，一般有以下两种设置方式：

1. 财会部门设置的按原材料品名、规格分户的明细分类账，登记原材料收、付、存数量和金额。仓库设置原材料保管账（卡），由专人登记原材料收、付、存数量，便于与财会部门对实际盘存进行核对。

2. 财会部门按大类设置原材料类目账，登记某类原材料收、付、存的金额，由仓库按原材料的品种、规格设置原材料明细账，进行数额、金额核算或只进行原材料的数量核算。财会部门与仓库的材料账定期进行核对，做到账账相符。

（三）原材料明细账的登记方法

原材料明细账，既要登记数量，又要登记单价和金额，如表 4 – 10 所示。

表 4-10　　原材料明细账

品名：某材料　　规格　　单位（kg）　　第××页

年		凭证	摘要	收入（增加）			发出（减少）			结存		
月	日	字号		数量	单价（元）	金额（元）	数量	单价（元）	金额（元）	数量	单价（元）	金额（元）
6	1		上期结存							50	10	500
	5		购进	45	12	540				95		
	6		领用				30			65		
	9		购进	35	11	385				100		
	20		购进	40	13	520				140		
	24		领用				20			120		
	30		月结	120		1 445	50			120		

原材料明细账“收入栏”登记购进原材料、委托加工收回原材料和盘盈的原材料的数量、单价和金额。购进原材料的退补价，因不涉及原材料数量的变化，所以只登记金额，不登记数量。补价用蓝字记入“收入栏”；退价用红字记入“收入栏”；进货退出用红字登记“收入栏”；原材料明细账“发出栏”，是用以登记原材料领用、拨付委托加工原材料、原材料短缺与损耗等。如果原材料发出逐笔或逐日结转其发出成本，可以在“发出栏”登记原材料发出数量、单价和金额；如果月末汇总一次结转其发出成本，平时只登记数量，到期末再登记库存原材料的单价和金额。

第三节　物料用品和低值易耗品的核算

一、物料用品的核算

物料用品是指旅游、饮食企业在库和在途的除原材料、燃料、低值易耗品以外的其他物料用品的实际成本，包括企业的日常用品、办公用品、包装物品、日常维修用材料、零配件等。物料用品涉及内容广泛，种类繁多，零星分散，多属于消耗性物品，一经使用，便消耗成为企业费用开支。具体包括：①旅游用品，指为旅游客人备用的物品，包括茶叶、小食品和旅游纪念品等；②日常服务用品，指企业中不符合低值易耗品标准的小型工具和器皿，如餐饮企业的盘、碗、筷等，饭店和宾馆的拖鞋、烟缸、茶具等，浴池理发业的香皂、发腊、润滑油等；③办公用品，指企业各有关方面及客人消耗用的办公用品，如纸张、笔墨、文具等；④针棉织品，指饭店、旅馆、度假村等耗用的各种床单、被罩、台布、窗帘、浴巾等；⑤包装物品，指各种消耗性桶、箱、瓶、袋等包装物品；⑥日常维修用的材料、零配件等。

旅游、饮食企业的物料用品应按实际成本记账，不再单设“物料用品”账户，而是根据其性质和金额大小，分别通过“原材料”账户和“周转材料”账户核算，或直接在费用中列支。

（一）通过“原材料”账户核算

旅游、饮食企业备用的各种修理材料、修理零件、估价入账的旧材料等，入库时，应借记“原材料”账户，使用时，在借记“主营业务成本”、“管理费用”等账户同时，贷记“原材料”账户。

（二）通过“周转材料”账户核算

旅游、饮食企业业务部门使用的桶、箱、瓶、坛、袋等，均属于包装物品，其核算可通过设置“周转材料”账户进行。取得时，应借记“周转材料”账户，使用时，在借记“主营业务成本”、“管理费用”等账户同时，贷记“周转材料”账户。

（三）直接在费用中列支

有时企业购进物料用品验收后直接交付使用，可不通过“原材料”或“周转材料”等账户核算，而按其具体用途直接借记“主营业务成本”、“管理费用”等账户，贷记“库存现金”、“银行存款”等账户。

二、低值易耗品的核算

低值易耗品，是指不能作为固定资产的各种用具物品，如工具、管理用具、玻璃器皿、劳动保护用品，以及在经营过程中周转使用的容器等。

低值易耗品和固定资产同属企业的劳动资料，两者有些性质相同，如都可以多次使用而不改变其原有的实物形态；在使用中需要维修；报废时有一定的残值。但又有以下区别：（1）划分标准不同，低值易耗品中，有些如工具用具等，单位价值较低，称之为低值品，有些如玻璃器皿容易破损，称之为易耗品，使用年限较短；固定资产则是价值较高、使用年限较长的设备。（2）价值损耗补偿方式不同，固定资产以提取折旧的形式补偿价值损耗，提取折旧的时间也较长；低值易耗品价值损耗则以摊销方式摊入成本、费用，摊销期限较短，有的甚至是一次性摊销。鉴于上述特点，低值易耗品通常被归入流动资产类，视同存货进行核算。

企业低值易耗品可通过“周转材料”账户核算，也可以单独设置“低值易耗品”账户。

（一）低值易耗品购进的核算

旅游、餐饮企业购进低值易耗品应按购进的实际成本入账，即按购进原价、运杂费和包装费作为低值易耗品的入账价格。若一次购进多种低值易耗品而发生的共同费用数额较小，又不易划分，可将其费用支出不计入低值易耗品的实际成本，而以“管理费用——低值易耗品摊销”列支。

【例 4－14】 某饭店购进一批厨具作为低值易耗品核算，其价值为 1 560 元，以转账支票付讫；另以现金支付运杂费 80 元。编制如下会计分录：

借：周转材料——低值易耗品	1 640	
贷：银行存款		1 560
库存现金		80

旅游、餐饮企业领用低值易耗品时，应由各部门及时办理领用核批手续。财会部门应根据有关凭证办理转户。

（二）低值易耗品摊销的核算

低值易耗品在生产经营过程中可以多次周转使用而不改变其原有的实物形态，但其价值会逐渐转移到有关的成本费用中。计算低值易耗品转移价值的方法称为“低值易耗品摊销”。低值易耗品摊销方法一般有：

1. 一次摊销法。一次摊销法是指在低值易耗品开始领用时将其原值一次摊入当期成本费用的方法。领用低值易耗品时将其全部价值摊入有关的成本费用，借记“销售费用”、“管理费用”等账户，贷记“周转材料”账户；报废时，低值易耗品的残料价值作为当月低值易耗品摊销额的减少，冲减有关成本费用，借记“原材料”等账户，贷记“销售费用”、“管理费用”等账户。

【例 4-15】 某饭店购进客房玻璃器皿 100 套，每套 50 元，价款以银行存款支付，玻璃器皿入库。该饭店对玻璃器皿按一次摊销法进行摊销。编制如下会计分录：

（1）购进玻璃器皿入库

借：周转材料——低值易耗品　　5 000

　　贷：银行存款　　5 000

（2）领用玻璃器皿

借：销售费用——低值易耗品摊销　　5 000

　　贷：周转材料——低值易耗品　　5 000

2. 分次摊销法。分次摊销法是根据低值易耗品的原价和预计使用期限（次数），将价值分期（次）摊入成本费用的方法。

采用分次摊销法、五五摊销法进行摊销的企业，需要设置“库存低值易耗品”、“在用低值易耗品”、“低值易耗品摊销”三个明细账户。

领用低值易耗品时，先将其全部账面价值从“周转材料——低值易耗品（在库）”账户转入“周转材料——低值易耗品（在用）”账户；此后，根据周转材料使用时限，将其价值均等分次摊入有关的成本费用账户，按不同用途借记“销售费用”、“管理费用”等账户，贷记“周转材料——低值易耗品（摊销）”账户。周转材料报废时的核算与一次摊销法相似，最后转销全部已提摊销额，借记“周转材料——低值易耗品（摊销）”，贷记“周转材料——低值易耗品（在用）”账户。

【例 4-16】 2010 年 1 月 5 日，某饭店购进客房棉织品 100 套，每套 240 元，价款以银行存款支付，棉织品入库。该饭店对棉织品按 12 个月摊销其价值。12 月 25 日，棉织品报废，其变卖价值为 500 元，存入银行。编制如下会计分录：

（1）购进棉织品：

借：周转材料——低值易耗品（在库）　　24 000

　　贷：银行存款　　24 000

（2）领用棉织品：

借：周转材料——低值易耗品（在用）　　24 000

　　贷：周转材料——低值易耗品（在库）　　24 000

（3）摊销棉织品价值：

每月摊销额 = 24 000 ÷ 12 = 2 000（元）

借：销售费用——低值易耗品摊销　　2 000

　　贷：周转材料——低值易耗品（摊销）　　2 000

（4）报废棉织品：

借：银行存款　　500

　　销售费用——低值易耗品摊销　　1 500

　　周转材料——低值易耗品（摊销）　　22 000

　　贷：周转材料——低值易耗品（在用）　　24 000

3. 五五摊销法。五五摊销法是在低值易耗品领用时，将其价的50%摊销计入有关的成本费用，待低值易耗品报废时，再摊销其余下的50%价值。

领用低值易耗品时，借记“周转材料——低值易耗品（在用）”账户，贷记“周转材料——低值易耗品（库存）”账户。月份终了，根据当月领用的低值易耗品的实际成本的50%，计算当月领用的低值易耗品的摊销额，借记“销售费用”、“管理费用”等账户，贷记“周转材料——低值易耗品（摊销）”账户。

低值易耗品报废时，应按入库的残料价值，借记“原材料”等账户，按报废低值易耗品的已提摊销额，借记“周转材料——低值易耗品（摊销）”账户，按报废低值易耗品的实际成本的50%减去残料价值后的差额，借记“销售费用”、“管理费用”等账户，按报废低值易耗品的实际成本，贷记“周转材料——低值易耗品（在用）”账户。

（三）低值易耗品的修理与废弃的核算

为了延长低值易耗品的使用寿命，充分发挥其效能，应对低值易耗品及时进行维修保养。为修理低值易耗品而发生的开支，以“销售费用——修理费”账户列支。

低值易耗品由于磨损而失去使用价值时，应按规定办理报废手续。报废时，财会部门应区别不同摊销方法，分别进行账务处理。

1. 采用一次摊销法摊销低值易耗品的企业，于报废时，该项低值易耗品如有残值，应作为低值易耗品摊销额的减少，冲减管理费用，借记“库存现金”、“银行存款”等账户，贷记“销售费用”、“管理费用——低值易耗品摊销”等账户。

2. 用分期分次摊销法摊销低值易耗品的企业，在报废时，应将低值易耗品摊余价值扣除残料价值后的差额作为低值易耗品的摊销额，记入“销售费用”、“管理费用——低值易耗品摊销”账户。

3. 采用五五摊销法摊销低值易耗品的企业，于报废时，按收回的残料价值，借记“库存现金”、“银行存款”等账户，贷记“周转材料——低值易耗品（在用）”账户；按低值易耗品实际成本的50%减少残料价值后的差额，作为报废低值易耗品的摊销额，借记“管理费用

——低值易耗品摊销”账户；同时，将报废低值易耗品的实际成本减去残料价值后的差额与已提摊销相对冲，借记“周转材料——低值易耗品（摊销）”账户，贷记“周转材料——低值易耗品（在用）”账户。

【例4－17】某旅行社领用低值易耗品一批，实际成本为1 500元，领用时按五五摊销法已摊销其成本50%。领用的低值易耗品因不能继续使用，经批准报废，并变卖残值收入现金100元。编制如下会计分录：

（1）摊销低值易耗品成本的50%，确认变卖残值收入：

借：库存现金　　100

管理费用　　650

贷：周转材料——低值易耗品（摊销）　　750

（2）在用低值易耗品报废：

借：周转材料——低值易耗品（摊销）　　1 500

贷：周转材料——低值易耗品（在用）　　1 500

第四节　库存商品的核算

为了方便客户、提高服务质量，饭店、宾馆、旅行社、连锁酒店、会议中心、度假村等一些旅游服务单位，分别在其营业场所开设了一些供消费者购买所需物品的商场、小卖部等，出售一些生活必需品、旅游商品等。旅游、餐饮企业经营库存商品业务具有以下特点：

1. 库存商品销售对象主要是个人消费，交易零星，销售次数频繁。

2. 销货收款一般都是现金交易，既有人民币也有外汇兑换券，多数采取“一手钱一手货”的销售方式。游客购买商品，一般不需填制发票。

3. 经营规模不大（多为前店后库），经营方式灵活（既有自销、又有代销），经营商品范围广泛（既有日用百货，又有具有民族特色的土特产品如手工艺品、金银首饰等），商品品种和规格复杂繁多。

根据上述业务特点，并按照商品具有使用价值和价值两种属性的理论，商品核算应既要反映商品的使用价值，又要反映商品的价值。反映商品的使用价值，也就是对库存商品进行实物数量核算，反映各种库存商品数量进、销、存增减变化情况；反映商品的价值，就是以货币为计量单位，反映商品进、销、存金额的增减变化情况。在实际工作中，库存商品的核算主要有“数量进价金额核算法”、“进价金额核算法”和“售价金额核算法”。其具体核算方法可参见本书第九章的内容。

第五节　存货清查盘点的核算

存货清查盘点就是用清点、过秤和对账等方法，检查现有存货的数量及存在状况的一种方法。通过盘点可以确保存货核算资料的真实可靠，健全财产物资的管理制度，促进各项存货有效地使用。

存货盘点应根据存货的具体对象和目的不同，采取全面与局部定期和不定期形式进行，但至少在年终决算前应对存货进行一次全面盘点。由于存货的清点是一项复杂、细致的工作，涉及的面宽，工作量大，在清查前应做好一定的准备工作。在清查盘点过程中，盘存人员通过点数、过秤或技术测算等方法，分别对各项存货进行清点，以确定其实存数量。将盘点结果及时登记“盘存单”。盘点后，应检查账存数额与实存数额是否一致，如不一致应根据“盘存单”编制“实存账存对比表”，以确定各项存货账存与实存间的差异，便于分析两者产生差异的原因，可以明确经济责任，并以此作为调整账簿记录的依据。

一、存货盘亏的核算

未查明存货盘亏原因或未确定处理意见前，应按盘亏数额，借记“待处理财产损溢”账户，贷记“原材料”、“燃料”、“周转材料”等存货账户。按照规定程序批准转销时，可按下列原则进行相应的账务处理：

1. 盘亏或毁损的存货扣除过失人及保险公司赔款和残料价值后，计入管理费用。

2. 存货毁损属于非常损失的部分，扣除保险公司赔款和残料价值后，计入营业外支出。

【例 4－18】 2010 年 10 月 31 日，某摄影中心存货盘点中，发现照相材料毁损价值 1 800 元。经查，毁损材料 1 800 元中，自然损耗 250 元，属于有关人员责任造成损失 150 元，已向其索赔，其余毁损为非常损失（已收到保险公司赔款 1 000 元）。根据有关凭证，应编制如下会计分录：

（1）确认材料毁损：

借：待处理财产损溢——待处理流动资产损溢　　1 800
　　贷：原材料——照相材料　　1 800

（2）确认材料的自然损耗：

借：管理费用　　250
　　贷：待处理财产损溢——待处理流动资产损溢　　250

（3）向有关责任人索赔：

借：其他应收款——某责任人　　150
　　贷：待处理财产损溢——待处理流动资产损溢　　150

（4）确认材料的非常损失：

借：银行存款　　1 000
　　营业外支出——非常损失　　400
　　贷：待处理财产损溢——待处理流动资产损溢　　1 400

二、存货盘盈的核算

未查明存货盘盈原因或未确定处理意见前，应根据盘盈数额，借记“原材料”、“燃料”、“周转材料”等账户，贷记“待处理财产损溢”账户；根据批准意见转账时，借记“待处理财产损溢”账户，贷记“管理费用”、“营业外收入”等账户。

【例 4－19】 2010 年 12 月 31 日，某印染企业在存货清查中，发现印染原料盘盈 600 元，原因待查。后经查，盘盈印染原料，因计量误差为 180 元，供货单位多发货 420 元。应根据有关凭证，编制如下会计分录：

（1）盘盈原材料：

借：原材料　　600
　　贷：待处理财产损溢——待处理流动资产损溢　　600

（2）确认因计量误差盘盈：

借：待处理财产损溢——待处理流动资产损溢　　180
　　贷：管理费用　　180

（3）确认应向供货单位承担的负债：

借：待处理财产损溢——待处理流动资产损溢　　420
　　贷：应付账款——供货单位　　420

第五章 5

饭店经营收支的核算

饭店经营收支是饭店从事饭店服务的基础和结果，是饭店财务成果主要体现，也是考核饭店经营成果的主要依据。

第一节　饭店业务活动特点

饭店（hotel）一词来源于法语，原指接待贵宾的乡间别墅，后来被欧美国家沿用，表示提供食宿的商业性设施。在中文里表示食宿设施的名词很多，比如旅馆、宾馆、饭店、酒店等，它们可以通用。

饭店是指以有形的空间、设备、产品以及无形的服务为凭借，在旅游消费服务领域从事生产和营销活动，具有法定独立性的经济实体。作为饭店一般应该具备以下条件：①它是由建筑物和装备好的设施组成的专门接待场所；②它必须提供住宿、餐饮和其他服务；③它的服务对象是公众；④它是商业性的，以盈利为目的。饭店组织结构及运行模式如图 5－1 所示[①]。

---

① 宋雪鸣、费志冰主编：《饭店财务运转与管理》，高等教育出版社 2008 年版，第 17 页。

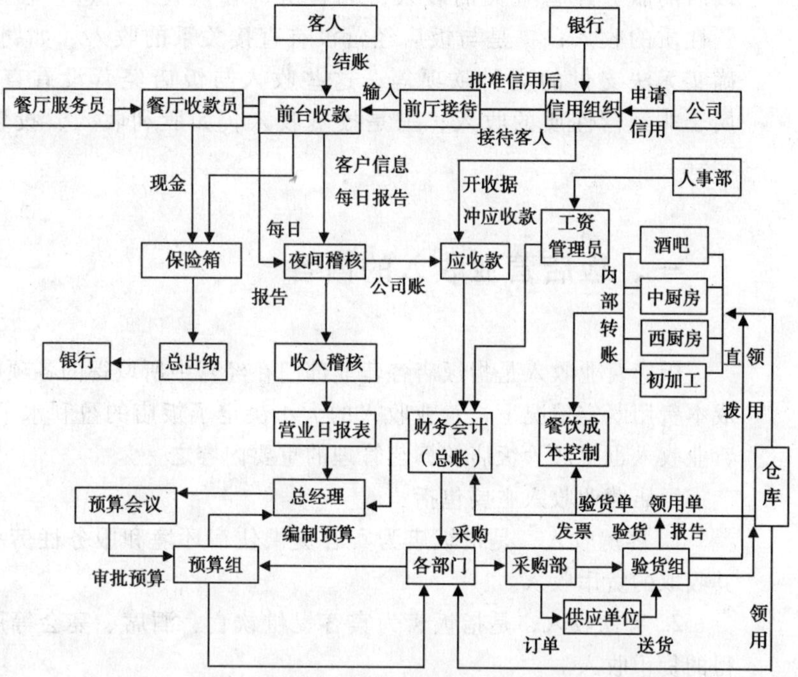

图 5-1　饭店组织结构及运行模式

饭店（含宾馆和旅店）是为客人提供住宿、餐饮等服务活动的综合企业，随着我国经济的繁荣及旅游事业的发展，更多的国内和境外客人或因经商，或因参加会议，或因旅游度假等光顾饭店，使饭店成为人们下榻、工作、学习、信息交流以及进行社交活动和娱乐健身的理想场所。它为创造旅游收入、提供就业机会、促进社会消费方式和消费结构的发展和变化、带动其他行业发展和社会经济与文明程度都具有积极作用。

为充分发挥饭店住宿、餐饮、通讯、商务、娱乐以及购物等多功能为一体的综合服务作用，应加强饭店的经营管理。正确组织饭店会计核算，是搞好饭店经营管理的重要一环。

第二节　饭店营业收入的核算

饭店收入来源于不同的渠道，大致可以包括三种类型：一是与饭店的服务经营有关的收入，如客房、餐饮收入，这些收入属于经营性质的收入；二是与饭店经营没有直接关系的收入，如罚款收入、确实无法支付的应付款项等，这些收入与饭店经营没有直接关系，属于非经营性质的收入；三是投资收入，如股利收入、投资分得利润等。

一、饭店营业收入的内容

饭店营业收入是指饭店各营业部门在经营中所取得的各项收入。在成本费用既定情况下，营业收入的大小决定了饭店的盈利水平，因此，营业收入也就成为饭店核算与管理的重要内容之一。

饭店营业收入主要包括：

1. 客房收入，是指饭店为宾客提供住宿环境和服务性劳务后，向其收取的货币收入。

2. 餐饮收入，是指饭店为宾客提供饮食、酒席、宴会等服务而取得的货币收入。

3. 销售商品收入，是指饭店附设零售商场、购物中心、商品部等部门因销售商品等而取得的货币收入。

4. 其他收入，是指饭店除上述收入外而取得的货币收入，主要包括：游乐或健身服务收入、商务中心服务收入、租金收入、美容美发收入、电话费收入、游戏机收入、俱乐部收入、保龄球收入、洗衣收入、车队收入、手续费收入、会议室出租收入等。

二、饭店营业收款的组织形式

饭店营业收入复杂多样，收入系统环节较多。为了保证收入的实现，一般都设有前台结账处和餐厅结账处等，负责记录收取饭店所有的营业收入。同时针对饭店营业收入取得情况（一方面来自住店客人，另一方面来自非住店客人），饭店营业收款的组织形式主要采取“一次性结账”和“零星结账”两种形式。

（一）一次性结账

一次性结账也称集中结账，是指对客人入住饭店期间的住宿、餐饮及其他项目的消费均先采用记账形式，待宾客离店时最后一次结算。

在这种收款组织方式下，饭店各营业部门需设置专职收款员。宾客在各营业点消费时，需向专职收款员出具饭店签发的住房卡，并对消费单据进行确认，而后由收款员送交总服务台结账处，由该处结账员将这些费用记录在客人的总账单上，并将各营业点转来的客人签单插入该客人的账夹内作为附件。

一次性结账方式既适应宾客的消费心理，又有利于饭店扩大销售，提高营业效率。但需要加强各营业点收款员传递账单的管理，以防出现跑账、漏账。

（二）零星结账

零星结账亦称分散结账，在这种收款组织形式下，总服务台结账处只负责在宾客离店时结算其房费部分，而住店期间的其他消费，都在宾客消费时当场由各营业点结账。采用这种方式，各营业点需分别设立收款员，负责本部门的账务处理及现金出纳。

零星结账方式核算手续严谨，也便于部门经济核算；但收费分散，手续烦琐，不方便宾客消费。

三、客房收入的核算

客房是宾客入住饭店后由企业进行综合服务的主要场所，其服务活动构成饭店整体活动的中心和枢纽。客房收入要占饭店总收入一半以上，同时，客房出租可以带动或增加其他经济收入，因为客人入住后要吃饭、娱乐、洗衣、订票等等。因此，客房收入的管理和控制质量，直接影响着饭店总体经济效益。

（一）客房收入的业务程序

在饭店，客人的接纳、安排食宿以及处理客人账务由总服务台负责办理。零散宾客入住饭店，通过总服务台服务员负责接待并先由客人填写“宾客住宿登记表”如表 5－1 所示。

表 5－1　　　　　　　　　　宾客住宿登记表

××饭店　　宾客住宿登记表 REGISTRATION FORM OF TEMPORARY RESIDENCE THE ××HOTEL PLEASE WRITE IN BLOCK LETTERS		
姓 Surname	名 First Name	性别 Sex
中文姓名 Name in Chinese	国籍 Nationality	出生年份 Date of Birth
证件种类 Type of Certificate	证件号码 Certificate No.	
签证种类 Type of Visa	签证有效期 Validity of Visa	
抵达日期 Date of Arrival	离店日期 Date of Departure	
接待单位 Received by	房号 Room No.	
备注：请用正楷填	Remarks：Please Write in Block Letters	
公司名称及住址 Company Name & Residential Address		贵客签字 Guest Signature
离店时我的账目结单将由：ON CHECKING OUT MY ACCOUNT WILL BE SETTLED BY 现金 CASH	旅行社凭单 T/A VCHR	□COMPANY

办妥住宿手续后，服务员当即开出一份账单（即为客人入住饭店后开立的赊欠明细账）交给服务台结账组（处），账单内容见表 5－2。

结账组需将账单按宾客房号顺序排列在账夹内，并对客人入住期间发生的各项费用及时记入该账单内。在办妥住店手续后，总服务台为客人签发本店住房卡，宾客在饭店各营业点（通常不包括商品部）可凭其签单消费。

客人住店期间的消费账款，在有些饭店是在客人预定房间或在住店登记时就已付账；有些饭店则要求客人对其入住期间的每项服务直接支付现款：也有的是由旅行社或某代理人提前代为付账；但多数饭店均采用一次性结账。

表 5 – 2　　　　　　　　××饭店账单

<table>
<tr><td colspan="2">房号</td><td>抵店日期</td><td colspan="2">人　数</td><td colspan="3" rowspan="2">备注</td></tr>
<tr><td colspan="2">房租</td><td>离店日期</td><td colspan="2">付款方式</td></tr>
<tr><td colspan="8">姓名____________
地址____________
公司名称__________</td></tr>
<tr><td>项　目</td><td></td><td></td><td></td><td></td><td></td><td></td><td></td></tr>
<tr><td>昨日余额</td><td></td><td></td><td></td><td></td><td></td><td></td><td></td></tr>
<tr><td>房　租</td><td></td><td></td><td></td><td></td><td></td><td></td><td></td></tr>
<tr><td>饭　食</td><td></td><td></td><td></td><td></td><td></td><td></td><td></td></tr>
<tr><td></td><td></td><td></td><td></td><td></td><td></td><td></td><td></td></tr>
<tr><td></td><td></td><td></td><td></td><td></td><td></td><td></td><td></td></tr>
<tr><td>洗　衣</td><td></td><td></td><td></td><td></td><td></td><td></td><td></td></tr>
<tr><td>电　话</td><td></td><td></td><td></td><td></td><td></td><td></td><td></td></tr>
<tr><td>其　他</td><td></td><td></td><td></td><td></td><td></td><td></td><td></td></tr>
<tr><td>合　计</td><td></td><td></td><td></td><td></td><td></td><td></td><td></td></tr>
<tr><td>贷方 现　金</td><td></td><td></td><td></td><td></td><td></td><td></td><td></td></tr>
<tr><td>贷方</td><td></td><td></td><td></td><td></td><td></td><td></td><td></td></tr>
<tr><td>贷方 转　账</td><td></td><td></td><td></td><td></td><td></td><td></td><td></td></tr>
<tr><td>余　额</td><td></td><td></td><td></td><td></td><td></td><td></td><td></td></tr>
</table>

付款单位：____________________　　地址：____________________

客人签名：____________________

对于团体客人或零星已预订客房的散客在其到达饭店之前，由饭店营业部门按照旅行社等单位事先下达的接待计划开出“接待通知单”（见表 5 – 3），送交总服务台、餐饮部、客房部、财务部的前台结账组，做好接待准备。总服务台服务员按照“接待通知单”上的具体要求，按到达日期顺序安排房间，同时为客人开设账单并送交前台结账处。

表 5-3　　　　××饭店接待通知单

年　月　日

团（姓）名				编号	
抵　离 时间 \ 地点	月　日　时　分乘　抵 月　日　时　分乘　离			付款 方式	
人数	客人 计＿＿＿人	陪同 计＿＿＿人	全陪姓名 地陪姓名		
用房数	双床间		膳食	餐别	
	大床间			标准	
	套　间			其他	
房内布置	月　日　时　分　共　桌计　人，标准　元/人（含、不含）				
房费				地点：	
备注：					

每日结账组根据各营业点报来的经客人签字的账单，记入该客人总账单中。实行一次结账的饭店，客人住店期间可享受短期信用，其所欠款在离店时一起结算。当宾客准备离店要求结账时，部服务台结账组取出客人总账单及所附其他账单进行认真复核并和各有关部门（如客房、餐厅、商品部、游娱中心等）取得联系，检查各种账单是否均已送到。核对无误后，计算出客人在饭店期间的消费总额并请客人签字付账，收回住房卡。

（二）客房收入的账务处理

客房收入按其来源不同可分为：①长住客人收入（即客房为宾客提供住宿期超过半年而取得的收入）；②团队收入；③散客收入；④其他收入等。客房经营收入的账务处理方法依房费收款方式不同而有所区别。各类客房营业收款主要有以下方式：

1. 应收制，即先住宿，后付款。客人进住饭店投宿时，先不支付房费，待饭店为客人提供服务后，定期（如预订住店时间）或离店时一次性向客人结清账款。采用这种方式，每日根据总服务台结账组编制的“营业日报表”如表 5-4 所示，按实际应收客房租金记入营业收入账户，借记“应收账款——客欠”账户，贷记“主营业务收入——客房收入”账户。待实际结算房费时，核销应收账款，编制借记“银行存款”账户，贷记“应收账款——客欠”账户的会计分录。

【例5-1】北方饭店财务部5月5日收到服务台结账组转来的“客房营业日报表”如表5-4所示。当日应收房费15 200元，当日收款13 600元。

表5-4　　客房营业日报表

编制单位：北方饭店　　2010年5月5日　　单位：元

营业项目	当日新欠	昨日结欠	当日交付	当日结欠
一楼客房	5 600	3 800	6 200	3 200
二楼客房	7 200	5 200	4 900	7 500
三楼会客室	…（略）	…（略）	…（略）	…（略）
四楼会议室	…	…	…	…
其他	…	…	…	…
合计	15 200	17 500	13 600	19 100

财会部门根据当日新发生的应收账款等有关凭证，编制如下会计分录：

借：应收账款——客房欠款　　15 200
　　贷：主营业务收入——客房收入　　15 200

同时，根据当日交付房款，编制如下会计分录：

借：现金（银行存款）　　13 600
　　贷：应收账款——客房欠款　　13 600

2. 预收制，是为客人提供服务前，根据其拟住店日数并预收部分或全部房费，当财务部门根据结账组报来的客房营业日报表及有关凭证，按预收金额和银行进账回单等，编制借记“现金或银行存款”账户，贷记“预收账款”或“应收账款”账户的会计分录；根据日报表中属于客人每日应付房费部分列作当日营业收入并核销预收款，编制借记“预收账款”或“应收账款”账户，贷记“主营业务收入”账户的会计分录。若客人已住满预订天数尚不离店时，应由其续付房费。

【例5-2】北方饭店的客房收入采用先收款后住店的核算方式，2010年5月10日财会部门收到前台交来“营业收入日报表”及现金等有关结算单据，如表5-5所示。

表 5－5　　客房营业日报表

金额单位：元

项目＼类型	主营业务收入 单人间	标准间	套间	合计	预收房金		备注
房金	5 400	18 600	9 000	33 000	上日结存	78 000	
饮料	108	276	66	450	本日应收	33 750	
食品	72	174	54	300	本日交付	30 600	
其他					其中：现金	24 600	
合计	5 580	19 050	9 120	33 750	信用卡签单	6 000	
出租客房间数：45 间					本日结存	74 850	
空置客房间数：5 间					长款：	短款：	

（1）根据“营业收入日报表”中“主营业务收入”栏的数额，编制如下会计分录：

借：预收账款　　33 750
　贷：主营业务收入——房金　　33 000
　　　　　　　　——饮料　　450
　　　　　　　　——食品　　300

（2）根据“营业收入日报表”预收房金栏的“本日交付”中各项目的数额，编制如下会计分录：

借：现金　　24 600
　　银行存款　　6 000
　贷：预收账款　　30 600

上述两种方法手续烦琐，但能合理准确地反映当日（期）饭店的经营成果。

3. 现收制，是指向客人提供服务的同时收取房费，以实际收到现款作营业收入处理。财会部门根据总服务台结账组转来的“客房营业日报表”（如表 5－6）及现款作为饭店当日客房收入，编制借记“库存现金”或“银行存款”账户，贷记“主营业务收入”账户的会计分录。

注意：客房营业日报表，是根据当天已结算离店宾客的账单各项目汇总编制。预收房金（称“押金”）全部留存前台，不交财务部门。每天缴交财务部门的现金仅为当天已收离店宾客的现金总额。

这种方法核算手续简单，但不能合理准确地反映饭店当期的财务状况及经营成果。

【例5－3】2010年10月3日，某饭店财会部门收到前台交来“营业收入日报表”及现金等有关结算单据，如表5－6所示。

表5－6　　　　客房营业日报表

2010年10月3日

<table>
<tr><td colspan="2">今日应收</td><td colspan="2">结　算</td></tr>
<tr><td>项目</td><td>金额</td><td>项目</td><td>金额</td></tr>
<tr><td>房金</td><td>6 680</td><td>收入现金</td><td>6 560</td></tr>
<tr><td>加床</td><td>200</td><td>挂账</td><td>880</td></tr>
<tr><td>酒水食品</td><td>100</td><td>合计</td><td>7 440</td></tr>
<tr><td>电话</td><td>80</td><td colspan="2">挂账客户</td></tr>
<tr><td>餐费</td><td>300</td><td>单位或姓名</td><td>金额</td></tr>
<tr><td>洗衣</td><td>50</td><td>兴中科技实业公司</td><td>560</td></tr>
<tr><td>赔偿</td><td>30</td><td>刘九如</td><td>320</td></tr>
<tr><td>应收合计</td><td>7 440</td><td></td><td></td></tr>
<tr><td>附注</td><td>今日可出租房　间
今日实际出租房　间
出租率　%
今日维修房　间
今日空房　间</td><td></td><td></td></tr>
</table>

客房部主管：　　　　　　　　制表：
（收付实现制使用）

根据表5－6，财务部门编制会计分录如下：

（1）确认收入：

借：库存现金　　6 560

　应收账款——兴中公司　　560

　　　　　——刘九如　　320

　销售费用——电话费　　$\boxed{80}$

　　　　　——洗涤费　　$\boxed{50}$

　　　　　——物料消耗　　$\boxed{30}$

　贷：主营业务收入——房金　　6 880

　　　　　　　　——酒水等　　100

　　其他应收款——客房　　300

注意：“销售费用”有三个红字。其中：电话费80元，是收回已付电话费的一部分；洗涤费50元，是收回送洗染店代宾客洗衣的洗涤费；物料消耗30元，是收回被损坏，需要更新的物品价值。

(2) 收回挂账现金时:

借:库存现金　　880

　　贷:应收账款——兴中公司　　560

　　　　　　　——刘九如　　320

(3) 月末结转酒水、食品等销售成本 80 元:

借:主营业务成本——酒水等　　80

　　贷:库存商品——客房吧台　　80

四、餐饮收入的核算

为客人提供餐饮、住宿是饭店的最基本职能。就这两者而言,餐饮收入在现代饭店经营中占有越来越重要位置。与客房收入相比,饭店获取餐饮收入的潜力更大。餐饮收入包括饭店附属餐厅、酒吧、宴会厅等部门为客人出售自制和外购餐饮食品而取得的食品收入、饮料收入、香烟收入、服务费收入及其他收入等。

(一) 餐饮产品价格的制定方法

餐饮产品是一种特殊零售商品,其价格合理与否直接影响饭店及消费者的切身利益。所以,制定其价格时既要认真研究客人消费心理,考虑顾客对付出价格需要获取更多价值的要求,同时也要满足企业获取合理利润的愿望,以生产餐饮产品所耗原材料成本为基础确定其价格。

实际工作中,餐饮产品价格制定方法很多,常用的定价方法有"成本毛利润法"和"销售毛利润法"。

1. 成本毛利润法,是以餐饮产品单位配料定额成本为基础,按确定的毛利润率加成据以计算餐饮产品销售价格的一种方法。其销售价格计算公式如下:

销售价格 = 单位产品配料定额成本 + 毛利润额　　①

单位产品配料定额成本是单位产品标准价格与其消耗定额的乘积。毛利润额是加在单位产品配料定额成本之上的金额,它按照下列公式计算确定:

毛利润额 = 单位产品配料定额成本 × 毛利润率　　②

将②式代入①式得:

餐饮产品销售价格 = 单位产品配料定额成本 × (1 + 毛利润率)

【例 5-4】 西清饭店名菜鱼香澳洲豆的制作定额成本为 15 元,按规定的成本毛利润率 45% 作价,其销售价格计算方法为:

销售价格 = 15 ×（1 + 45%）= 21.75（元）

成本毛利润法是以成本为基础外加加成额来确定餐饮产品的销售价格，所以它又称“外加法”。

2. 销售毛利润率法，是以餐饮产品销售价格为基础，按照毛利与销售价格之间的比值关系计算确定餐饮产品销售价格的一种方法。餐饮产品销售价格的计算公式及其推导过程如下：

销售毛利润率 = 毛利润额 ÷ 销售价格　①

毛利润额 = 销售价格 × 销售毛利润率　②

又：销售价格 = 单位产品配料定额成本 + 毛利润额　③

将②代入③式，经过计算整理如下：

销售价格 = 单位产品配料定额成本 + 销售价格 × 销售毛利润率　④

= 单位产品配料定额成本 ÷（1 - 销售毛利润率）　⑤

这种方法在餐饮业习惯称为“内扣法”。

假设该饭店确定的销售毛利润率为 30%，则鱼香澳洲豆的销售价格计算方法如下：

销售价格 = 15 ÷（1 - 30%）= 21.43（元）

上述两种方法在实际工作中都有应用，二者各有优劣。一般而言，以配料定额成本求销售价格，采用成本毛利润较为方便；而根据用餐标准（销售价格）计算用料成本则以销售毛利润计算为好。因此，在实际工作中就经常需要将两种毛利润率进行换算。其换算公式为：

$$成本毛利润率 = \frac{销售毛利润率}{1 - 销售毛利润率}$$

$$销售毛利润率 = \frac{成本毛利润率}{1 + 成本毛利润率}$$

（二）餐饮销售方式及收入的核算

餐饮产品的销售对象为旅游、商务、会议团体或个人散客，其业务经营应本着既方便客人又便于管理与核算的原则。销售方式通常有：

1. 预收订金，饭后结算。这种方式大多在接受团体、个人预订宴会、酒会、晚会时采用。通常先由预订单位或个人到总服务台预订处办理预订手续，填写“宴会预订单”（如表 5 - 7 所示），详细填写宴会规模、标准、用餐时间等。由总服务台分送给各有关部门。饭店餐厅按事先约定时间与规模做好准备。宴会销售价格一般是以桌为计算单位，烟、酒及饮料则另行结算。

表 5-7　　**礼士宾馆宴会预订单（代通知单）**　　编号

年　月　日

订餐单位		人数		联系人	
用餐标准		用餐时间			
酒水等		用餐地点			
通知单位		备注			

由于宴会是为特定消费团体或个人订做的，若预订单位或个人在规定时间未能赴宴，已制作的餐饮产品又无法转售给其他团体或个人，饭店便会蒙受损失。为减少损失，当总服务台接受客人预订餐时，应按预订宴会桌数及销售价格的一定比例预收相当数额订金。财会部门收到总服务台交来的订金时，编制借记“库存现金”或“银行存款”账户，贷记“其他应付款——宴席订金”账户的会计分录。宴会结束，其账款结算有以下方法：

（1）若客人以现款结算，收到总服务台报来账单及现款时，按补交款借记“库存现金”、“银行存款”账户，按预收订金借记“其他应付款——宴席订金”账户，按全部销售款贷记“主营业务收入——餐饮收入”账户。

（1）若客人不付现款，事后采用转账结算时，则由承办宴会的单位或个人在结算账单上签字证明，总服务台连同宴会订单等一并送交财会部门据以记账。借记“应收账款”、“其他应付款”账户，贷记“主营业务收入”账户。

【例 5-5】 新世纪饭店接受奥赛公司预订宴席 5 桌，预收订金 1 500元。待宴会结束，实际结算 4 600 元，其中商品部烟、酒、饮料款 450 元，该商品部适用增值税率为 3%。账款已由该公司签字但未付，事后集中结算。财务部门编制会计分录如下：

（1）收到订金：

借：银行存款　　1 500

　　贷：其他应付款——宴席订金　　1 500

（2）宴会结束，结算应收账款：

借：应收账款——奥赛公司　　3 100

　　其他应付款——宴席订金　　1 500

　　贷：主营业务收入——餐饮收入　　4 150

　　　　　　　　　　——商品部收入

　　　　　　　　　　436.9［450 ÷（1 + 3%）］

　　　　应交税费——应交增值税　　13.10

2. 点菜开票、饭后记账结算。客人进入餐厅在服务员引导下选好座位，服务员按客人点菜要求开出“餐厅小票”通知厨房予以加工。客人用餐完毕，餐厅收款员根据“餐厅小票”填制“宾客消费挂账通知单”（如表5-8）与客人结算账款，经客人出示住房卡并在账单上签字后，收款员将其作为每日编制“餐厅营业日报”（如表5-9）依据，一同送交总服务台或会计部门，会计部门据此作应收账款处理。若客人需要转账划拨资金结清账款时，可由客人或有关单位人员在账单上签字，作为饭店向付款方结算账款依据。

表5-8　　　　宾客消费挂账通知单

宾客姓名		房号		服务部门	
服务内容					
项目	单位	数量	单价	金额	备注
合　计	（大写）　仟　佰　拾　元　¥				

宾客签字：　　　　　　　　　　　　　　　　经手人：

3. 现款现售。有些饭店为方便客人就餐制作各式快餐食品，其销售多采取一手钱一手货方式。客人就餐可直接交款取饭，也可先购票凭票取餐。餐厅收款员于每日营业终了，根据收取的现款编制“销售（营业）日报表”连同收入的现款送交总服务台收银处或直接送交财会部门入账。

【例5-6】2010年10月1日，某酒店餐饮部营业情况如表5-9所示①。

表5-9　　　　×××大酒店餐饮部营业日报表

2010年10月1日

项目/餐别	用餐台人数		菜品（含冷菜）	海鲜	主食（面点）	酒水		合计	结算					
	台数	人数							现金	挂账	餐券	应酬		合计
早餐	35	95			1 560			1 560	945		615			1 500
中餐	38	214	2 510	886	384	1 900		5 670	4 405	1 265				5 670
晚餐	51	283	4 128	1 675	510	2 746		9 059	5 524	3 180		355		9 059
本日合计	124	592	6 638	2 561	2 454	4 636		16 289	10 874	4 445	615	355		16 289
本月累计														

① 蔡凤娇编著：《酒店会计实务》，江西人民出版社2010年版。

续表

项目 餐别	用餐台人数		菜品 （含冷菜）	海鲜	主食 （面点）	酒水	合计	结算				
	台数	人数						现金	挂账	餐券	应酬	合计
转外客	户名		金额	户名		金额	户名	金额	户名		金额	
	兴亚房产		1 860	远洋公司		1 240	陆丰先生	379				
									外客小计		3 479	
转寓客	户名		金额	户名		金额	户名	金额	户名		金额	
	806 房王小雨		188	402 房 张英		210	1065 房 吴远	385	1408 房 孙力		98	
	1302 房 宋丹		85						寓客小计		966	
备注												

餐厅主管：　　　　　　　　　　　　　　　　　　　　　　　　　　制表：

财务部门根据当天餐饮“营业日报表”，编制会计分录如下：

借：库存现金　　　　　　　　　　　　　　10 874
　　应收账款（分外客的客户名）　　　　　3 479
　　其他应收款——房客　　　　　　　　　966
　　管理费用——应酬费　　　　　　　　　355
　贷：主营业务收入——菜品　　　　　　　　6 638
　　　　　　　　　——海鲜　　　　　　　　2 561
　　　　　　　　　——面点　　　　　　　　2 454
　　　　　　　　　——酒水　　　　　　　　4 636
　　　　　　　　　——房金　　　　　　　　615

回收早餐券 615 元用红字冲减房金收入，是反映房价折让的收入减少。

4. 售票收款、凭票就餐。一些饭店为方便店内客人就餐，餐饮销售可以采用预先收款发行内部有价票券，客人凭票就餐。

在这种就餐方式下，饭店进行会计核算时，可在“其他应付款”账户下设置“库存有价票券”和“发行有价票券”两个明细账户；也可单独设置“库存有价票券”和“发行有价票券”账户。现以后一种设账方法为例，说明企业采用出售餐券收款方式的核算。

【例 5－7】某饭店发行 30 000 元内部餐券，当月售出 27 000 元，收回 23 000 元。有关会计分录如下：

（1）发行内部餐券：

借：库存有价票券　　　　　　　　　　　30 000
　贷：发行有价票券　　　　　　　　　　　　30 000

（2）当月初售出餐券：

借：现金　　　　　　　　　　　　　　　　　　27 000
　　贷：库存有价票券　　　　　　　　　　　　　　27 000

（3）月末收回餐券：

借：库存有价票券　　　　　　　　　　　　　　23 000
　　贷：主营业务收入——工作餐厅　　　　　　　　23 000

（4）票券清点作废：

借：发行有价票券　　　　　　　　　　　　　　×××
　　贷：库存有价票券　　　　　　　　　　　　　×××

5. 团体包餐。团体包餐一般是客人入住饭店时就与总服务台签订团体包餐合同。由总服务台餐务接待部为厨房下达《用餐通知单》，其内容包括：包餐单位名称、包餐人数、餐别、用餐费用标准、包餐起止时间、会费方式、酒水供应种类、餐桌安排以及其他特殊要求。团体包餐一般分为早、中、晚三餐。厨房接到用餐通知单，按照要求具体安排每日菜点与酒水等内容。

待客人离店前，由饭店结账组向该团直接结账或向其委托单位收取款项。

除上述方式外，饭店餐饮服务还有客房服务用餐，即事先有预约，根据用餐要求，将餐饮送到客人房间等。

五、商品部收入的核算

商品部收入是指饭店为方便入住客人购物需要，在店内附设综合商场、购物中心以及商品服务部为客人和社会提供旅游商品、食品、饮料以及其他商品所取得的货币收入。商品部经营是饭店综合服务的有机组成部分，其业务活动具有以下特点：①销售对象主要是国内和国外的消费者个人；②商品销售多采用“一手钱一手货”的柜台交易；③货款结算以现金为主，也有转账形式，既有人民币结算又有外币结算；④经营商品品种多、规格复杂、范围广泛，方式也灵活多样，既有自营，也有代销。基于上述特点，商品部会计核算多采用售价金额核算法。该方法的内容将在第九章讲述。

商品部销售商品多采取现金交易，其营业收款主要有以下两种方式：①服务员直接收款，在商品交易过程中，服务员一手收款，一手交货，既管钱又管物。这种方式手续简便，方便顾客，但发生差错不易查找；②集中收款，设置收款台，配备专职收银员，实行钱物分管。服务员只负责送货，其货款由顾客直接到收款台（或由服务员传递到收款台）结算。这种方式可以加强钱物管理，减少差错。但不便于客人选购商品。

无论采用哪种收款方式，均应加强销货款的管理。各柜组应于每日营业终了将销货款点清后，由实物负责人或收银员根据当日的销售情况及有关凭证，填制“商品销售日报表”和“内部缴款单”连同货款一并送交总服务台或直接交财会部门。财会部门根据销售报表及有关凭证，反映营业收入的取得及货款结算情况，借记“银行存款”账户，贷记“主营业务收入”账户。由于商品部大多采用售价金额核算，在反映营业收入取得的同时，还应结转营业成本，注销实物负责人所经管的物资。在售价金额核算法下，“库存商品”账户按售价记账，商品售价与进价之间差额，记入“商品进销差价”账户。所以，从理论上讲，商品销售后在按售价冲减“库存商品”账户的同时，还应核销已销商品实现的进销差价，并按其原进价转入“主营业务成本”账户，据以正确计算销售成果。然而已销商品实现的进销差价需要经过一定方法计算确定，若每天计算已销商品应分摊的进销差价，会使日常核算工作过于繁重；又因企业是按月计算利润，因此也没有必要每日结转已销售商品实现的进销差价。故实行售价金额核算法的商品部，平时销售商品在反映“主营业务成本”账户，贷记“库存商品”账户的同时，期末再按一定方法计算已销商品和库存商品应分摊的进销差价，编制借记“商品进销差价”账户，贷记“主营业务成本”账户。将平时按售价结转的营业成本调整为进价成本，并核销已销商品实现的进销差价。

【例 5-8】北方饭店附设零售商品服务部，5 月 5 日收入情况如下：百货组 11 670 元；图书文具组 16 200 元；工艺美术组 8 240 元；旅游服装组 24 900 元。财会部门根据各组报送销售日报表等凭证，编制如下会计分录：

借：银行存款　　61 010
　贷：主营业务收入——商品部收入——百货组　　11 670
　　　——图书文具组　　16 200
　　　——工艺美术组　　8 240
　　　——旅游服装组　　24 900

同时，按售价注销各实物负责人所经管商品的金额，编制如下会计分录：

借：主营业务成本——商品销售成本　　61 010
　贷：库存商品——百货组　　11 670
　　　——图书文具组　　16 200
　　　——工艺美术组　　8 240
　　　——旅游服装组　　24 900

月末，计算当月增值税的销项税额，借记“主营业务收入——商品部收入”账户，贷记“应交税费——应交增值税（销项税额）”账户，并结转销售商品实现的进销差价，将平进反映的售价成本调为进价成本。

若商品部经营库存商品采用进价核算，商品销售后按销售额借记“现金或银行存款”账户，贷记“主营业务收入”、“应交税费”账户，定期采用一定方法（如先进先出法、加权平均法、移动平均法、后进先出法和个别计价法等）计算已销商品进价成本，确定经营成果。

六、其他收入的核算

饭店除提供住宿、餐饮、购物等服务外，一般还会提供美容美发、健身娱乐、车队服务、小酒吧、洗衣熨烫以及商务活动等服务等。这些业务活动虽然不是饭店主要活动，其收入也不是饭店的主要收入来源，但它们又是饭店必不可少的服务项目，加强这些服务项目的核算也具有重要的意义。

（一）美容美发收入的核算

美容美发收入主要是指脸部护理、纹眼线、修指甲、剪发、修面、烫发、焗油、按摩等项目的收入。其主营业务收入的内容包括：①男发收入，是指美容美发店为男顾客提供洗、剪、吹、烫等所取得的服务收入；②女发收入，是指美容美发店为女顾客提供洗、剪、吹、烫等所取得的服务收入；③美容收入，是指美容美发店为顾客提供的洗面、护肤等服务；④按摩收入，是指美容美发店为顾客提供按摩、推拿等服务所取得的收入；⑤其他收入，是指美容美发店为顾客提供上述以外的服务所取得的收入。

美容美发一般根据饭店的等级水平和具体服务项目的收费标准确定收入的金额。其收款方式通常有先服务后收款和先收款后服务两种。

在采用先收款（含记账）后服务方式下，顾客来厅美容时，先到收款台按自己要求服务的项目交款（记账），收款员收款后，发给小票（小牌），顾客凭票（牌）美容。而在先服务后收款方式下，由美容服务人员先为顾客服务，服务完毕后再根据服务项目按标准收费（记账），并将收费情况及时登记“营业收入台账”。

无论采用哪种方式，每天营业终了，收款员或负责台账统计工作的人员将款项核对无误后，填制“营业收入日报表”。财会部门根据营业部门交来的“营业收入日报表”入账，编制借记“库存现金”与“应收账款”等账户，贷记“主营业务收入”账户的会计分录。

【例 5－9】2010 年 6 月 10 日，某饭店美容美发部向财务部交来现金和“营业收入日报表”如表 5－10 所示。当天的营业收入中，收取现金 7 200 元，消费卡刷卡 1 880 元。

表 5－10　营业收入日报表

2007 年 6 月 25 日

项　目	服务人次	单价	金额	备注
一、美容部收入			5 080	
其中：面部护理	42	100	3 900	
纹眼线	3	160	480	
修指甲	15	40	400	
按摩			300	
其他				
二、理发部收入			4 000	
其中：剪发	100	22	330	
吹风	28	10	280	
染发	16	100	1 600	
焗油	9	110	990	
其他	10	90	800	
当日营业收入合计			9 080	
收取现金：7 200 元　消费卡：1 880 元				

财务部门编制会计分录如下：

借：库存现金　7 200

　　预收账款　1 880

　　贷：主营业务收入——美容部收入　5 080

　　　　　　　　　　——理发部收入　4 000

此外，有些美容美发部门，为了及时收回投资，均发行了消费卡，持卡的客户先预缴一定款项，每次消费时，从其消费卡中减去相应的消费金额即可。在实行这种收款模式的情况下，售出消费卡时，借记“库存现金”，贷记“预收账款——消费卡”；当顾客消费之后，按照实际应该收取的款项，借记“预收账款——消费卡”，贷记“主营业务收入”。

（二）商务中心收入的核算

商务中心的服务项目通常包括：复印、打字、电传、传真、翻译、会议记录、代办邮件、会议室出租、电脑出租、代订机（车、船）票等等。另外，有些高级酒店的商务中心还能提供秘书、托运、商业信息查询、文件整理及装订、安排会晤等。商务中心一般不收取现金，不开具发票，商务中心为顾客提供完服务之后，通常引领客人到前台收银员处交现金开具发票。如果住店宾客进行签单，挂入房账，商务中心则应向前台确认，并请客人出示房卡，予以记账。财会部门根据商务中心交来的“商务中心营业收入日报表”入账，编制借记“库存现金”、“应收账款”等账户，贷记“主营业务收入”账户的会计分录。

【例5－10】2010年10月5日，某饭店财务部收到商务中心转来的当日“营业日报表”，其营业情况如下：

传真服务收入	20分钟	每分钟收费20元	计400元	现金
复印服务收入	80页	每页 0.5元	计40元	现金
打字服务收入	20页	每页 3元	计60元	记账
合计			500（元）	

根据“营业日报表”等凭证，财务部应编制如下会计分录：

借：库存现金　　440

　　应收账款——客欠　　60

　　贷：主营业务收入——商务中心收入　　500

（三）洗衣收入的核算

在饭店、宾馆开设洗衣房（厂）为顾客洗涤衣物是饭店、宾馆和旅店等企业一项重要的服务内容。洗涤方式包括干洗、湿洗、烫洗等，洗涤物品不仅包括住店客人的床单（罩）、沙发套、大小桌布、衣物等和内部服务人员工作服，也包括附近城乡居民的衣物。

收到顾客送来的洗涤衣物时，先由本人填制“洗衣单”列明洗衣的种类、单价、数量，由服务员送交洗衣房（厂）。住店客人也可填写“洗衣单”放进客房的洗衣袋，由客房服务员通知洗涤部门收取。

洗涤业务收款分为记账和现款结算两种方式。住店客人洗衣费可先记账，财会部门根据服务台转来“营业日报表”和“记账单”等凭证，按洗衣收入，借记“应收账款”账户，贷记“主营业务收入”账户；客人离店结算时，一次结清。为外单位和居民洗涤收入可采取：①收进洗涤衣服的同时，向顾客收取费用，财会部门根据“营业日报表”和现款数额，借记“库存现金”、“银行存款”账户，贷记“主营业务收入”账户；②取衣物时收款。顾客送来洗涤衣物时，不收款，待客人取走衣物时再收取费用，其账务处理方法与（1）相同。

【例 5－11】2010 年 11 月 1 日，某饭店“营业日报表”列明当日洗衣营业额为 678 元，其中收入现金为 420 元，其余为住店客人记账的洗衣费用。财会部门根据有关凭证，编制如下会计分录：

借：库存现金　　420
　　应收账款——客欠　　258
　　贷：营业收入——洗涤收入　　678

客人离店结算洗衣费时，应编制如下会计分录：

借：库存现金　　258
　　贷：应收账款　　258

（四）舞厅收入的核算

饭店舞厅住宿宾客光顾较少，主要向社会开放。其收入主要是门票收入和酒台收入。每天业务结束，舞厅收银员根据当天收费情况，编制“舞厅营业日报表”（如表 5－11 所示）。

表 5－11　舞厅营业日报表

年　月　日

营业收入		当天应支付费用	备　注
项　目	金　额		
门票收入		日场费用	
其中：日场		乐队报酬	
夜场		歌手报酬	
吧台收入		夜场费用	
其中：日场		乐队报酬	
夜场		歌手报酬	

财务部门根据“舞厅营业日报表”，确认当日的营业收入，编制如下会计分录：

借：库存现金　　×××
　　贷：主营业务收入　　×××

（五）蒸气浴收入的核算

蒸气浴是饭店为顾客提供的服务项目，一般具有浴池、淋浴和蒸气浴，同时伴有助浴、按摩、修脚、踩背、推拿等保健服务。从顾客获得的蒸气浴收入要在服务技师人员与酒店之间进行分成，其比例经双方认定后签订合同据以执行。因此，饭店获得蒸气浴收入的资金，不能全部确认其收入，属于应付服务技师人员报酬部分，要确认负债，待与服务技师每月末或数日结算时，再转销负债。

加强对蒸气浴营业收入的监控是蒸气浴收入核算的重要环节。为此，需要对每一顾客账单进行管理。空白账单，每天一个序号，由财务部门掌握，每天领用办签收手续。当天所领空白账单如未用完，全部交还财务部门销号。已与顾客结算收款的账单附营业日报交财务部门审核入账。"蒸气浴宾客账单"如表 5－12 所示。

每日营业结束，蒸气浴管理人员要根据当日业务情况，编制"蒸气浴营业日报表"，财务部门根据该表确认当日的营业收入。

【例 5－12】某宾馆桑拿室 2010 年 8 月 10 日营业情况如表 5－12 所示。

表 5－12　　蒸气浴营业日报表

年　月　日

收入项目	计价单位	单价	收入合计		其中		分成比例	备注
			服务量	金额	酒店收入	服务收入		
蒸气浴	人次	50	120	6 000	6 000			收入
助浴	人次	30	10	300	150	150	5:5	全部
按摩	个钟	100	50	5 000	2 000	3 000	4:6	为现金
修脚	人次	30	170	300	120	180	4:6	
推拿	人次	20	20	400	200	200	5:5	
踩背	人次	15	24	360	180	180	5:5	
酒水				2 400	2 400			
合计				14 760	11 050	3 710		

财务部门根据"蒸气浴营业日报"编制如下会计分录：

确认蒸气浴收入和应付分成收入：

借：库存现金　　　　　　　　　　　　　　14 760

贷：主营业务收入——蒸气浴　　6 000
——酒水　　2 400
——其他　　2 650
其他应付款——应付服务分成　　3 710

支付服务收入分成时：

借：其他应付款——应付服务分成　　3 710
贷：库存现金　　3 710

（六）游戏机收入的核算

电子游戏机收入是饭店为客人提供娱乐设施而取得的收入。与其他营业收入相比，电子游戏机收入主要是通过金属币的售出来完成的。因此，游戏机金属币要由专人管理，建立严格的收发制度。游戏机币箱的钥匙要由稽核人员或者专人控制。金属币管理人员和稽核人员每天都要清点游戏机箱内的金属币，核对卖出数（游戏机币箱内的总数）是否等于发出数（收银员领取数）与退回数（收银员退回数）的差，将卖出金属币的应收款与实际收到的金额核对相符后，并根据剩余的金属币填制“游戏机营业收入日报表”，饭店财会部门根据该表进行收入的会计处理。

【例5-13】某酒店发行铜质游戏币2 000枚，每枚定价2元，由财务部门出纳员保管。电子游戏厅收银员领取1 000枚作营业周转之用。营业两天后开启游戏机存币柜，经清点共收到游戏币800枚，上交财务部门。收银员用所收营业收入的现金1 400元向财务部门换回等值游戏币700枚。

编制会计分录如下：

发行游戏币2 000枚时：

借：其他应收款——库存游戏币　　4 000
贷：其他应付款——发行游戏币　　4 000

电子游戏厅收银员领取周转用游戏币时：

借：其他应收款——游戏币周转金　　2 000
贷：其他应收款——库存游戏币　　2 000

收到电子游戏厅缴交营业收入游戏币800枚时：

借：其他应收款——库存游戏币　　1 600
贷：主营业务收入——电子游戏　　1 600

收银员用现金兑换游戏币700枚时：

借：库存现金　　1 400
贷：其他应收款——库存游戏币　　1 400

（七）车队收入的核算

车队收入是饭店所属车队为接送宾客、提供交通工具和相关服务而取得的货币收入。它包括以下两种情况：①客车由旅行团或会务组承包，为该团（或该会议）接送宾客、浏览名胜古迹等提供服务。其营业收款通常是在旅游或会议结算收取；②是对店内或社会零散客人可设点购票乘车或乘车后收费。车队票款交纳办法，根据收款方式不同而有所区别：对于设点售票服务，一般是在营业终了由收款员根据售票收款情况，编制“营业日报表”连同收取的现款送交财会部门，据以进行账务处理。而对于乘车购票或到达目的地再收费，一般采取承包收入方式。其内容是以单车为核算对象，测定车辆每日的收入情况，确定一个承包数额。司机每日或定期按承包额缴收入。不论什么方式，饭店财会部门收到交来车队收入时，编制借记“库存现金”、“银行存款”账户，贷记“主营业务收入——车队收入”账户的会计分录。

（八）代订车船机票业务核算

代订车船、机票业务一般是由订票、取票、发票环节构成。订票时由旅客填写委托单，交付票款，企业指定专人负责该项业务。旅客交纳定金后，开据“订票收据”。征得交通部门同意订购若干张票时，由服务台经办人计算票款，向财会部门领出转账支票到交通部门取票，经办员取回票，向旅客收回“订票收据”加收手续费，多退少补，连同票证分发给顾客。代办业务取得手续费收入，记入“主营业务收入”账户。

（九）租金收入的核算

为扩大业务经营范围，方便顾客，企业有时为顾客提供办公场所、公寓、小宴会厅、交通车辆服务等，以满足他们的需要。一些出租业务谈妥后，双方要签订合同并收取部分押金，待结清租金后予以退回。有些业务的租金是按出租次数计算，有的则以出租时间和租用面积计算。企业取得的租金收入计入主营业务收入或其他收入。

第三节 饭店营业成本的核算

在饭店规模一定的情况下，减少成本支出是提高饭店盈利能力的关键所在。营业成本的高低直接影响酒店的经营好坏，也对饭店的竞争能力产生巨大的影响，它反映了饭店的经营管理水平。所以，强化饭店的成本核算和财务管理是提高饭店竞争力、实现饭店经营战略目标重要内容之一。

一、饭店营业成本的内容

饭店营业成本是指饭店各部门经营中所发生的直接成本，包括：

（一）餐饮原材料成本

餐饮原材料成本是指饭店制作餐饮产品所耗费的各种原材料、调料和配料的货币表现，又称餐饮成本。

（二）商品进价成本

商品进价成本是指饭店出租售商品的进价成本。

（三）车队营业成本

车队营业成本是指饭店出租汽车在提供劳务过程中发生的实际成本，如司机工资、燃料费、折旧费等。

二、餐饮原材料成本的核算

就理论而言，餐饮产品成本应是餐饮产品制作加工过程中活劳动与物化劳动耗费的总和。但因餐饮产品的品种多，数量零星，制作工艺要求不同，多数产品的生产、销售、服务融为一体，发生的成本费用既有生产、流通性质又有劳务服务性质，因此在实际工作中很难将它们加以区分，也很难按餐饮产品品种分配各种流通和服务费用进行完整的成本计算。故而，餐饮产品成本只是饭店一定时期内耗用的原材料、调料和配料总成本。对于产品加工制作过程中耗费的人工费、固定资产折旧费、企业管理费用等不计入产品成本而作为期间费用分别计入销售费用或管理费用。餐饮成本的核算，关系到餐饮产品的规格、质量及销售价格，是核算企业财务成果的前提条件，做好此项工作具有重要意义。

（一）餐饮产品总成本计算与结转

餐饮产品成本计算的核心是核算餐饮产品耗费直接材料（即原材料、调料和配料）的进价成本。由于餐饮产品的生产过程与销售过程相连，产品品种、花样繁多，单位用料杂而零星，产品间工艺技术过程差异较大，既有一料多用也有数料合烹，还有单一品种或配套桌菜等等。如果按每一菜（或主食品）核算其单位成本，其成本计算工作不胜其烦，也无必要，加之餐饮产品烹饪工艺技术的特点，计算出来的单位成本很难做到准确。为此，从会计核算角度，餐饮产品成本一般是按餐饮产品全部或大类计算。餐饮产品总成本的计算与结转可分别采用“永续盘存法”和“实地盘存法”。

1. 永续盘存法。永续盘存法是指按厨房实际领用的原材料数额计算与结转已销餐饮产品总成本的一种方法。这种方法适用于设置领料制的饭店企业，在永续盘存法下，企业可增设“在产品”账户。每次领料根据领料单借记“在产品”账户，贷记“原材料”账户。通过“在产品”账户，厨房已经领用的全部原材料，“在产品”账户月末余额即尚未加工完毕或未销售的餐饮产品成本。月末厨房各班组，需将未耗用或未销售的原材料、半成品和产成品盘点，填制盘存表交存财会部门计价，确定其结存余额。“在产品”账户月初余额与本期发生额合计、扣除期末结存余额的差额即为本期营业成本数额。计算出已销产品成本时，编制借记“主营业务成本”账户，贷记“在产品”账户的会计分录。若领用的原材料直接在“主营业务成本”账户核算，则应根据领料单随时或定期记入“主营业务成本”账户，编制借记“主营业务成本”账户，贷记“原材料”账户的会计分录，通过“主营业务成本”账户反映原材料投入生产加工过程以及餐饮产品成本形成的情况。

【例 5－14】天府饭店餐饮部设有中餐和西餐两个餐厅，原材料均实行领料制。本月从库房领用原材料情况下：中餐厅 77 480 元；西餐厅 60 700 元，财会部门根据库房领料汇总表等有关凭证，编制如下会计分录：

借：主营业务成本——中餐厅　　77 480

　　主营业务成本——西餐厅　　60 700

　　贷：原材料——（各类原材料）　　138 180

注：为讲述方便，将日常领料均集中在一个会计分录中说明。

饭店餐饮部门一般在月终一次计算成本，月终根据“主营业务成本”账户可以取得领用原材料的总额资料，据以确定当月已销餐饮产品成本。如果厨房将当月领用的原材料全部耗用，产品也全部售出，领用原材料的合计金额（即“主营业务成本”账户借方发生额）为本月已销餐饮产品总成本；若当月领用的原材料在月份内未用完，则在计算餐饮产品总成本时，必须将其扣除，据以正确反映已销餐饮产品耗用原材料的实际成本。此时已销餐饮产品成本可用下列公式计算：

已销餐饮产品成本＝月初“主营业务成本”账户余额＋本月“主营业务成本”账户发生额－月末厨房剩余原材料盘存额

“月末厨房剩余原材料盘存额”（包括已领未用原材料、未售出半成品、产成品），按照规定应办理退库手续，从“主营业务成本”账户予以扣除，以求得已销餐饮产品的实际成本，并保证账实相符。在会计实务中对厨房剩余原材料的盘存额有两种处理方法：

第一种方法，仍保留在“主营业务成本”账户，根据上述公式计算出已销餐饮产品成本，从“主营业务成本”账户转出，以“主营业务成本”账户余额控制厨房月末盘存的实物。

第二种方法，办理“假退料”手续，即原材料实物不动，仍存放在厨房，只是填制一份本月份的退料单，表示该余料已经退库；同时编制一份下月的领料单，表示该项余料又作为下月份的领料出库。财会部门根据各用料部门填制“红字领料单”（表示退料），编制如下会计分录：

借：主营业务成本　　[×××]

　　贷：原材料　　[×××]

通过上述结转，“主营业务成本”账户余额即是当月已销餐饮产品的总成本。

【例 5－15】天府饭店设置中餐、西餐两餐厅。各餐厅进行餐饮产品生产而领用的各种原材料直接计入“主营业务成本”账户，2010 年 9 月份两个餐厅“主营业务成本”账户和厨房月末各种原材料结存额等有关资料如表 5－13、表 5－14、表 5－15、表 5－16 所示。

表 5－13 主营业务成本

编制单位：中餐厅 单位：元

2005 年		凭证号数	摘　要	对方科目	借方	贷方	借或贷	余额
月	日							
9	1		上月结存				借	3 269.10
	10		领用主料		49 120		借	52 389.10
	15		领用辅料		16 700		借	69 089.10
	22		领用燃料		8 410		借	77 499.10
	29		领用调料		3 250		借	80 749.10
	30		原材料退库		4 609.54		借	76 139.56

表 5－14 主营业务成本

编制单位：西餐厅 单位：元

2005 年		凭证号数	摘　要	对方科目	借方	贷方	借或贷	余额
月	日							
9	1		上月结存				借	2 372.60
	9		领用燃料		4 920		借	7 292.60
	16		领用主料		38 690		借	45 982.60
	22		领用辅料		12 710		借	58 692.60
	29		领用调料		4 380		借	63 072.60
	30		原材料退库		2 532.40		借	60 540.20

月末根据“主营业务成本”账户、“厨房盘存表”等资料，计算两个餐厅已销餐饮产品成本，其计算过程如下：

中餐厅已销餐饮产品成本＝3 269.10＋77 480－4 609.54＝76 139.56（元）

西餐厅已销餐饮产品成本＝2 372.60＋60 700－2 532.40＝60 540.20（元）

根据上述计算结果，编制已销餐饮制品成本计算表，如表 5－15 所示。

表 5－15 厨房盘存表

编制单位：中餐厅　　　　2005 年 9 月 30 日　　　　第 × × 页

编号	品名	牌号及规格	数量	单位	单价	金额									备考
						百	十	万	千	百	十	元	角	分	
（略）	粉丝	（略）	4.5	千克	4.20						1	8	9	0	
	海米		5	千克	31						6	5	0	0	
	麻酱		18	千克	1.98					1	0	7	6	0	
	标准粉		32	千克	1.20						3	8	4	0	
	黄瓜		12	千克	0.80							9	6	0	
	鸡肉		10	千克	8.20						8	2	0	0	
	猪肉		16	千克	8					1	2	8	0	0	
	煤		2	吨	80						6	0	0	0	
合计									4	6	0	9	5	4	

（有关人员签字盖章）

表 5－16 厨房盘存表

编制单位：西餐厅　　　　2005 年 9 月 30 日　　　　第 × × 页

编号	品名	牌号及规格	数量	单位	单价	金额									备考
						百	十	万	千	百	十	元	角	分	
	鸡蛋		15	个	0.22							3	3	0	
	鸡肉		28	千克	8.20					2	2	9	6	0	
	火腿		10	千克	7.60						7	6	0	0	
（略）	番茄	（略）	13	千克	1.80						2	3	4	0	
	面包		19	个	1.50						2	8	5	0	
	黄油		6	千克	8.60						5	1	6	0	
	煤		1.50	吨	80					1	2	0	0	0	
合计									2	5	3	2	4	0	

（有关人员签字盖章）

表 5－17　　　　　　　　　　　**成本计算表**

2010 年 9 月份　　　　　　　　　　单位：元

部门	“主营业务成本”账户余额			厨房月末盘存额	已销售餐饮产品成本
	期初余额	本期发生额	合计		
1	2	3	4＝2＋3	5	6＝4－5
中餐厅	3 269.10	77 480	80 749.10	4 609.54	76 139.56
西餐厅	2 372.60	60 700	63 072.60	2 532.40	60 540.20
合计	5 641.70	138 180	143 821.70	7 141.94	136 679.76

月末根据“成本计算表”和“厨房盘存表”用红字作假退料转账，编制如下会计分录：

借：主营业务成本——中餐厅　　4 609.54（红字）
　　　　　　　　——西餐厅　　2 532.40（红字）
　贷：原材料　　7 141.94（红字）

将上述会计分录记入“主营业务成本”账户求出中西餐厅“主营业务成本”账户余额，即为本月已销餐饮产品成本。

假退料数额在次月 1 日原数冲回，编制与上述会计分录相同的蓝字会计分录：

借：主营业务成本——中餐厅　　4 609.54
　　　　　　　　——西餐厅　　2 532.40
　贷：原材料　　7 141.94

2. 实地盘存法。实地盘存法是按照实际盘存原材料的数额，倒挤本期已销餐饮产品所消耗原材料的一种方法。这种方法只适用于小型、会计核算比较简单的餐饮企业。在这些企业，平时购进原材料无论是入库管理还是直接交由厨房保管使用，在会计核算上全部计入“原材料”账户，领用原材料时，不办理领料核算手续，财会部门也不进行领料账务处理。待月终，对库存原材料和厨房剩余已领未用原材料、半成品和未出售产成品进行盘点折算后，计算出月末实际剩余原材料总额，然后采取“以存计耗”的办法运用下列计算公式：

本期已销餐饮产品成本＝期初原材料结存金额＋本期原材料购进金额－期末原材料盘存金额

求出本期已销餐饮产品耗用原材料成本总额，根据计算结果进行相应账务处理，编制借记“主营业务成本”账户，贷记“原材料”账户的会计分录。

【例 5－16】某饭店月初原材料结存金额为 12 800 元，本月购进原材料 19 260 元，月末盘点库存原材料 5 610 元，厨房已领未消耗原材料和待售产品 1 290 元，餐饮产品成本计算方法如下：

本月已销餐饮产品成本 = 12 800 + 19 260 – （5 610 + 1 290）= 25 160（元）

财会部门根据计算结果，编制如下会计分录：

借：主营业务成本　　25 160

　贷：原材料　　25 160

通过上例计算过程可以看出，不论采用何种方法计算总成本，对于投入生产过程的原材料，在当月未全部消耗的情况下，都存在计算月末厨房已领未用、或未销售原材料结存额的问题，这个问题解决的正确与否，直接影响本期已销餐饮产品成本计算的正确性，对企业当期财务成果产生重要影响。因此，企业对实物进行盘存时，应做到计价正确，数量准确，品种齐全，并对未售出半成品、产成品按配料定额和账面价值折合计算其结存金额。如月末厨房有未用酱肉 5 公斤，按猪肉与酱肉 1 ∶ 1.5的比例，折算成猪肉 7.5 公斤，每公斤猪肉 6.50 元，共折合金额为 48.75 元。具体折合详见厨房剩余原材料盘存表（见表 5 – 18）。

表 5 – 18　　**厨房剩余原材料盘存表**

编制单位：　　年　月　日

名称	单位	单价	剩余原材料	半成品及产成品				合计	
				品名：×××		品名：×××			
				折合率	折合数量	折合率	折合数量	折合数量	折合金额
1	2	3	4	5	6	7	8	9 = 4 + 6 + 8	10 = 9 × 3

（有关人签字盖章）

三、配料定额成本的确定

配料定额成本是指单位饮食制品耗用原材料实物数量定额的货币价值。是由投料数量额与投料单价组成。投料数量定额一般是按每道菜试制结果，考虑不同地区饮食习惯、风味特点并结合厨师经验，经过分析研究确定；投料单价则指原材料净料单价，配料定额成本计算公式为：

$$\text{某道菜配料定额成本} = \sum \text{该道菜各种原材料投放数量定额} \times \text{投料单位价格}$$

饮食产品多为现做现卖，并且品种多，用料复杂，故很难对每一品种实际耗用原材料进行准确核算，客观上需要对各种饭菜制订一个合理的投料标准，即配料定额成本，以此作为衡量饮食产品用料，检查其质量，核算、监督并控制其成本水平的依据，也是制订单位饮食产品售价的基础。

配料定额成本确定后，应根据成本构成项目编制原材料定额成本计算单。此单是评价，考核工作质量和效果，制定单位产品售价的重要依据。单位定额成本确定以后，可以根据一定的毛利率计算餐饮产品的销售价格。

6

第六章

旅行社经营收支的核算

第一节　旅行社业务活动特点

旅行社，是指从事招徕、组织、接待旅游者等活动，为旅游者提供相关旅游服务，开展国内旅游业务、入境旅游业务或者出境旅游业务的企业法人。旅行社作为专门为旅游者办理旅行和浏览事务的浏览服务企业，其经营收支的核算方法，是由旅行社经营活动内容及其性质决定的。旅行社按其为旅游者提供服务的形式不同，分为组团社和接团社。

组团社就是从国内或国外组织旅游团队，为旅游者办理出入境手续、保险，安排游览计划，并选派翻译、导游人员随团为旅游者提供服务。接团社就是为旅游者在某一地区旅游提供翻译、导游、安排旅游者的参观游览日程，并为之订房、订餐及订机票、车票，为去下一站旅游作好安排的旅游企业。有些旅行社为扩大业务经营范围，提高经济效益，既经营组团业务，又经营接团业务。

无论是国内、国际旅行社，还是组团社、接团社，在开展旅游业务的过程中，必然与提供旅游产品的旅游服务单位、与招揽旅游者的客源地旅行社、与接待旅游者的目的地旅行社发生费用的结算业务，同时，也发生了营业收入和成本支出的核算。

第二节　旅行社营业收入的核算

市场经济条件下，追求利润最大化是旅游、餐饮企业的主要目标。收入是旅游、餐饮企业获得利润的来源，因此，获取收入是旅游、餐饮企业日常经营活动中最主要的目标之一，通过获得的收入补偿为此而发生的支出，以获得一定的利润。

一、旅行社营业收入的内容

按照旅行社业务收入的性质不同，其营业收入一般包括以下内容：

1. 综合服务收入，是指由旅行社为旅行团（者）提供一定时间内的综合服务而取得收入。包括：房费收入、餐费收入、车费收入、陪同费收入、其他收入等。

2. 组团外联收入，是指由组团社自组外联，向旅行者收取住宿、用餐、旅游交通、翻译导游、文娱活动费等收入。

3. 零星服务收入，是指旅行社接待零星旅客和接受代办事项所得的服务收入。

4. 劳务收入，是指旅行社派翻译导游人员参加全程陪同的劳务收入。

5. 票务收入，是指旅行社办理代售国际联运客票和国内客票的手续费收入。

6. 地游及加项收入，是指旅行社接待旅行者某地一、二日游的小包价及增加浏览项目和风味餐等所取得的收入。

7. 其他服务收入，是指不属于上述各项的其他服务收入。

二、组团营业收入的账务处理

组团业务是联结旅游供给者与旅游需求者的桥梁和组带。其核算内容包括向国外旅行社收取包价团费。然后，按照旅游活动的日程和内容将收取的旅游团费分解给各接团社和其他服务单位。所以组团营业收入除组团社本身合理收费外，还包括分配到接团社、饭店、交通部门等单位代收代购费用。

旅游企业一般采用先服务后结算，或先收取部分预订金，服务后结清的结账方式。

为便于对境内外旅行社结算旅行团费，防止拖欠或对方倒闭造成坏账，保障企业正当经济利益不受损害，对国外旅行社旅行费用采取“先收费，后接团”、“分团预付，分团结算，一团一清”的原则，积极组织营业收入的核算。组团社收到国外某旅行机构或某旅行团汇交预订金时，编制借记“银行存款”账户，贷记“应收账款”账户的会计分录。旅行社可在“应收账款”账户下设置明细账户：①应收国内结算款；②应收联社结算款；③应收港澳结算；④应收国外结算款。旅游团（者）旅游结束时，根据实际支出，填制“结算单”核销应收账款，结清全部旅游费用，编制借记“银行存款”、“应收账款”账户、贷记“主营业务收入”账户的会计分录。

【例 6－1】中欧旅行社与国外希林旅行社签订旅游合同，预定 ABC 旅行团一行 28 人于 2005 年 7 月 5 日来中国旅游，根据旅游计划应收包价费用 195 000 元。6 月 10 日收到希林旅行社寄来旅行团费用 100 000 元，根据银行收款通知单，编制如下会计分录：

借：银行存款　　100 000

　　贷：应收账款——应收国外结算款（ABC 旅行团）

　　　　100 000

数日后，又收到希林旅行社寄来旅游费 95 000 元，账务处理方法同上，略。ABC 旅行团全部旅游活动结束，经计算全部费用为 185 000 元，根据有关记录将预收账款中 185 000 元，转作当月接待业务的营业收时，编制如下会计分录：

借：应收账款——应收国外结算款（ABC 旅行团）

　　185 000

　　贷：主营业务收入——旅游收入　　185 000

负责接待的美望旅行社将预收款的额 10 000 元，退回时应编制如下会计分录：

借：应收账款——应收国外结算款（ABC 旅行团）10 000

　　贷：银行存款　　10 000

如果预收旅游团费不足，需向希林旅行社加收时，应编制借记“应收账款”账户，贷记“主营业务收入”账户的会计分录。收到加收款时，再冲减“应收账款”账户，编制借记“现金、银行存款”账户与贷记“应收账款”账户的会计分录。

有时旅行团因故取消，按规定将预收款扣除手续费后退回原单位。

【例 6-2】 泛美旅行社原定 9 月 10 日接待某国旅游团，因故取消这次旅游活动。该旅游团已预交团费 156 000 元，按惯例收取手续费假定为 7 800 元，其余款退回，应编制如下会计分录：

借：应收账款——应收国外结算款（某旅游团） 156 000

　　贷：银行存款 148 200

　　　　主营业务收入——手续费收入 7 800

企业如果预收款项多，可增设"预收款账"账户。预收有关单位款项时，编制借记"银行存款"账户，贷记"预收账款"账户的会计分录，旅游活动结束与有关单位结账时，编制借记"预收账款"账户，贷记"主营业务收入"账户的会计分录，退回多收的结算款，借记"预收账款"账户，贷记"银行存款"账户；收到对方补付结算款，借记"银行存款"账户，贷记"预收账款"账户。

实际工作中，因某种原因可能还存在着先接待后收费情况，其账务处理方法是：根据旅游团（者）在本地旅游活动游览项目以及食宿、交通工具的要求，按收费标准计算出该旅游团费并转作当月的营业收入，借记"应收账款"账户，贷记"主营业务收入"账户；有关旅行社将上述团费汇来时，根据银行收账通知，借记"银行存款"账户，贷记"应收账款"账户。

三、接团营业收入的账务处理

接团营业收入是指接团社为旅行团（者）提供各项服务后，根据有关收费标准，向组团社或旅行团（者）收取的综合服务收入或零星服务收入以及代办票务等收入。接团社在接到组团社的接待计划（或合同）后，对旅行团（者）在本地旅游活动、游览项目以及食、宿、交通工具进行安排，做好接待前的各项准备工作。

接团社与组团社之间结算，通常是接待在前，结算在后，当旅行团（者）离开本地后，接团社财会部门根据该旅行团（者）在本地旅游活动计划和费用支出情况，填制"旅行团（者）旅游费用结算通知单"①（见表 6-1）。

① 国瑞会计研究中心编著：《旅游、餐饮企业会计核算实务》，中华工商联合出版社 2008 年版。

表 6-1　　　　　　　　旅游费用结算通知单

计划号	785	国别	美国	旅行社名称	自由者	人数	24
旅行团名	CA 8084			旅行团名称			
旅行等级				全陪姓名			
旅客到离时间							

项目			拨款结算			
			单价	计价单位	计价数量	金额（元）
旅行团综合服务费		综合服务费	100	元/人·天	72	7 200
		住宿费	450	元/间·天	48	21 600
		午餐费	360	元/桌	10	3 600
		晚餐费	600	元/桌	8	4 800
	派出全程陪同劳务费					2 500
	计划内加拨款	游江费				
		风味费				
		特殊门票费				
		附加费				
		其他				
	旅行团综合服务费合计		39 700.00			
旅游者交通费	交通费1	去桂林机票	350	元/人	24	8 400
	交通费2					
	行李托运费					
	交通费用合计	8 400				
全程陪同费用	交通费					500
	餐　费		20	原/次	9	180
	住宿费		4		200	800
	全程陪同费用	1 480				
拨款结算合计						49 580

向组团社报送，它是接团社与组团社业务往来的结算凭证（实质上就是销货发票）。接团社以“旅游费用结算通知单”作为计算本期营

业收入的依据。

【例 6－3】亚美旅行社接待三洋旅行团一行 15 人在本地 10 日游。该团已离开本地，按照各项费用标准，亚美旅行社向某组团社结算 58 000元，根据“旅游费用拨款结算单”等，编制如下会计分录：

借：应收账款——应收联外结算款（某组团社）　58 000

　　贷：主营业务收入——综合服务收入　　58 000

收到组团社寄来旅行团费时，根据银行收款通知，编制如下会计分录：

借：银行存款　　58 000

　　贷：应收账款——应收联社结算款（某给团社）　58 000

接待量较大的接团社，可将“旅行费用拨款结算单”按组团社分类汇总，编制“旅行费用汇总表”（如表 6－2 所示）据以编制记账凭证，登记营业收入。接团社向组团社结算应收取的旅游费用时，借记“应收账款”账户，贷记“主营业务收入”账户；收到组团社汇来的旅行团费时，借记“银行存款”账户，贷记“应收账款”账户。

【例 6－4】亚美旅行社根据“旅行费用拨款结算单”，按组团社分类汇总编制“旅行费用汇总表”（如表 6－2 所示）。

表 6－2　　旅游费用汇总表

项　目	金额		
	团体	其他	合计
综合服务费	15 340	2 500	17 840
住宿费	47 360	2 000	4 936
机（船）票费	65 210		65 210
行李托运费	580		580
全程交通费	38 950	1 500	40 450
地方风味餐费	21 700		21 700
合计	189 140	6 000	195 140

根据旅游汇总表进行账务处理如下：

借：应收账款——组团社　　226 074

　　贷：主营业务收入——综合服务收入　　26 760

　　　　——住宿费　　7 404

　　　　——票务收入　　97 815

　　　　——行李托运费　　870

　　　　——城市间交通费　　60 675

　　　　——地游及加项收入　　32 550

当收到组团社拨来的款项时作会计分录如下：

借：银行存款　　　　　　　　　　　　　　　226 074
　　贷：应收账款——组团社　　　　　　　　　　　226 074

第三节　旅行社营业成本的核算

旅行社营业成本是指旅行社在接待旅行团体（者）为其提供各项服务过程中所发生的各种直接支出。包括：（1）组团社向旅游团体收取但在以后需要拨付给接团社的各项直接支出；（2）接团社从组团社收回但又要付给客人提供食宿、交通、游览服务部门各项直接支出。由此可见，旅行社营业成本实质上是其代收代付费用。

一、旅行社营业成本的内容

旅行社营业成本包括以下内容：

（一）餐费是指为旅游者支付的餐费、风味餐费、餐差费、退餐损失费、游览途中饮料费。

（二）房费是指为旅游者支付的房费、夜房费、房差费、退房损失费。

（三）交通费是指为旅游者支付的市内和市郊车船费、超公里费、游江游湖费等。

（四）行李托运费是（搬运费）是指为旅游者搬运和托运行李支付给交通部门或其他部门的费用。

（五）文娱费是指旅游者观看文艺节目、参加娱乐活动而支付给文化或其他部门的费用。

（六）票务费是指支付给交通部门的订票手续费、包车费用、退票损失费等。

（七）门票费是指旅游者参观风景旅游点所支付的费用。

（八）专业活动费是指旅游者参观厂、学校等支付的费用。

（九）签证费是指为海外旅游者代办签证所支付的费用。

（十）陪同费是指陪同人员的房费、交通费、伙食补贴、邮电费等。

（十一）劳务费是指借调、聘用翻译导游人员的劳务报酬。

（十二）宣传费是指按规定上交旅游主管部门的宣传费。

（十三）保险费是指为旅游者支付的人身保险费用。

（十四）机场费是指为旅游者支付的机场费用。

二、组团社营业成本的账务处理

组团社进行营业成本核算时，应根据所接待旅行人数和天数，计算旅行团的全部旅行费用，并按权责发生制原则、将本月应负担的成本计入“主营业务成本”账户。

【例6-5】中林组团社根据华厦接团社结算单据，按照收费标准以银行存款支付全部费用34 200元，其中房费16 000元，餐费17 000元，陪同费1 200元，根据有关凭证，编制如下会计分录：

借：主营业务成本——房费　　16 000
　　　　　　　　——餐费　　17 000
　　　　　　　　——陪同费　　1 200
　贷：银行存款　　34 200

组团社与接团社（或有关接待单位、个人）之间发生旅游服务费用拖欠时，通过“应付账款”账户核算，如收到接团社结算单未付或未收到结算单按计划价格预提成本时，借记“主营业务成本”账户，贷记“应付账款”账户，将应付团费拨付时，借记“应付账款”账户，贷记“银行存款”账户。

三、接团社营业成本的账务处理

接团社在为旅游者提供某一景点、地区旅游观光服务后，应向组团社结算旅游者在该地区的旅游团费，并支付各接待单位承办接待业务而发生的房费、餐费、交通费、门票费等，这些支出构成了接团社营业成本。

【例6-6】五湖旅行社本月支付各接待单位有关费用为：支付怀阳饭庄房费、餐费11 600元，支付佳乐出租汽车公司交通费2 300元，支付参观旅游点门票费460元，合计14 360元。

财会部门对有关结算单据审核无误后，以银行存款付讫，编制如下会计分录：

借：主营业务成本——房费、餐费　　11 600
　　　　　　　　——交通费　　2 300

——门票费　　460

贷：银行存款　　14 360

如果上述有关成本支出未能及时结清，或当月不能按时结账，应采用预提形式计入营业成本。

【例6-7】承【例6-6】，假定应付给佳乐出租汽车公司交通费2 300元，当月未能支付，作“应付账款”处理，则应编制如下会计分录：

借：主营业务成本——交通费　　2 300

贷：应付账款——佳乐出租汽车公司　　2 300

实际支付佳乐出租汽车公司交通费时，应编制借记“应付账款”账户，贷记“银行存款”账户的会计分录。如果预提成本与实际成本存在差异，应及时调整。

【例6-8】承【例6-6】，若接到佳乐出租汽车公交通费结算单，以银行存款支付交通费27 400元，应编制如下会计分录：

借：主营业务成本——交通费　　440

应付账款——佳乐出租汽车公司　　2 300

贷：银行存款　　27 400

如果实际结算的交通费为2 150元，将实际支付数与应付数差额冲减“主营业务成本”账户。应编制如下会计分录：

借：应付账款——佳乐出租汽车公司　　2 300

贷：主营业务成本——交通费　　150

银行存款　　2 150

第七章

餐饮业经营收入与支出的核算

餐饮业经营收入与支出是餐饮企业一定时期内经营活动的某一方面的反映，经营收入大于经营支出表现为利润，反之则为亏损。利润或亏损集中反映了餐饮企业经营活动最终成果。企业劳动效率的高低、服务质量的优劣、费用支出的升降和管理工作的加强与削弱，都能通过经营收入与经营支出体现出来。

第一节 餐饮业业务活动特点①

俗话说“民以食为天”。食物是人类赖以生存的最重要的物质基础之一。餐饮业是从事加工烹制、出售餐饮产品并提供设备和场所，为客人服务的行业。

随着时代的变迁，餐饮企业的经营形式丰富多彩、各具特色，不同形式的餐饮企业其经营档次、目标市场、提供的餐饮产品等不尽相同。目前中国国内的餐饮企业形式主要有高档酒楼、酒店（宾馆）餐厅、家庭餐馆、

① 此内容根据李勇平编著：《餐饮服务与管理》，东北财经大学出版社 2010 年版编写。

火锅店、快餐店、食街和小吃、团体供餐机构、西餐馆、饮品店、茶餐厅。

餐饮企业既生产有形的实物产品，如各色美味佳肴，又生产无形的服务产品，如优良的进餐环境和热情周到的接待服务等。因此，餐饮企业从餐饮生产、餐饮销售和餐饮服务三个方面体系了其经营特点。

1. 从餐饮生产活动分析。餐厅销售的菜肴基本上是客人进入餐厅后，经由客人分别选点，然后制成产品，餐饮生产属个别定制生产，产品规格多、批量小；餐饮生产基本上是现点、现做、现消费，就餐者从点菜至消费的时间相当短暂，餐饮生产过程时间短；就餐者到来的时间、人数、消费要求很难准确预估，餐饮生产量难以预测；餐饮原料、成品容易变质，餐饮原料、成品均属于食品类，门类众多，大多数原料又是鲜活货，具有很强的时间性和季节性特征，处理不当极易腐烂变质，餐饮成品也同样有此鲜明的特征。餐饮原料及成品的质量与时间成反比例关系；餐饮生产从食品原料的采购和验收、贮存保管、领用、粗加工、切配、烹饪到销售服务和收款，整个过程中的业务环节很多，任何一个环节出现差错都会影响产品质量，餐饮生产过程的管理难度较大。

2. 从餐饮销售活动分析。人们的就餐规律大致相同，进餐时间一到，餐厅宾客盈门、高朋满座；而用餐时间一过，餐厅则门可罗雀。就餐时间、经营状况呈现明显的间歇性。餐饮销售量受餐饮经营空间大小、餐位数量多少的限制；餐饮经营毛利率较高，同时在餐饮的销售收入中，有相当一部分是以收取现金为主，而餐饮原料大部分是当天采购、当天生产并当天销售的，因此，资金周转也较快；餐饮经营中各种餐厨设备、储存设备的投资，使得餐饮经营活动中固定成本占有一定比重。另外，餐饮变动成本，如员工的薪酬，水、电等的消耗，餐饮原料的支出等则占有更大的比重。

3. 餐饮服务可分为直接对客的前台服务和间接对客的后台服务。前台服务是指餐厅、宴会厅、酒吧等营业场所面对面为宾客提供的服务；后台服务如厨房、管理部等为生产、服务而进行的保障性工作。餐饮服务具有无形性、其服务具有当次使用、当场享受一次性、绝大多数产品的生产、销售、消费几乎是同步性等特点。

第二节　餐饮业营业收入的核算

餐饮业收入内容包括：餐费收入、冷热饮收入、服务收入、其他收入等。

一、餐饮业一般业务程序

餐饮业销售业务既是实现营业收入取得经营成果的过程，也是为顾客提供服务的过程，其服务质量好坏不仅影响企业与客人之间关系，也是直接影响企业声誉及经济效益。对此，饮食企业应根据店（馆）的规模大小、当地饮食习惯、供应食品种类及不同顾客，采取多种销售方式。

饮食企业销售方式可按不同标准分类。

1. 按服务方式划分有：①服务到桌销售，即顾客选好座位，服务员到餐桌前为客人订餐，而后将饮食送到餐桌；②自助式销售，即顾客本人到柜头选购食品，自己端到餐桌食用；③柜头销售，即顾客到柜头前购买饮食品，由服务员送到餐桌，供客人食用。

2. 按就餐付款方式划分有：先餐饮后付款或先付款后餐饮。

3. 按顾客就餐方式划分有：对散座顾客销售或包桌就餐销售。不论何种销售方式，销售业务活动都是处在点菜→烹制→就餐→结账→送客不断循环往复进行的过程中，整个销售过程是服务、生产、销售与消费的相互交融。

不同饮食企业的餐饮销售收款方式不尽相同，目前广泛采用以下几种方式：

（一）记账结算方式

记账结算方式可分为转账结算、信用卡结算。

1. 转账结算。转账结算对经常有往来关系的单位或个人使用。客人就餐完毕，由营业员开具收款单据，用餐人（或负责人）在收款单上签字，收据连同营业日报表送财会部门，据以办理转账应收。

2. 信用卡结算。经企业与有关银行签订使用信用卡合同后，客人凭信用卡用餐，企业根据信用卡结算单入账。

（二）现款交易方式

1. 开票收款。顾客在服务员引导下，选好座位，点好菜由服务员直接开票收款。款收妥后，再转交柜台或待营业终了填写交款单集中交款。

2. 售票（牌）收款。在一些中小型饮食企业，设置收款台，由专职收款员按就餐品种、服务项目的固定价格收款开票，顾客凭票（牌）取得餐饮产品和服务。顾客就餐先到柜台交款买票（牌）然后凭票牌就餐。

在一些小型企业，顾客买票后，由自己将票送到厨房加工制作，然后由服务员按票把饭菜送到餐桌，或采取叫号凭票领取饭菜。多数由服务员到餐桌收票，将小票一联撕下交顾客，另一联交厨房加工制作饭菜并按号送餐。每日业务终了，收款员将票款点清并与厨房小票金额核对相符后，编制"营业收入日报表"（如表 7-1 所示）。这种收款与交付饭菜实行分管的收款方式，可以加强复核，减少差错，但在销售业务繁忙时，增加顾客付款排队等候的时间。

一些餐饮企业供应的品种单一，数量零星如经营早点和风味小吃的店铺，为节省开票时间，提高工作效率，方面顾客，可以将收款员收售票改为收款售牌，顾客凭牌取餐。

3. 现款现售。也称"一手钱一手货"的收款方式，服务员一方面出售饭菜，一方面收款结算。这种收款方式用餐手续简单，方便顾客。但由于服务员既管钱财又管饭菜，收款付货无人复核，容易发生差错。一般只适用于经营规模小，业务人员少，经营品种简单，产品规格化，实物数量可以控制的食品。

二、餐饮营业收入的账务处理

饮食企业不论采用哪种销售收款方式，均应在每日营业终了，由收款员根据当日销货收款情况编制"营业收入日报表"（见表 8-1）。连同所收到的现款一并交财会部门，或者由收款员将现金送存银行，凭银行送款簿回单等凭证，向财会部门报账。财会部门根据收款员转来的"营业收入日报表"等凭证及现金经审核无误后，据以进行账务处理。其方法如下：根据送款簿回单和"内部交款单"，借记"库存现金"或"银行存款"账户，根据"营业收入日报表"中列明的应收数额，贷记"主营业务收入"账户；如在销售过程中发生和长款短款（即实收金额大于或小于应收金额部分），记入"待处理财产损溢"账户。

【例 7-1】朝阳饭庄 2010 年 8 月 12 日营业情况如表 7-1 所示。

表 7－1　　　　营业收入日报表

单位：朝阳饭庄　　　　2010 年 8 月 12 日

项目	销售金额			备注	上交	
早点	应收	实收	长（+）短（－）			
正餐	249.70	249.70			现金	3 940.50
夜宵	3 621.60	3 606.60	－15			
小吃						
切面	84.20	84.20				
销售商品					支票	
合计	3 955.50	3 940.50	－15			

根据表 7－1 等，编制会计分录如下：

借：银行存款　　3 940.50

　　待处理财产损益——待处理流动资产损溢　　15

　　贷：主营业务收入——待处理流动资产损溢　　3 955.50

（1）如果短款是收款员计算收入时有误，则应冲减营业收入，编制如下会计分类：

借：主营业务收入——餐饮收入　　15

　　贷：待处理财产损溢——待处理流动资产损溢　　15

（2）如果短款由责任者赔偿，则编制如下会计分录：

借：库存现金（其他应收款）　　15

　　贷：待处理财产损溢——待处理流动资产损溢　　15

若发生销售长款，则应根据“营业收入日报表”等有关资料，编制如下会计分录：

借：库存现金（或银行存款）　　（实收金额）

　　贷：主营业务收入　　（应收金额）

　　　　待处理财产损溢——待处理流动资产损溢（长款部分）

长款部分，经批准作为企业收益处理时，应编制如下分录：

借：待处理财产损溢——待处理流动资产损溢

　　贷：营业外收入

若长款是因收款员计算收入时少算所致，则应将其加回到营业收入中，编制借记“待处理财产损溢”账户，贷记“主营业务收入”账户的会计分录。

第三节　餐饮业营业成本的核算

一般来讲，成本是企业从事生产经营活动和提供劳务等所耗费的物化劳动和活劳动等经济资源的货币表现。不论何种行业，不论组织形式如何，也不论规模大小和经营方式，都有成本问题，其内容视企业的经营内容而定。

一、餐饮业营业成本的内容

餐饮业（如酒楼、餐馆等）的营业成本包括以下部分内容：

1. 酒楼、餐馆等餐饮业在经营过程中的直接材料耗费。直接材料的范围与饭店相同。

2. 饮食企业经营中作为主要支出的燃料。

3. 饮食企业附设商品部，所经营外购商品（如烟、酒）的进价成本。

二、饮食产品成本的核算

饮食产品成本，一般按各种饮食产品所耗用原材料的成本每月计算一次。若本月领用的原材料厨房全部用完，则该月领用的原材料金额，即为本月全部产品成本；月末如有料或半成品，则采用“以存计耗法”倒求成本。其方法已在饭店成本中介绍了。饮食产品单位成本，根据产品生产组织方式不同而有所区别。饮食产品生产组织，有成批生产和单件生产两种类型，与此相适应，其单位成本计算方法分为“先总后分法”和“先分后总法”。

（一）先总后分法

先总后分法是指先确定每批产品的总成本，然后计算出每一单位产品平均成本。这种方法适用于产品生产的按成批组织并且单位产品用料和规格质量完全相同的产品，如卤制品，主食点心。单位产品成本计算公式为：

单位产品成本 = 该批产品所耗原材料总成本 ÷ 产品数量

【例7－2】某酒楼本月大锅烧小黄鱼30公斤，每公斤进价15元，分三次加工制成出售，每次耗用油、盐、酱、糖、姜、酒等配料调料成本为5元，本月生产35盘、销售28盘。

30公斤小黄鱼总成本：(15×30) + (5×3) = 465（元）

每盘黄鱼成本：465 ÷ 35 = 13.29（元）

该饮食店本月销售黄鱼总成本为：13.29 × 28 = 372.12（元）

根据有关凭证入账时，编制如下会计分录：

借：主营业务成本——饮食成本　　372.12

　　贷：原材料　　372.12

（二）先分后总法

先分后总是先确定单位产品中所耗用的各种原材料成本，然后逐一相加计算单位产品的总成本。这种方法适用于每一产品用料和规格质量不同的单件产品成本的计算，如炒荤菜等。单位产品成本计算公式为：

单位产品成本 = 单位产品所用原材料成本 + 单位成本所用调料成本 + 单位产品所配料成本

【例7－3】玉堂饭庄爆腰花一盘，用净猪腰0.40公斤，鲜猪腰进价每公斤21元，耗配料0.6元，调料0.90元。该盘爆腰花成本为：(21×0.4) + (0.6 + 0.9) = 9.90（元）。

三、饮餐业商品销售成本的核算

为方便顾客，餐饮业中酒楼、餐馆大多附设“商品部”或“小卖部”，其业务经营属于商品零售性质，一般可采用进价金额核算法核算。商品销售成本的计算可运用“进价记账，盘存计销”方法。其具体做法见第十章。采用此法平时销售商品时不结转销货成本，月末通过实地盘点，倒计出商品销售成本后，编制借记“主营业务成本”账户，贷记“库存商品”账户的会计分录，将销售成本予以结转。

【例7－4】星座酒楼商品部9月28日商品业务经营情况和会计分录如下：

(1) 本月购进烟、酒一批，进价计2 600元以银行存款支付。

借：库存商品——烟酒　　2 600

贷：银行存款　　2 600

(2) 本日销售各种商品款 1 400 元，存入银行。

借：银行存款　　1 400

贷：主营业务收入　　1 400

(3) 月末计算商品销售成本，有关资料如下：

期初库存商品额　　13 560

本月进货总额　　46 400

本月销售总额　　40 768

期末库存商品额　　28 600

本月商品销售成本 13 560 + 46 400 − 28 600 = 31 360（元）

根据计算结果，编制如下会计分录：

借：主营业务成本——商品销售成本　　31 360

贷：库存商品　　31 360

四、燃料成本的核算

餐馆在经营中作为主要支出的燃料费用也需要计入营业成本。发生燃料支出时，编制借记“主营业务成本”账户，贷记“燃料”账户的会计分录。

【例 7－5】同仁餐馆本月使用液化石油气 2 吨，每吨 1 900 元，共计 3 800 元，使用煤 1.5 吨，每吨 180 元，共计 270 元。根据燃料使用凭证，编制如下会计分录：

借：主营业务成本——饮食成本　　4 070

贷：燃料——固体燃料　　270

——液化石油气　　3 800

第八章 8

服务业经营收入与支出的核算

广义讲，服务业包括旅店、照相、洗染、浴池、理发、信托、修理、旅游等行业，有时也把餐饮业包括在内。从社会角度看，各种公用事业、文化艺术事业等也都属于服务业。狭义服务业仅指利用一定场所、设备和工具，提供服务性劳动，为居民生活服务的旅店、照相、洗染、浴池、理发、修理等行业。本节按狭义概念讲解服务企业营业收入、营业支出的核算。

第一节　服务业经营收入的核算

服务业营业收入就是指上述服务企业为社会提供服务所取得的货币收入。它具有范围广泛，数据零星、次数频繁的特点。

一、理发业营业收入的核算

理发业是美化人们生活，为顾客进行推理、修剪、洗吹、烫发和制作各式新颖发型的行业。其业务经营范围包括男发全活（理、洗、刮、吹)，女式修剪全活（洗、剪、吹、梳)、烫发（电烫、化学冷烫)、染发与配制假发，美容修指甲，理发按摩，代修、代磨、代售和出租理发工具等。

理发业根据企业规模大小，服务对象和服务方式不同，其营业收款手续采取以下方式：

1. 先理发后收款，即理发员为顾客理发完毕，直接向顾客收取现款（或理发票)，并随时记入“营业收入台账”。每日营业终了，根据“台账”加计汇总当日收入总额，与实收数核对，据以填制“营业收入日报单”见表8-1。连同收取的现款（含理发票）向财会部门报账。

2. 收款台收款即理发馆（店）设有收款台，顾客理发先到收款台购票（牌)，凭票理发；每日营业终了，收款员计算当日营业收入数、实收现金数并与理发员交来的理发票核对相符后，编制“营业收入日报单”送交财会部门。

3. 预缴资金，消费时扣减资金余额。有些理发企业发行消费卡，持卡的客户先预缴一定款项，消费时，从其消费卡中减去相应的消费金额。由于持有消费卡的客户一般可以享受较大幅度的折扣，发卡的单位又可以及时收回投资，因此这种结算方式发展很迅速。

在实行这种收款模式的情况下，售出消费卡时，借记“库存现金”，贷记“预收账款——消费卡”；当顾客消费之后，按照实际应该收取的款项，借记“预收账款——消费卡”，贷记“主营业务收入”。

理发业营业收入也通过“主营业务收入”账户进行核算。该账户可按服务项目设立：①男发收入；②女发收入；③磨修收入；④租赁收入；⑤出售工具收入；⑥其他收入。财会部门根据“营业收入日报单”实交现金数，借记“库存现金”账户。按理发券数额，借记“应收账款”账户，按当日营业收入总数，贷记“主营业务收入”账户。

【例8-1】2010年6月25日，倩颖美发厅营业额情况如表8-1所示。

表8-1　　倩颖美发厅营业收入日报表

2009年6月25日　　单位：元

项　　目	服务人次	单　价	金　额	备　注
一、美容部收入			5 580	
其中：面部护理	42	100	4 200	
纹眼线	3	160	480	
修指甲	15	40	600	
按摩			300	
其他				

续表

项　　目	服务人次	单　价	金　额	备　注
二、理发部收入			5 970	
其中：剪发	100	22	2 200	
吹风	28	10	280	
染发	16	100	1 600	
锔油	9	110	990	
其他	10	90	900	
当日营业收入合计			11 550	
	收取现金：9 620		消费卡：1 930	

资料来源：周龙腾编著：《酒店会计》，中国宇航出版社 2010 年版。

借：库存现金　　9 620
　　银行存款　　1 930
　　贷：主营业务收入——美容部收入　　5 580
　　　　　　　　　　——理发部收入　　5 970

理发馆附设的理发工具出售业务，属于商品零售业务，收到销售款，借记“库存现金”账户，贷记“主营业务收入——商品部收入”账户；结转成本时，借记“主营业务成本”账户，贷记“库存商品”账户。

二、浴池业营业收入的核算

浴池业作为向顾客提供洗浴设备和进行服务性的行业，其业务经营具有一定综合性，既包括传统的搓澡、修脚服务项目，也开展蒸气浴、桑拿浴、药物浴、脉冲浴、芳香浴等健身业务，有的浴池兼营美容美发、洗衣、出售蒸馏水、附设小卖部等业务。

（一）直接售票收款服务

在这种服务方式下，企业设售票处，顾客直接到售票处购买票券（或筹码）交给服务员。每日营业终了，由收款员将实收现金（也包括部分预售票券）与售出小票进行核对，无误后编制“营业收入日报表”（见表 8 - 2）连同现金、票券一并送交财会部门，经审核无误，财会部门编制如下会计分录，借记“库存现金”账户，贷记“主营业务收入”账户。

（二）预售浴券、凭票服务

浴券是浴池主管部门发售的专用票券。一般由企业、事业单位和机关团体购买，并发给本单位职工，在规定经营地区范围内的各浴池通用。洗浴中心应定期与发行单位结算浴券款，收取一定手续费或参与分红。企业因提供洗浴等多种服务而收入的浴券，一方面作营业收入处理，同时记入结算账户。

洗浴企业“主营业务收入”账户可按其具体服务项目设置：①洗澡收入；②理发收入；③洗衣收入；④蒸馏水收入；⑤小卖部收入；⑥其他收入等明细账户。

财会部门根据收款员报来“营业收入日报表”中“现金数”（或银行存款送款簿回单），借记“现金（或银行存款）”账户，按照日报表中列明的票数，借记“应收账款”账户，按当日营业额合计数，贷记“主营业务收入”账户，发生长（短）款，贷（借）记“待处理财产损溢”账户。

【例8－2】6月18日，康乐洗浴中心营业收入4 824.65元。其收入具体内容如表8－2所示。

表8－2　　浴池业经营收入日报表

营业单位：康乐洗浴中心　　19××年6月18日　　第467号

项目		数量	单价	金额	核对签章	项目		数量	单价	金额	核对签章
洗澡	池塘	332	3	996		蒸馏水	水			148.90	
	池半	2	1.50	3			运输				
	搓澡	42	2	84							
	男盆	18	24	432			小计			148.90	
	女盆	8	25	200		洗衣服					
	桑拿康（整）	35	12	420		小卖部				208.55	
	桑拿康（半）	38	4	152		其他				68	
	淋浴	203	3	609		药剂				30	
	淋浴（半）	2	1.50	3		冷浴				1 336.20	
	小计			2 899		按摩		10	6	60	
修治脚病	修脚	21	2	42							
	治脚病	3		32		经营收入合计				4 824.65	
	小计			74							

附件21张

续表

项目		数量	单价	金额	核对签章	项目	数量	单价	金额	核对签章
	理发									
	平头									
	光头					其他款项合计				
理	刮脸					理发澡票差价额				
	吹风					长款			10.25	
						短款				
发										
	小计					总计				
现金	4 825.90		澡票理发票	9		交款合计	4 834.90			

附件21张

负责人：左田　　会计（收款）：白光　　制表（交款）：牛林

营业长款10.25元，收入现金4 825.90元，澡票9元。财会部门根据有关凭证，编制如下会计分录：

借：库存现金　　10.25

　　贷：待处理财产损溢——待处理流动资产损溢　　10.25

借：库存现金　　4 815.65

　　应收账款——某发行澡票单位　　9

　　贷：主营业务收入　　4 824.65

定期办理澡票结算，凭票向发行单位收回款项时（假定6月份350元），应编制如下会计分录：

借：银行存款　　350

　　贷：应收账款——某发行澡票单位　　350

三、摄影业务营业收入的核算

照相企业服务项目广泛，其业务经营集照相（如黑白与彩色人像照，多人合影团体照，工业产品照，商业广告照，展览会图片照等）、胶卷冲洗，照片放大，翻拍、照片油彩着色等为一体，还兼营胶卷及照相器材销售。有些企业还出租结婚礼服、时装、剧装和小型相机，同时还开展景点外拍、快件邮寄及修理相机等服务。

照相业服务收款多采用先收款后交件方式。顾客照相通常先到收款台交款取票，凭票照相。若顾客加印、放大、冲洗，也应在交件同时交款。每日营业终了，营业室收款员根据“照相单”存根联等凭证，编制“营业收入日报表”（如表8－3所示），连同现金、银行交款回单及其他凭证送交财会部门核收入账，编制借记“库存现金”或“银行存款”账户，贷记”主营业务收入”账户的会计分录。因某种原因发生不合格照片，且顾客不愿补照或外地顾客无法再照，应将原收款全价退还，退款时应填写“退款单”连同“营业收入日报表”一并送交财会部门，冲减营业收入，并编制借记“主营业务收入”账户，贷记“库存现金”账户的会计分录。

照相馆为方便顾客，在照相同时兼营相机租赁、修理等服务业务。其获取收入也应编制“营业收入日报表”交财务部门据以记“主营业务收入”账户。照相企业“主营业务收入”账户可按营业项目设置明细账户：①照相收入；②加印收入；③放大收入；④冲晒收入；⑤小卖部收入；⑥租赁修理收入；⑦其他收入等。

【例8－3】2010年9月6日，霞飞照相馆有关营业活动收入情况如表8－3所示。

表8－3　营业收入日报表

填报单位：霞飞照相馆　　2010年9月6日

项目	起止号码	份数	张数	金额	备注
一、照相收入					
彩色照相		30	210	190	
黑白照相		10	30	12.50	
彩色扩印		80	280	1 480	
黑白扩印					
冲彩卷					
其他					
二、小卖部销售收入					
三、出租、销售照相机收入					
四、其他收入					
合计				1 682.50	长款
退相				15	短款
实收现金（大写）壹仟陆佰陆拾柒元伍角	¥1 667.50				

根据“营业收入日报表”编制如下会计分录：

借：库存现金　　　　　　　　　　　　　　　　　　1 682.50

　　贷：主营业务收入——照相收入了　　　　　　　　　　1 682.50

借：主营业务收入——照相收入　　　　　　　　　　15

　　贷：库存现金　　　　　　　　　　　　　　　　　　15

四、洗染业营业收入的核算

洗染业的服务内容包括：洗、烫、染、织补四大类和附设去渍、印字等业务，服务对象既包括城居民个人，也包括企业、机关、团体等单位。营业收款一般采取先服务后收费方式。也有收活时同时收费。无论哪种收费方式，企业收到顾客送来衣物，先由营业员对衣物完好程度和数量进行检查并填制一式数联的“洗衣单”，详细列明衣物名称、质料和颜色、件数、洗染收费金额、取衣日期、顾客姓名等。“洗衣单”一联由顾客留存，凭其取衣，一联由门市部存根，作为登记“洗染营业日记簿”（见表8－4）的依据；一联随衣物在各工作环节传递。每日营业终了，营业员根据“洗衣单”存根和收回的取衣凭证，编制“营业日报单”（如表8－5），财会部门据以进行账务处理。

（一）先服务后收费的核算

在先服务后收费方式下：(1) 根据“营业日报单”中“今日收入”数额（即当日开出洗衣单的金额）计算当日营业收入和应收账款数额，借记“应收账款”账户，贷记“主营业务收入”账户。“主营业务收入”账户可按服务内容设置：①干洗收入；②水洗收入；③印字收入等明细分类账户。(2) 根据“本日交款”数额（即当日收回客欠数额），借记“库存现金”或“银行存款”账户，贷记“应收账款”账户。

【例8－4】8月12日，彩美洗染店营业情况见表8－5。

表8－4　　　　洗染营业日记簿

2010		洗染单编号		品名及件数	营业收入	加工种类					取活日期	备注
月	日					干洗	水洗	染色	织补	其他		
8	12	30767	兴达旅馆	床罩、被单	1.85		1.85				8.17	
	12	30768	田源	男式灰呢大衣	10	10					8.17	
	12	30769		女式毛料裤	8	8					8.17	
	12		本日合计		480	142	296			42		
	12		本月累计		4 442	2 376	1 968			98		

根据“营业日报单”编制如下会计分录：

借：库存现金（或银行存款）　　325

　　贷：应收账款——客欠　　325

借：应收账款——客欠　　480

　　贷：主营业务收入——洗染收入　　480

（二）收活同时收费的核算

在收活同时收费的方式下，则根据本日实收现款，编制借记“库存现金”、“银行存款”账户，贷记“主营业务收入”账户的会计分录。

五、修理业营业收入的核算

修理业服务范围广泛，有家电修理、钟表修理、眼镜修理、自行车修理以及其他各种修理等。具体修理项目数以千计。服务对象既有企业、单位、机关和团体，也有城乡居民个人。企业经营方式也比较灵活。其服务收费方式主要有先修理后收款和修理、收款同时进行两种方式。下面分别说明两种方式及其核算。

（一）先修理后收款的核算

在这种方式下，营业员接受修理项目时，根据该项目修复程度确定应收取的修理费，填制一式数联“修理单”一联随物品进行传递据以修理，其余联次分别由顾客和营业员留存。修理完毕交活时，由营业员根据应收修理金额开“收据”据以收款，每日营业终了，填制“营来日报单”连同收入现款一同交财会部门据以进行账务处理。财会部门根据“营业日报单”上当日营业额，借记“应收账款”账户，贷记“主营业务收入”账户。根据实收现款，借记“库存现金”“银行存款”账户，贷记应收款“账户”。

【例8-5】2010年10月10日，新颖修理中心营业额1 490元。交活收入现金820元。财会部门根据营业日报单等凭证，编制如下会计分录：

借：应收账款——客欠　　1 490

　　贷：主营业务收入——修理收入　　1 490

借：库存现金　　820

　　贷：应收账款——客欠　　820

这种收费方式有时也应用于接收物品时难以确定修理费，在修好后再确定收费金额的情况。

（二）修理和收款同时进行的核算

这种方式适用于立等可取或上门进行的修理。在此方式下，每日营业终了，营业员根据当日收活及修理记录及收取的现款，填制“营业日报单”送交财会部门。财会部门据以进行账务处理，借记“库存现金”“银行存款”账户，贷记“主营业务收入”账户。

第二节　服务业营业成本的核算

一、服务业营业成本的内容

服务业营业成本是指服务企业进行经营活动中耗用的原材料成本，包括：

（一）照相营业成本

照相营业成本是指照相企业在从事经营活动中耗用的底版、相纸、化学药剂以及各种颜料等原材料费用。

（二）洗染营业成本

洗染营业成本是指印染企业在从事印染经营活动中耗用的染料、助染药剂、洗涤剂等原材料费用。

（三）修理营业成本

修理营业成本是指修理企业在从事修理经营活动中耗用的修理用配料、维修材料等费用。

二、照相营业成本的核算

照相企业成本的核算，大多采用“以存计耗法”。其基本内容如下：

照相企业的生产车间。如摄影室、暗房等向仓库保管员应定期将“领料单”汇总连同附件报送财会部门。财会部门审核后据以编制如下会计分录：

借：主营业务成本——照相成本

贷：原材料——××材料

月末对车间已领未用的原材料，由车间清点核实，根据盘点表，采用假退料方法。对营业成本进行调整，以求得当月实际成本，按照盘存表中剩料数额，编制如下会计分录：

借：主营业务成本——照相成本 ×××（红字）

贷：原材料 ×××（红字）

下月初，用蓝字会计分录冲回，编制如下会计分录：

借：主营业务成本——照相成本 ×××

贷：原材料——××材料 ×××

经过上述账项调整，“主营业务成本”账户月末余额，即为当月耗用的原材料成本。

需要说明的是，照相企业多实行先收款后服务的作法，收进款项时，企业计“营业收入”账户，但月末可能会有部分尚未加工完成的任务，如未冲洗的照片等，它们仍需要消耗一定材料，若按上述方法计算当月营业成本，其成本中未包含尚未完工作所需原材料成本，这就使企业营业收入与其相关营业成本的口径不相一致。若各月营业收入均衡，月末未完成作业数量大致相等，采用上述方法，对成本影响不大，否则应对营业成本进行调整，其方法如下：

1. 对月末加工车间料进行盘点定结存数额；

2. 计算未完成作业需用原材料成本；

3. 将月末车间剩料盘存额与未完成作业需用的原材料成本进行比较，确定营业成本的调整数额：①如果月末车间剩料盘存额小于未完作业需用的原材料成本，按其差额补记营业成本。由于上述计入营业成本的原材料，在当月并未实际领料，对上，下月初，应立即冲回。②如果月末车间剩料盘存额大于未完成作业需用的原材料成本，按其差额作假退料处理。

【例 8-6】长虹照相馆本月车间领用原材料 13 000 元，月末盘点剩余材料结存额为 4 000 元，未完作业需用原材料 5 600 元，需调整营业成本 1 600 元，编制如下会计分录：

领用原料分录略。

借：主营业务成本——照相成本　　1 600

　贷：原材料——××　　1 600

经过登记“主营业务成本”账户余额 14 600 元（即 13 000 + 1 600）为调整后当月耗用的原材料成本。次月初，需将上列账项调整数额，用红字分录予以冲回，记：

借：主营业务成本——照相成本　　[1 600]

　贷：原材料——××　　[1 600]

若月末车间剩余材料盘存额为 6 800 元，需冲减营业成本 1 200 元，（即 6 800 - 5 600），应编制如下会计分录：

借：主营业务成本——照成本　　[1 200]

　贷：原材料——××　　[1 200]

下月初，用蓝字分录冲回。

三、印染业营业成本的核算

印染业营业成本包括加工车间实际耗用的染料、助染剂、洗涤剂等原材料综合成本。领用原材料时由加工车间领料员填写“领料单”数联，其中——联报财会部门，据以编制会计分录入账，借记“主营业务成本”账户，贷记“原材料”账户。

由于每月终了，加工车间当月收进的衣物不可能全部加工完毕。企业若对这些未加工衣物已作营业收入处理，则还应参照上月或历史耗用原材料费用水平，即原材料成本占营业收入比重，根据洗、染、烫衣物数量和计入营业收入的数额，估计应耗用原材料的成本，对已入账的营业成本进行调整。否则营业成本计算偏低，影响财务成果真实性。

【例 8-7】普蓝洗染店加工车间 10 月末未加工衣物情况下，洗衣 180 件，营业收入 1 200 元，熨烫衣物 280 件，营业收入 2 240 元。参照历史成本率，洗衣为 15%，熨烫为 8%。计算月末加工衣物应耗用原材料成本为：

洗衣：　$1\ 200 \times 15\% = 180$

熨烫：　$2\ 240 \times 8\% = 179.20$

合计：　359.20

其账务处理有以下两种方法可供选择：

其一，由加工车间出具“领料单”注明用途，财会部门据以编制如下会计分录：

借：主营业务成本——印染成本　　359.20

　　贷：原材料　　359.20

下月初，用红字分录予以冲回，不计入原材料明细账。

其二、月末洗、熨、烫需耗用原材料填写“领料单”，编制上述会计分录，视作正常领料存放车间使用，次月初不再冲回。

若企业每月未加工衣物量较少或基本平衡亦可不进行调整。

四、修理业营业成本的核算

修理业营业成本的核算，应根据其业务经营具体情况进行。其业务经营范围广泛，服务项目复杂，每一修配业务耗用原材料的具体情况各异，难于核算某一具体经营项目的单位成本，而只能计算耗用原材料总成本，成本计算工作集中在月末进行。平时生产或修理车间领用原材料成本不在“主营业务成本”账户反映，不用进行账务处理。

【例 8－8】昌盛修理公司 2010 年 6 月份，原材料收支存情况如表 8－6所示。根据该表本期实际支出数额，编制如下会计分录：

借：主营业务成本——修理成本　　673.75

　　贷：原材料　　673.75

表 8－6　　　**原材料收支存月报表**

类别××　　　2010 年 6 月

品名规格	单位	上期结存		本期导入		本月支出						本月结存		
						车间耗用		门市耗用		合计				
		数量	单价	数量	单价	数量	金额	数量	金额	数量	金额	数量	单价	金额
A		100	8	60	10	30	262.50	20	175	50	437.50	110	8.75	962.50
B	略	80	5	40	8	10	60			10	60	130	6	180
C		50	6	30	5					20	112.50	60	5.625	337.50
D		30	4	10	5					15	63.75	25	4.25	106.25
合计							322.50		351.25		637.75			1 586.25

第九章 9

旅游商品的核算

旅游商品供给者为满足旅游者需求以出卖交换为目的而提供的具有使用价值和价值的有形和无形服务（无形商品）的总和。旅游商品的主要类别有：旅游纪念品、旅游工艺品、旅游服饰、旅游食品、旅游营养保健品、旅游活动用品及土特产等用品。旅游商品承载了满足旅游者购物需求和传播旅游地形象的双重价值。既是从事旅游活动的基础，也是旅游业经营收入的重要内容。

第一节 旅游商品核算方法概述

为了方便顾客，饭店、宾馆、旅行社、旅店、度假村分别开设了零售商场或商品部以拓宽服务领域、广开财源、发挥多功能积极作用。

饭店、宾馆、旅行社、旅店、度假村所属的商场或商品部，其销售对象主要是住宿的宾客，一般规模不大，经营的商品通常为日用小百货、小食品、软饮料以及一些旅游纪念品、工艺美术品等。对这些商品的核算方法一般采用数量进价金额核算法、售价金额核算法和进价金额核算法。

一、数量进价金额核算法

数量进价金额核算法是对库存商品总分类核算按进价金额核算的同时，对库存商品的明细核算既提供各种商品的进价金额指标也反映其实物数量指标的核算方法。旅游商品中的高级手工艺品、文物、字画、珠宝、金银首饰和古玩等贵重商品一般采用这种方法。

二、售价金额核算法

售价金额核算法是指按售价核算商品进、销、存情况的一种方法。采用售价金额核算法时，库存商品明细账的金额应按售价登记，而且只记金额，不记数量。这种方法亦称“售价核算，实物负责”。

三、进价金额核算法

进价金额核算法是指对库存商品的总分类核算和明细分类核算都按进价金额记账而不实行数量核算的一种方法。这种核算方法又称“进价核算，盘存计销”。

第二节 旅游商品数量进价金额核算

一、数量进价金额核算基本内容

数量进价金额核算是对库存商品总分类核算实行按进价金额核算和监督的同时，对库存商品的明细核算既提供各种商品的进价金额指标也反映其实物数量指标的核算方法。

1. 进价记账。会计部门对库存商品总账和明细账的进、销、存金额均按进价记载。

2. 在库存商品总账控制下，按商品的品名、规格、等级和编号分户进行明细核算。库存商品明细账对每种库存商品的增减和结存情况，既反映金额又反映数量。

3. 对经营品种繁多的企业，要设置库存商品类目账，以核算大类商品的进、销、存情况和控制所属各明细账。商品类目账记载各大类商品进销存的进价金额（如果大类商品的计量单位相同，也可同时记载数量）。

4. 采用适当方法随时或定期结转销售商品成本。商品销售成本即销售商品进价，企业可根据经营商品的不同特点和业务经营的不同需要，分别按照会计制度的规定采用不同的计算和结转方法，进行随时或定期结转。

二、商品购进的核算

为了核算旅游、餐饮企业旅游商品的增减变动情况，企业一般应设置以下会计账户：

“库存商品”账户属资产类账户，核算企业全部自有的库存商品。企业库存商品增加时，借记该账户；库存商品减少时，贷记该账户；其余额为库存商品的实存数额。该账户应按商品种类、名称、规格和存放地点分户设置明细账。

企业购进旅游商品到达并验收入库的同时支付货款的，企业应根据发票账单等结算凭证确定的商品成本，借记“库存商品”账户，按照实际支付的款项或应付票据面值，贷记“银行存款”或“应付票据”（采用商业汇票结算货款）等账户。

【例 9－1】某饭店商品部从海南旅游公司购进一批旅游工艺品，价款 24 000 元，对方代垫运费 3 500 元，增值税 408 元。发票账单等结算凭证已到，款项以银行存款付讫，工艺品也验收入库。财务部门编制如下会计分录：

借：库存商品——工艺品　　　　27 908

　　贷：银行存款——海南旅游公司　　　　27 908

三、商品销售的核算

饭店商品部（或称商场）通常经营旅游商品和一些生活用品，有些饭店的商品部还经营服装和一些高档商品。这些商品的销售对象多为个人消费者，对每笔成交的销售业务，一般都要填制普通的发票，其销售价格为含税价格，取得的销售收入为含税收入。采用的结算方式主要有现金、转账支票和信用卡。每天营业结束，商场根据销货发票编制“销货日报表”，其格式见表9－1，并根据收款情况编制“收款日报表”，其格式见表9－1。会计部门根据商品部提供的销售情况表及现金和结算凭证进行销售处理。

【例9－2】2010年5月20日，中原饭店财务部门收到商场交来的“销货日报表”和“收款日报表”，如表9－1、表9－2所示。

表9－1　　销货日报表

2010年5月20日

货号	商品名称	计量单位	数量	单价	金额	发票张数
10020	珍珠项链	条	5	200	1 000	5
10025	玉手镯	只	10	350	3 500	10
10031	中华香烟	条	3	400	1 200	3
10032	高级白酒	瓶	4	350	1 400	2
10045	高级化妆品	盒	2	750	1 500	1
10050	龙井绿茶	听	3	60	180	2
合　计					15 600	23

表9－2　　收款日报表

2010年5月20日

项目	金额	结算方式	金额	发票张数
销货收入	15 600	现金	6 500	10
		记账	8 000	8
		信用卡	1 100	5
合　计	15 600	合　计	15 600	23
销货溢款	—	销货短款	—	—

1. 财务部门根据商场交来有关凭证（信用卡结算手续费28元）。编制如下会计分录：

借：库存现金　　6 500
　　银行存款　　9 072
　　财务费用　　28
　　贷：主营业务收入——商品销售业务　　15 600

2. 月末结转销售商品的进价成本。销售商品进价成本的结转，是将销售商品的进价（或实际采购成本）从“库存商品”账户转入“主营业务成本”账户，以便同“主营业务收入”账户的金额比较，确定销售成果，同时将已销售的库存商品按进价（或实际采购成本）从“库存商品”账户中注销，以反映库存商品的实际结存金额。

正确结转商品销售成本的重要前提之一是选择适当的商品销售进价计算方法。计算结转已销商品进价成本的方法主要有个别计价法、先进先出法、加权平均法、移动加权平均法和后进先出法等，这些方法的计算过程已在存货一章中做过介绍。

根据计算的销售商品进价成本 11 800 元，编制结转销售商品进价成本的会计分录如下：

借：主营业务成本　　　　11 800
　贷：库存商品　　　　　　　11 800

四、受托代销商品的核算

一些饭店商品部对于价格高，占用资金多、消费面窄的高级工艺品、字画等商品，可以采用代销的方式，以有效地利用供货方的资金开展经营业务。

旅游、餐饮企业对于代销商品可采取两种销售方式：一是视同买断方式。即指委托方和受托方签订合同或协议，委托方按合同或协议收取代销的货款，实际售价由受托方自定，实际售价与合同或协议价之间的差额归受托方所有。二是收取手续费方式。

旅游、餐饮企业应设置以下两个账户，核算受托代销商品增减变动情况：

“受托代销商品”是资产类账户，用以核算企业接受其他单位委托代销的商品。其借方登记企业收到代销商品价值；贷方登记销售的代销商品价值；余额在借方，表示尚未销售的代销商品数额。

“受托代销商品款”是负债类账户，用以核算接受代销商品的货款。其贷方登记企业收到代销商品价值；借方登记销售的代销商品价值；余额在贷方，表示尚未销售的代销商品货款。

下面以收取手续费方式为例，说明受托代销商品的核算方法。

【例 9－3】甲工艺美术公司委托乙饭店商品部销售景泰蓝笔筒 200 只，商品已经发出，每件成本为 60 元。合同约定乙饭店商品部应按每件 100 元对外销售，甲工艺美术公司按不含增值税的售价的 10% 向乙饭店商品部支付手续费。乙饭店商品部对外实际销售 100 件，其不含税销售价款为 10 000 元，款项已经收到。乙饭店商品部编制会计分录如下：

（1）收到商品：

借：受托代销商品　　20 000
　　贷：受托代销商品款　　20 000

（2）对外销售商品：

借：银行存款　　10 000
　　贷：应付账款　　10 000

借：受托代销商品款　　10 000
　　贷：受托代销商品　　10 000

（3）支付货款并计算代销手续费时：

借：应付账款　　10 000
　　贷：银行存款　　9 000
　　　　其他业务收入　　1 000

五、商品储存的核算

（一）库存商品的清查

为了保证库存商品的完整，做到账实相符，并对清盘过程中发现商品管理中的问题及时处理，饭店所属商品部（或商场）应定期或不定期地对库存商品进行清查盘点。

（二）库存商品盘点溢余、短缺的核算

通过库存商品清查盘点，如果商品实存数额大于账面余额，即商品溢余，也称商品盘盈。如果商品实存数额小于账面余额，即为商品短缺，也称商品盘亏。发生商品溢余或短缺，应当填制“商品溢余（短缺）报告单”。无论当时是否查明原因，都要根据实存数额调整账簿记录。

盘盈的库存商品，应按同类或类似存货的市场价格作为其入账价值。企业发生库存商品盘盈时，在报经批准前应借记“库存商品”账户，贷记“待处理财产损溢”账户；在报经批准后应借记“待处理财产损溢”账户，贷记“管理费用”账户。

企业发生库存商品盘亏及毁损时，在报经批准前应借记“待处理财产损溢”账户，贷记“库存商品”账户。在报批后应作如下会计处理：对于应由保险公司和过失人支付的赔款，记入“其他应收款”账户；扣除残料价值和应由保险公司、过失人赔款后的净损失，属于一般经营损失的部分，记入“管理费用”账户，属于非常损失的部分，记

入“营业外支出——非常损失”账户。

（三）库存商品期末计价

为了客观地反映期末库存商品的实际价值，企业的库存商品应当按照成本与可变现净值孰低法计量。当成本低于可变现净值时，期末库存商品按成本计价；当可变现净值低于成本时，期末存货按可变现净值计价。其中，“成本”是指期末库存商品的实际成本；而“可变现净值”是指企业在正常生产经营过程中，以存货的估计售价减去至完工估计将要发生的成本、估计的销售费用以及相关税金后的金额。

企业应设置“存货跌价准备”账户核算存货跌价准备的提取和冲回情况。该账户的贷方登记计提的存货跌价准备；借方登记冲销的存货跌价准备。期末贷方余额，反映小企业已提取的存货跌价准备。

企业应当定期或者至少于每年年度终了，对库存商品进行全面清查，如由于存货遭受毁损、全部或部分陈旧过时或销售价格低于成本等原因，使库存商品可变现净值低于其成本的部分，应当提取库存商品跌价准备。

提取和补提库存商品跌价准备时，借记“管理费用——计提的存货跌价准备”账户，贷记“存货跌价准备”账户；如已计提跌价准备的库存商品的价值以后又得以恢复时，应按恢复增加的数额，借记“存货跌价准备”账户，贷记“管理费用——计提的存货跌价准备”账户。但是，当已计提跌价准备的存货的价值以后又得以恢复，其冲减的跌价准备金额，应以“存货跌价准备”账户的余额冲减至零为限。

【例9-4】某饭店附设商场采用“成本与可变现净值孰低法”进行期末库存商品计价。2007年年末库存商品的账面成本为50 000元，2007年至2010年可变现净值依次为47 500元、45 000元、48 500元和51 500元。根据上述资料，各年年末账务处理方法如下：

（1）2007年年末计提存货跌价准备：

计提存货跌价准备＝50 000－47 500＝2 500（元）

借：管理费用——计提的存货跌价准备　　2 500
　　贷：存货跌价准备　　2 500

（2）2008年补提存货跌价准备：

补提存货跌价准备＝50 000－45 000－2 500＝2 500（元）

借：管理费用——计提的存货跌价准备　　2 500
　　贷：存货跌价准备　　2 500

（3）2009年冲减存货跌价损失准备：

冲减存货跌价损失准备 =50 000 - 48 500 - 5 000 = - 3 500（元）

借：存货跌价准备　　3 500

　　贷：管理费用——计提的存货跌价准备　　3 500

（4）2010 年年末将“存货跌价准备”账户余额冲减至为零：

借：存货跌价准备　　1 500

　　贷：管理费用——计提的存货跌价准备　　1 500

第三节　旅游商品售价金额核算

一、售价金额核算的基本内容

售价金额核算法也称“售价记账、实物负责制”。它不仅是库存商品的一种核算方法，也是企业的一项重要的经营管理制度。其基本内容包括：

（一）建立实物负责制。企业按照经营商品品种和存放地点的不同，划分若干营业柜、组，确定实物负责人，要求各实物负责人对其经营商品的数量、质量承担全部经济责任，使商品的进、销、存各环节都有专人负责。

（二）库存商品按售价记账。财会部门对商品的进销存都按照零售价记账。在总账中只记库存商品的售价总金额，库存商品明细账按实物负责人设置，按商品售价金额分别记载各实物负责人经管的商品。

（三）设置“商品进销差价”账户。采用售价金额核算企业，会计核算不仅要以售价控制商品，还要以进价反映库存商品实际价值。因此，必须设置“商品进销差价”账户核算库存商品售价与进价的差额。

（四）加强商品实地盘点制度。对库存商品每月必须进行一次全面盘点。实物负责人调动和商品调价，应及时进行盘点。盘点结果，发生差异时，应及时查明原因进行处理，保证账实相符。

二、商品购进的核算

饭店商品部购进商品，大多是从本地经营旅游商品的批发企业、生产加工企业进货。企业从本地进货一般采用提货制或送货制，从外地进货一般采用发货制。从国内本地购进商品多采用“支票”结算方式结算货款，国内异地进货可采用采用“委托收款”、“托收承付”、“商业汇票”或“汇兑”等结算方式结算货款。

不论从什么地点进货，什么单位进货，也不论采取哪种货款结算和接收商品方式，当商品部收到商品时，必须认真验收商品的数量和质量，防止发生差错，明确经济责任。实物负责人根据供货单位的发货单，应当逐一检查商品的品名、数量、单价、金额以及质量，验收商品后，应当填制收货凭证，一般称为商品验收单，商品验收单除填列商品的品名、规格和购进价外，还要填列商品的零售价和进销差价，以便据以记账。商品验收单的一般格式举例如表9－3所示。

表9－3 **商品验收单**

收货单位 年 月 日 字第 号

货号	品名	实收（原价）				零售计价			商品进销差价
		单位	数量	单价	金额	数量	单价	金额	

会计主管________复核________验收人________制单________

为了核算零售业商品增减变动情况，应设置“库存商品”、“商品进销差价”、“应交税费”等账户：

“库存商品”账户，核算企业全部自有的库存商品，包括存放在仓库及门市部和寄存在外库的商品、委托其他单位代管代销商品等。该账户的借方登记库存商品的增加额；贷方登记库存商品的减少额，其余额为库存商品的实存数额。该账户应按商品设置明细。设置相应的账户进行核算。

“商品进销差价”账户，是“库存商品”账户的调整账户，核算企业采用售价核算的商品售价与进价之间的差额。该账户的贷方登记购进商品的售价大于进价的差额和其他原因增加的进销差价；借方登记购进商品的售价小于进价的差额、核销已销商品应分摊的进销差价和其他原因使库存商品售价大于进价的差额减少的数额；其余额一般在贷方，反映期末库存商品应保留的进销差价。该账户应按商品类别或实物负责人设置明细账。由于所采用的售价是含税的零售价格，因此该账户所记录的商品售价与进价之间的差额就包括了两部分，一是不含税的售价与不含税的进价之间的差额，二是应向购买者收取的增值税额（销项税额）。

企业购进商品并验收后，会计部门根据进货发票支付的货款、费用、税金等账单，按商品售价借记“库存商品”账户，按进价，贷记“银行存款”等账户，按售价与进价的差额，贷记“商品进销差价”账户，以便反映库存商品实际进价成本。

【例9－5】中原饭店所属商场向本地皮革制品厂购进女式皮包一批，进价7 000元，应支付的进项税额为1 190元，该批商品的含税售价为8 400元，商品由皮货组验收入库，款项以银行存款支付。编制如下会计分录：

借：库存商品——皮货组　　8 400
　贷：商品进销差价——皮货组　　1 400
　　银行存款　　8 190

三、商品销售的核算

由于实行售价金额核算企业的商品大都采取现金交易，因此必须加强销货款的管理，建立科学合理的收款、付货方式。根据商品部（商场）经营规模、经营商品和业务性质的不同，商品销售一般采取以下两种收款方式：一种是营业员直接收款，在商品交易时，由营业员一手收款一手交货，营业员既管钱又管货；另一种是集中收款，设置收款台；配备专职收款员，实行钱货分管。营业员只负责付货，货款由营业员经手传递到收款台或由顾客到收款台直接交款。

企业无论采用哪种收款方式，每日营业终了都必须将销货款清点后送存银行。向银行交款要填制银行“进账单”并取得银行“进账单”回单。如将销货款送交财会部门，统一送交银行，则各实物负责人（或组）要填制“内部交款单”。销货如果发生长短款；还要填制“长短款报告单”。

营业小组于每日营业终了，应根据当日进销货情况编制“商品进销存日报表”（见表9－4）。商品进销存日报表一式两份，一份留存，一份连同内部交款单（或银行“进账单”回单）、商品验收单、商品调价单；商品内部调拨单、长短款报告单和其他有关凭证一并送交财会部门，经审核无误后，作为编制记账凭证登记账簿的依据。

表 9－4 **商品进销存日报表**

组别：百货组 2010 年 5 月 28 日

项目		金额	项目		金额	备注
昨日库存		35 000	减少	本日销售	8 000	
增加	本日购进	5 000		本日调出		
	本日调入			变价减值		
	变价增值			商品损耗		
	商品溢余		本日库存		32 000	
合　　计		40 000	合　　计			
本日进销差价 3 500 元			进销差价累计 12 000 元			
商品销售累计						

实物负责人________复核________制表________

实行售价金额核算企业，一般在每日营业终了，各实物负责人（柜组）要清点当日销货款并送存银行。财会部门应根据销货报表及款项送存银行退回的“进账单”回单，反映主营业务收入和银行存款的增加。财会部门应根据有关凭证按含税销售额反映商品销售收和银行存款的增加，借记“银行存款”账户，贷记“主营业务收入”账户；同时按含税的售价借记“主营业务成本”账户，贷记“库存商品”账户，以注销库存商品，反映实物负责人所经管商品的实存额和经济责任。由于企业的“库存商品”按售价金额入账，商品的售价与进价之间的差额记入“商品进销差价”账户，所以从理论上讲，商品销售后，在按售价冲减库存商品账户的同时；还应冲减已销商品实现的进销差价，并按其进货原价转入“主营业务成本”账户，以便正确计算销售成果。但是，由于企业已销商品实现的进销差价，需要经过一定的方法计算才能确定，如果每天计算已销商品应分摊的进销差价，会使日常核算工作过于繁重，由于企业是按月计算利润，因此也没有必要每日结转销售商品实现的进销差价。

所以实行售价金额核算的企业，平时商品销售在反映主营业务收入增加的同时，暂按售价借记“主营业务成本”账户，贷记“库存商品”账户，月末再按一定方法计算已销商品和库存商品应分摊的进销差价。待计算出已销商品应分摊的进销差价后，再贷记“主营业务成本”账户，将含税的售价调整为销售商品的进价成本，同时，将已实现的商品进销差价予以核销，借记“商品进销差价”账户。

【例 9－6】2010 年 5 月 28 日，中原饭店附设的零售商场各组销售额为：旅游服装组 8 000 元，字画与图书组 4 000 元，金银首饰组 5 000 元，冷饮果品组 3 800 元，销货款送存银行。财会部门根据各组当日报来的“商品进销存日报表”、银行“进账单”回单等凭证编制如下会计分录：

借：银行存款　　20 800
　　贷：主营业务收入——旅游服装组　　8 000
　　　　　　　　　　——字画与图书组　　4 000
　　　　　　　　　　——金银首饰组　　5 000
　　　　　　　　　　——冷饮果品组　　3 800

同时，结转主营业务成本。

借：主营业务成本——旅游服装组　　8 000
　　　　　　　　——字画与图书组　　4 000
　　　　　　　　——金银首饰组　　5 000
　　　　　　　　——冷饮果品组　　3 800
　　贷：库存商品——旅游服装组　　8 000
　　　　　　　　——字画与图书组　　4 000
　　　　　　　　——金银首饰组　　5 000
　　　　　　　　——冷饮果品组　　3 800

由于旅游、餐饮企业在商品销售中采用一手钱一手货的销售方式，对顾客不开增值税专用发票，无法根据发票确认销售收入和销项税额，只能定期或月份终了，根据当期收取的含税销售额和规定的计算公式计算不含税的销售收入和销项税额。因此，企业平时按含税的销售额进行账务处理，定期或月末计算出销项税额以后，再将含税的销售额调整成为不含税的销售收入。不含税销售额计算公式为：

$$\text{不含税销售额}=\frac{\text{含税销售额}}{1+\text{税率}}$$

销项税额 = 不含税销售额 × 税率

将含税销售额调整成为不含税销售额后，编制借记“主营业务收入”、贷记“应交税费－应交增值税”的会计分录。

【例 9－7】 中原饭店附设的商品部 2010 年 5 月份实现的含税销售额为 61 800 元，增值税税率为 3%，月末计算不含税销售额和应交增值税额。

不含税销售额 = 61 800 ÷（1 + 3%）= 600 000（元）

应交增值税额 = 600 000 × 3% = 1 800（元）

根据以上计算结果编制如下会计分录：

借：主营业务收入　　1 800
　　贷：应交税费——应交增值税　　1 800

四、主营业务成本的计算与结转

采用售价金额核算的企业已销商品成本的计算与结转是通过计算销售商品应分摊的进销差价（包括不含税的售价与进价之间的差额和应向购买者收取的增值税额），调整“主营业务成本”和“商品进销差价”账户余额进行的。已销商品应分摊进销差价计算正确与否，直接关系到企业期末库存商品价值是否真实，企业经营成果是否正确，因此它是一项细致而重要的工作，企业应根据经营管理特点和核算具体要求，选择适当的计算方法。目前计算已销商品分摊进销差价采用的方法主要有“综合差价率计算法”。

综合差价率计算法是根据月末调整前“商品进销差价”账户余额和“库存商品”、“受托代销商品”账户余额及本月商品销售额（含税）计算综合差价率，并按商品的存销比例，分摊商品进销差价的方法。其计算程序为：

（1）计算本月存销商品的综合差价率：

综合差价率 =［月末分摊前“商品进销差价”账户余额 ÷（月末“库存商品”账户余额 + 月末“受托代销商品”账户余额 + 本月商品销售额（含税））×100%

（2）计算本月销售商品应分摊的进销差价：

本月销售商品应分摊的进销差价 = 本月商品销售额（含税）×综合差价率

（3）计算月末库存商品应保留的进销差价：

月末库存商品应保留的进销差价 = 月末分摊前“商品进销差价”账户余额 - 本月销售商品应分摊的进销差价

【例 9-8】中原饭店所属商场 2010 年 3 月末“商品进销差价”账户余额为 248 788 元，“库存商品”账户余额为 566 500 元，本月商品销售额（含税）为 588 000 元。根据上述资料计算已销商品应分摊的进销差价如下：

综合差价率 = 248 788 ÷（566 500 + 588 000）×100% = 21.54%

销售商品应分摊的进销差价 = 588 000 × 21.54% = 126 655（元）

为了方便记账，编制结转销售商品应分摊的进销差价的会计分录时，应先编制“已销商品进销差价计算表”（如表 9-5 所示）。

表 9-5　　　　已销商品进销差价计算表

月末商品进销差价账户余额	按售价计算的全部商品		商品进销差价		
	本月销售总额	月末库存商品金额	综合差价率	已销商品应摊金额	库存商品应摊金额
248 788	588 000	566 500	21.54%	126 655	122 133

根据“已销商品进销差价计算表”编制结转已销商品实现进销差价的会计分录。

借：商品进销差价　　　　126 655

　贷：主营业务成本　　　　126 655

第四节　旅游商品的进价金额核算

一、进价金额核算的基本内容

进价金额核算是对库存商品的总分类核算和明细分类核算都按进价金额记账而不实行数量核算的一种方法。其基本内容是：

1. 商品购进后，按原进价总金额记入“库存商品”账户，同时按实物负责人分户设置明细分类账，该账只记金额，不计数量，不设“商品进销差价”账户。

2. 商品销售后，按销货收入贷记“主营业务收入”账户。平时不结转销售成本，售出的商品也不从“库存商品”账户内随时转出，而是分批或定期结转。

3. 商品价格变动，等级变化和一般损耗，财会部门不进行账务处理。但发生事故损失时，应查明原因，按财产损失规定处理。

4. 月末或分批计算销售成本时，通过实地盘点，用最后一次进价计算库存商品总金额，倒挤销货成本，一次结转。销货成本的计算公式如下：

本期销货成本 = 期初库存商品进价余额 + 本期进货进价总额 - 期末库存商品进价余额

计算出本期销货成本后，借记“主营业务成本”账户，贷记“库存商品”账户，将“主营业务收入”和“主营业务成本”账户相抵后的差额，就是本期已实现的进销差价。

【例9－9】某饭店附设商场的水果组2010年5月末“库存商品”账户进价余额为435元。2010年6月份发生下列经济业务：

（1）5日进货按进价计算为700元，货款用银行存款付清，水果已由小组验收并将“发货票”和“支票存根”随“商品进销存日报表”送来，经财会部门审核无误后，编制如下会计分录：

借：商品采购　　700
　　贷：银行存款　　700
借：库存商品——水果组　　700
　　贷：商品采购　　700

假定本月份按进价计算进货总额为11 700元。

（2）15日销货收入为800元，货款已送存银行，银行送款簿（回单）随“商品进销存日报表”送来，经财会部门审核无误后，编制如下会计分录：

借：银行存款　　800
　　贷：主营业务收入　　800

假定本月销货累计收入为13 800元。

（3）月末进行商品盘点，按最后一次进价计算库存商品余额为648元。

根据公式倒挤本月销货成本如下：

期初库存商品进价余额435元＋本期进货进价总额11 700元－期末库存商品余额648元＝本期销货成本11 487元。财会部门根据商品盘点表和计算结果，结转销售成本：

借：主营业务成本——水果组　　11 487
　　贷：库存商品——水果组　　11 487

为考核水果组本月份的经营情况，将主营业务收入13 800和主营业务成本11 487元两账户反映的差额2 313元，即为本月份已实现的进销差价。

第十章 10

对外投资的核算

旅游、餐饮企业除开展正常的商品购销活动外，有时将资金投放于债券、股票或其他资产进行投资活动，通过投资活动所获得的股利、利息以及对另一企业实施的控制，以达到有效地利用闲置资金、影响或控制其他企业的经营业务，为扩大再生产提供或积累必要资金的目的。

第一节 交易性金融资产的核算

交易性金融资产，是指企业为近期出售所持有的、以公允价值计量且其变动计入当期损益的金融资产。例如，企业以赚取差价为目的从二级市场购入的股票、债券和基金等。

旅游、餐饮企业应设置“交易性金融资产”账户，核算其增减变动情况。该账户借方登记取得交易性金融资产的公允价值、资产负债表日交易性金融资产公允价值高于其账面余额的差额、出售交易性金融资产而转出的公允价值变动额；贷方登记资产负债表日交易性金融资产公允价值低于其账面余额的差额、出售交易性金融资产而转出的交易性金融资产账面余额、及其公允价值变动额；其借方余额，反映企业持有的交易性金融资产的公允价值。其明细账应按交易性金融资产的种类和品种（如股票、债券、基金、权证等），分别“成本”和“公允价值变动”设置。

一、交易性金融资产取得的核算

旅游、餐饮企业取得交易性金融资产，按其公允价值，借记“交易性金融资产”账户（成本），按发生的交易费用，借记“投资收益”账户，按已到付息期但尚未领取的利息或已宣告但尚未发放的现金股利，借记“应收利息”或“应收股利”账户，按实际支付的金额，贷记“银行存款”等账户。

【例 10－1】 2010 年 1 月 5 日，某饭店从二级市场购入 A 公司发行的债券 408 000 元，（含已到付息期但尚未支取的债券利息 8 000 元）。另支付交易手续费及印花税等计 6 000 元。款项以存入证券公司投资款付讫。该债券面值 400 000 元，剩余期限为 2 年，票面年利率为 4%，每半年付息一次，该企业将其划分为交易性金融资产。购入债券时，应进行如下会计处理：

借：交易性金融资产——成本　　400 000
　　应收利息　　8 000
　　投资收益　　6 000
　　贷：其他货币资金——存出投资款　　414 000

二、交易性金融资产持有期间股利、利息的核算

持有交易性金融资产期间被投资单位宣告发放现金股利时，应确认投资收益，并作应收股利处理；对于收到的属于取得交易性金融资产支付价款中包含的已宣告发放的现金股利，应直接冲减应收股利。

在资产负债表日确认的分期付息债券利息，应将作为投资收益处理，同时，确认应收利息；对于收到的属于取得交易性金融资产支付价款中包含的已宣告发放的债券利息，应直接冲减应收利息。

【例 10－2】 承【例 10－1】2010 年 2 月 5 日，该饭店收到该债券 2009 年下半年利息 8 000 元，存入银行。会计处理如下：

借：银行存款　　8 000
　　贷：应收利息　　8 000

三、交易性金融资产的期末计价

交易性金融资产在资产负债表日，应按当日各项交易性金融资产的公允价值计价，并对交易性金融资产账面价值进行调整。

资产负债表日，交易性金融资产公允价值高于其账面价值时，应按其差额调增交易性金融资产价值，同时，反映公允价值变动收益；交易性金融资产公允价值低于其账面价值，应调低交易性金融资产价值，同时，反映公允价值变动损失。

【例 10－3】承【例 10－1】2010 年 6 月 30 日，该饭店持有 A 公司债券的公允价值为 460 000 元（不含利息），债券变动收益为 60 000 元。该日确认的债券投资收益 8 000 元，并于次月 10 日收讫。会计处理如下：

确认债券公允价值变动：

借：交易性金融资产——公允价值变动　　60 000

　　贷：公允价值变动损益　　60 000

同时，确认的债券投资收益：

借：应收利息　　8 000

　　贷：投资收益　　8 000

2010 年 7 月 10 日收到半年利息：

借：银行存款　　8 000

　　贷：应收利息　　8 000

【例 10－4】承【例 10－1】2010 年 12 月 31 日，该饭店持有债券的公允价值为 440 000 元（不含利息）。该日确认的债券投资收益 8 000 元，并于次年 1 月 10 日收讫。会计处理如下：

（1）2010 年 12 月 31 日确认债券公允价值变动：

借：公允价值变动损益　　20 000

　　贷：交易性金融资产——公允价值变动　　20 000

（2）2010 年 12 月 31 日确认债券投资收益：

借：应收利息　　8 000

　　贷：投资收益　　8 000

2011 年 1 月 10 日收到利息的会计分录同 2010 年 7 月 10 日，略。

四、交易性金融资产的出售

交易性金融资产出售时，根据收到的价款增加银行存款，同时注销交易性金融资产的账面余额，如有差额计入投资收益。由于原计入公允价值变动的损益已经实现，应作为投资收益处理，并应将已计入该项交易性金融资产的公允价值变动转出。

【例 10－5】承【例 10－1】至【例 10－4】2010 年 3 月 31 日，该饭店将该债券出售，取得价款 472 000 元（含 1 季度利息 4 000 元）。

（1）确认 2010 年 1 至 3 月的利息：

借：应收利息　　4 000
　　贷：投资收益　　4 000

（2）出售债券：

借：银行存款　　468 000
　　公允价值变动损益　　40 000
　　贷：交易性金融资产——成本　　400 000
　　　　　　　　　　——公允价值变动　　40 000
　　　　投资收益　　68 000

借：银行存款　　4 000
　　贷：应收利息　　4 000

第二节　持有至到期投资的核算

一、持有至到期投资的概念

持有至到期投资，是指到期日固定、回收金额固定或可确定，且企业有明确意图和能力持有至到期的非衍生金融资产。其中，到期日固定、回收金额固定或可确定，是指相关合同明确了投资者在确定的期间内获得或应收取现金流量（例如，投资利息和本金等）的金额和时间；有明确意图持有至到期，是指投资者在取得投资时意图就是明确的，除非遇到一些企业所不能控制、预期不会重复发生且难以合理预计的独立事件，否则将持有至到期；有能力持有至到期，是指企业有足够的财务资源，并不受外部因素影响将投资持有至到期。

为了反映持有至到期投资的取得、收益、处置等情况，企业应设置“持有至到期投资”账户。并开设“成本”、“利息调整”和“应计利息”等明细账户。

二、持有至到期投资取得的核算

企业取得的持有至到期投资，应按该投资的面值，借记“持有至到期投资——成本”账户，按支付的价款中包含的已到付息期但尚未领取的利息，借记“应收利息”账户，按实际支付的金额，贷记“银行存款”等账户，按其差额，借记或贷记“持有至到期投资——利息调整”账户。

【**例 10－6**】2007 年 1 月 1 日，某旅游、餐饮企业支付价款 5 000 000元（含交易费用）从活跃市场上购入某公司 5 年期债券，面值 6 250 000 元，票面利率 4.72%，实际利率 10%，按年支付利息（即每年 295 000 元），本金最后一次支付。该企业将其确认为交易性金融资产。购入债券应编制如下会计分录：

借：持有至到期投资——成本　　6 250 000
　贷：银行存款　　5 000 000
　　持有至到期投资——利息调整　　1 250 000

三、持有至到期投资利息的核算

资产负债表日，持有至到期投资为分期付息、一次还本债券投资的，应按票面利率计算确定的应收未收利息，借记“应收利息”账户，按持有至到期投资摊余成本和实际利率计算确定的利息收入，贷记“投资收益”账户，按其差额，借记或贷记“持有至到期投资——利息调整”账户。

持有至到期投资为一次还本付息债券投资的，应于资产负债表日按票面利率计算确定的应收未收利息，借记“持有至到期投资——应计利息”账户，按持有至到期投资摊余成本和实际利率计算确定的利息收入，贷记“投资收益”账户，按其差额，借记或贷记“持有至到期投资——利息调整”账户。

【**例 10－7**】2007 年 12 月 31 日，根据表 10－1 所示，确认实际利息收入、收到票面利息。

表 10－1　　持有至到期投资实际利息、票面利息及摊余成本计算表　　金额单位：元

年　份	期初摊余成本 (a)	实际利息 (b) (按 10% 计算)	现金流入 (c)	期末摊余成本 (d＝a＋b－c)
2007 年	5 000 000	500 000	295 000	5 205 000
2008 年	5 205 000	520 000	295 000	5 430 000
2009 年	5 430 000	545 000	295 000	5 680 000
2010 年	5 680 000	565 000	295 000	5 950 000
2011 年	5 950 000	595 000	6 545 000	0

根据表 10－1，编制会计分录如下：

借：应收利息　　295 000
　　持有至到期投资——利息调整　　205 000
　　贷：投资收益　　500 000
借：银行存款　　295 000
　　贷：应收利息　　295 000

2008 年至 2010 年确认持有至到期投资实际利息、票面利息的会计分录（金额不同）同 2007 年，略。

四、持有至到期投资出售的核算

出售持有至到期投资，应按实际收到的金额，借记“银行存款”等账户，按其账面余额，贷记“持有至到期投资——成本、利息调整、应计利息”账户，按其差额，贷记或借记“投资收益”账户。已计提减值准备的，还应同时结转减值准备。

【例 10－8】承【例 10－7】2011 年 12 月 31 日，该企业确认实际利息收入、收到票面利息和本金。编制会计分录如下：

借：应收利息　　295 000
　　持有至到期投资——利息调整　　300 000
　　贷：投资收益　　595 000
借：银行存款　　295 000
　　贷：应收利息　　295 000
借：银行存款等　　6 250 000
　　贷：持有至到期投资——成本　　6 250 000

第三节　长期股权投资的核算

一、长期股权投资的类型

长期股权投资，是指投资期限超过一年，并通过投资取得被投资单位股权的投资，包括股票投资和其他股权投资。这种投资的目的不仅是为了按期取得优厚的股利和股票的升值，还有参与被投资企业的经营决策，控制其经营业务的目的。

长期股权投资按投资企业对被投资单位影响力的大小，可分为以下四类：

1. 对子公司投资。对子公司投资，是指企业持有的能够对被投资单位实施控制的权益性投资。

2. 对合营企业投资。对合营企业投资，是指企业持有的能够与其他合营方一同对被投资单位实施共同控制的权益性投资。

3. 对联营企业投资。对联营企业投资，是指企业持有的能够对被投资单位施加重大影响的权益性投资。

4. 企业对被投资单位不具有控制、共同控制或重大影响、在活跃市场上没有报价且公允价值不能可靠计量的权益性投资。

在我国，长期股权投资准则规定，投资企业对被投资单位具有共同控制或重大影响的长期股权投资，应当采用权益法核算；投资企业能够对被投资单位实施控制的长期股权投资、投资企业对被投资单位不具有共同控制或重大影响，并且在活跃市场中没有报价、公允价值不能可靠计量的长期股权投资，应采用成本法核算。

二、长期股权投资的成本法

所谓成本法，就是长期股票投资以取得股权时的成本计价，除投资企业追加投资、收回投资等外，长期股票投资的账面价值一般保持不变。被投资单位宣告分派利润或现金股利，投资企业按应享有的份额确认为当期投资收益。

（一）长期股权投资取得的核算

企业取得长期股权投资时，应按照初始投资成本计价。除企业合并形成的长期股权投资以外，以支付现金取得的长期股权投资的初始投资成本包括购买价款以及与取得长期股权投资直接相关的费用、税金及其他必要支出。

此外，企业取得长期股权投资，实际支付的价款或对价中包含的已宣告但尚未发放的现金股利或利润，作为应收项目处理，不构成长期股权投资的成本。

企业以支付现金、非现金资产等其他方式取得的长期股权投资，应按照长期股权投资初始投资成本，借记“长期股权投资”账户，贷记“银行存款”等账户。如果实际支付的价款中包含有已宣告但尚未发放的现金股利或利润，借记“应收股利”账户，贷记“长期股权投资”账户。

【例 10-9】某旅游饮食服务公司 2011 年 5 月 10 日以银行存款购买华夏股份有限公司的股票 50 000 股作为长期投资，每股买入价为 12 元，每股价格中包含有 0.2 元的已宣告分派的现金股利，另支付相关税费 5 000 元。该公司应编制如下会计分录：

借：长期股权投资

（50 000 ×12 +5 000 -50 000 ×0.2）595 000

应收股利 10 000

贷：银行存款 605 000

2010 年 6 月 20 日，收到华夏股份有限公司分来的购买该股票时已宣告分派的股利 10 000 元。该旅游饮食服务公司应编制如下会计分录：

借：银行存款 20 000

贷：应收股利 20 000

（二）长期股权投资持有期间的核算

长期股权投资持有期间被投资单位宣告发放现金股利或利润时，企业按应享有的部分确认为投资收益，借记“应收股利”账户，贷记“投资收益”账户。属于被投资单位在取得本企业投资前实现净利润的分配额，应作为投资成本的收回，借记“应收股利”账户，贷记“长期股权投资”账户。

【例 10-10】承【例 10-9】2011 年 6 月 20 日该旅游饮食服务公司收到华夏股份有限公司宣告发放 2009 年度现金股利的通知，应分得现金股利20 000元。该企业应编制如下会计分录：

借：应收股利　　20 000
　　贷：投资收益　　20 000

（三）处置长期股权投资的核算

处置长期股权投资时，按实际取得的价款与长期股权投资账面价值的差额确认为投资损益，并应同时结转已计提的长期股权投资减值准备。其会计处理是：企业处置长期股权投资时，应按实际收到的金额，借记“银行存款”等账户，按原已计提的减值准备，借记“长期股权投资减值准备”账户，按该项长期股权投资的账面余额，贷记“长期股权投资”账户，按尚未领取的现金股利或利润，贷记“应收股利”账户，按其差额，贷记或借记“投资收益”账户。

【例10－11】承【例10－9】、【例10－10】该旅游饮食服务公司将其作为长期投资持有的华夏股份有限公司14 000股股票，以每股15元的价格卖出，支付相关税费5 000元，取得价款205 000元，款项已由银行收妥。该长期股权投资账面价值为166 600元，假定没有计提减值准备。该企业应编制如下会计分录：

借：银行存款　　205 000
　　贷：长期股权投资　　166 600
　　　　投资收益　　38 400

三、长期股权投资的权益法

权益法，是指长期股权投资按照实际成本入账后，根据被投资企业经营损益，按其持有被投资企业股份的比例以及股利的分配作出相应调整的方法。

通常情况下，企业持有的能够与其他合营方一同对被投资单位实施共同控制的对合营企业投资、企业持有的能够对被投资单位施加重大影响的对联营企业投资，应当采用权益法核算。权益法的基本内容如下：

（一）初始投资成本调整的核算

长期股权投资的初始投资成本以及按照持股比例对投资的后续计量，应与享有被投资单位可辨认净资产公允价值的份额相一致。其中，可辨认净资产的公允价值，是指被投资单位可辨认资产的公允价值减去负债及或有负债公允价值后的余额。

当长期股权投资的初始投资成本与投资时应享有被投资单位可辨认净资产公允价值份额不一致时，应根据其差额性质分别处理：长期股权投资的初始投资成本大于投资时应享有被投资单位可辨认净资产公允价值份额的，不调整已确认的初始投资成本；长期股权投资的初始投资成本小于投资时应享有被投资单位可辨认净资产公允价值份额的，应按其差额，借记“长期股权投资——成本”账户，贷记“营业外收入”账户。

【例 10－12】 2011 年 1 月 1 日，某旅游、餐饮企业以银行存款 8 500 000元取得联营企业甲公司 25% 的股权，能够对甲公司的财务和经营政策施加重大影响，采用权益法核算此项股权投资。购买日，甲公司所有者权益均为可辨认净资产，其账面价值为 30 000 000 元，公允价值为 40 000 000 元。根据上述资料，该旅游、餐饮企业编制会计分录如下：

（1）确认长期股权投资成本：

借：长期股权投资——成本　　8 500 000

　　贷：银行存款　　8 500 000

（2）同时，调整初始投资成本：

享有甲公司可辨认净资产公允价值份额＝40 000 000×25%

＝10 000 000（元）

调整增长期股权投资成本＝10 000 000－8 500 000＝1 500 000（元）

借：长期股权投资——成本（甲公司）　　1 500 000

　　贷：营业外收入　　1 500 000

（二）被投资单位实现净利润或发生亏损的核算

在权益法下，被投资单位当年实现的净利润或发生的净亏损均影响所有者权益变动，因此，长期股权投资的账面价值也需要作相应的调整。

属于被投资单位当年实现的净利润而影响的所有者权益的变动，应根据被投资单位实现的净利润或经调整的净利润计算应享有的份额，借记“长期股权投资——损益调整”账户，贷记“投资收益”账户。

属于被投资单位当年发生的净亏损而影响的所有者权益的变动，投资企业应当按照应享有或应分担的被投资单位实现的净利润的份额，借记“投资收益”账户，贷记“长期股权投资——损益调整”账户。

被投资单位发生亏损、分担亏损份额超过长期股权投资的账面价值，以其他实质上构成对被投资单位净投资的长期权益账面价值（如长期应收款）为限继续确认投资损失的，应借记“投资收益”账户，贷记“长期股权投资——损益调整”账户。

在权益法下，投资企业长期股权投资账面价值会随着被投资单位净资产的变动而变动。当被投资单位宣告分派利润或现金股利时，由于投资企业的长期股权投资已包含应享有被投资单位净资产的份额，而被投资单位分派利润或现金股利必然使净资产减少，因此，投资企业按持股比例计算的应分得的利润或现金股利，借记“应收股利”账户，贷记“长期股权投资——损益调整”账户。

企业收到被投资单位发放的股票股利，不进行账务处理，但应在备查簿中登记。

【例10－13】 2007年1月1日，某饭店股份有限公司以银行存款购入T公司股票100 000股，每股面值8元，市价9.20元。该旅游、餐饮企业的投资占T公司有表决权资本的35%，其投资成本与应享有T公司所有者权益份额相等，采用权益法核算长期股权投资。2007年T公司全年实现净利润800 000元，该年宣告未分派现金股利。2008年3月T公司宣告分派现金股利1 000 000元，2008年该公司全年发生巨额亏损4 000 000元，截至2007年末，该旅游、餐饮企业拥有T公司长期应收款450 000元，属于实质上构成对T公司净投资的长期权益。2009年T公司全年实现净利润380 000元。T公司确认上述净利润或净亏损额是以其可辨认净资产公允价值为基础确定的。该旅游、餐饮企业编制会计分录如下：

(1) 2007年1月1日投资时：

借：长期股权投资——成本　　　　920 000

　　贷：银行存款　　　　　　　　　　920 000

(2) 2007年12月31日确认投资收益：

借：长期股权投资——损益调整 280 000(800 000×35%)

　　贷：投资收益——股权投资收益　　　　280 000

(3) 2007年末“长期股权投资——损益调整”账户的账面余额

=920 000+280 000=1 200 000（元）

(4) 2008年T公司宣告分派股利：

借：应收股利——T公司　　350 000（1 000 000×35%）

　　贷：长期股权投资——损益调整　　　　350 000

宣告分派股利后“长期股权投资”账户的账面余额

=1 200 000－350 000=850 000（元）

(5) 2008年末相关会计处理：

应承担投资损失=4 000 000×35%=1 400 000（元）

以股权投资账面价值和长期权益为限确认投资损失=850 000+450 000

=1 300 000（元）

根据投资合同约定，S公司仍对未确认的巨额亏损100 000（1 400 000－1 300 000）元继续承担责任。S公司编制会计分录如下：

借：投资收益　1 400 000

　贷：长期股权投资——损益调整（T公司股票）　850 000

　　长期应收款——天龙公司　450 000

　　预计负债　100 000

3. 长期股权投资的出售与转让的核算

有时企业可能将长期持有的股权如股票等售出，以收回资金。处置长期股权投资时，按所收到的处置收入与长期股权投资账面价值的差额确认为当期投资损益。

按实际取得的价款，借记“银行存款”等账户（如果已提长期投资减值准备的，还应按已提的减值准备），借记“长期投资减值准备”账户，按该股票投资的账面余额，贷记“长期股权投资——股票投资”账户，按尚未领取的现金股利，贷记“应收股利”账户，按其差额，贷记或借记“投资收益”账户。

【例10－14】某旅游有限责任公司将投资于甲股份有限责任公司50 000股股票，以每股10元的价格卖出，支付相关税费6 500元，取得转让股票净额493 500元存入银行。该长期股权投资账面余额为485 000元，其中成本400 000元，损益调整85 000元。应编制如下会计分录：

借：银行存款　493 500

　贷：长期股权投资——成本　400 000

　　　　　　　　——损益调整　85 000

　　投资收益　8 500

第四节　投资性房地产的核算

一、投资性房地产的范围

投资性房地产，是指为赚取租金或资本增值，或两者兼有而持有的房地产。包括已出租的土地使用权、长期持有并准备增值后转让的土地使用权、企业拥有并已出租的建筑物。其中：

（一）已出租的建筑物和已出租的土地使用权

已出租的建筑物和已出租的土地使用权，是指从租赁期开始日以经营租赁方式出租的建筑物和土地使用权，包括自行建造或开发完成后用于出租的房地产。

（二）持有并准备增值后转让的土地使用权

持有并准备增值后转让的土地使用权，是指企业取得的、准备增值后转让的土地使用权。按照国家有关规定认定的闲置土地，不属于持有并准备增值的土地使用权。

需要说明的是，自用房地产（作为固定资产或无形资产）以及房地产开发企业在正常经营过程中销售（作为存货）的或为销售而正在开发的商品房和土地不属于投资性房地产。

二、投资性房地产的确认、计价

依据会计确认的基本内涵，某一项目能否作为投资性房地产在资产负债表中确认，首先该项目要符合投资性房地产的定义；同时，还必须满足以下两个条件：①该投资性房地产包含的经济利益很可能流入企业；②该投资性房地产的成本能够可靠计量。

企业投资性房地产可以外购，也可以自行建造。无论是以什么方式取得的投资性房地产，只有在形成房地产的同时开始对外出租（租赁期开始日起）或用于资本增值，才能称之为投资性房地产。

企业购入房地产，自用一段时间之后再改为出租或用于资本增值的，应当先将外购的房地产确认为固定资产或无形资产，自租赁期开始日或用于资本增值之日起，才能从固定资产或无形资产转换为投资性房地产。

企业外购投资性房地产时，应当按照取得时的实际成本进行初始计量。取得时的实际成本，包括购买价款、相关税费和可直接归属于该资产的其他支出。采用成本模式进行后续计量的，企业应当在购入投资性房地产时，借记“投资性房地产”科目，贷记“银行存款”等科目；采用公允价值模式进行后续计量的，企业应当在购入投资性房地产时，借记“投资性房地产——成本”科目，贷记“银行存款”等科目。

【例 10－15】 2011 年 3 月，甲旅游、餐饮企业计划购入一栋客房楼用于对外出租。3 月 15 日，甲旅游、餐饮企业与乙宾馆签订了经营租赁合同，约定自写字楼购买日起将这栋写字楼出租给乙宾馆，为期 5 年。4 月 5 日，甲旅游、餐饮企业实际购入写字楼，支付价款共计 12 000 000元（假设不考虑其他因素，甲旅游、餐饮企业采用成本模式进行后续计量）。甲旅游、餐饮企业的账务处理如下：

借：投资性房地产——客房楼　　12 000 000

　　贷：银行存款　　12 000 000

自行建造投资性房地产，其成本由建造该项资产达到预定可使用状态前发生的必要支出构成，包括土地开发费、建筑成本、安装成本、应予以资本化的借款费用、支付的其他费用和分摊的间接费用等。建造过程中发生的非正常性损失，直接计入当期损益，不计入建造成本。采用成本模式计量的，应按照确定的成本，借记“投资性房地产”科目，贷记“在建工程”或“开发成本”

【例 10－16】2011 年 1 月，甲旅游、餐饮企业从其他单位购入一块土地的使用权，并在这块土地上开始自行建造三栋客房。2011 年 10 月，甲旅游、餐饮企业预计厂房即将完工，与乙宾馆签订了经营租赁合同，将其中的一栋客房租赁给乙宾馆使用。租赁合同约定，该客房于完工（达到预定可使用状态）时开始起租。2011 年 11 月 1 日，三栋客房同时完工（达到预定可使用状态）。该块土地使用权的成本为 6 000 000 元；三栋客房的实际造价均为 10 000 000 元，能够单独出售。假设甲旅游、餐饮企业采用成本计量模式。

甲旅游、餐饮企业的账务处理如下：

土地使用权中的对应部分同时转换为投资性房地产

＝［6 000 000 ×（10 000 000 ÷ 30 000 000）］＝2 000 000（元）

借：投资性房地产——客房　　10 000 000

　　贷：在建工程　　10 000 000

借：投资性房地产——土地使用权　　2 000 000

　　贷：无形资产——土地使用权　　2 000 000

在资产负债日，投资性房地产有成本和公允价值两种计价模式。

采用成本模式进行后续计量的投资性房地产，应当按照《企业会计准则第 4 号——固定资产》或《企业会计准则第 6 号——无形资产》的有关规定，按期（月）计提折旧或摊销，借记“其他业务成本”等科目，贷记“投资性房地产累计折旧（摊销）”科目。取得的租金收入，借记“银行存款”等科目，贷记“其他业务收入”等科目。

投资性房地产存在减值迹象的，还应当适用资产减值的有关规定。经减值测试后确定发生减值的，应当计提减值准备，借记“资产减值损失”科目，贷记“投资性房地产减值准备”科目。如果已经计提减值准备的投资性房地产的价值又得以恢复，不得转回。

【例 10－17】甲旅行社将一栋办公楼出租给乙企业使用，已确认为投资性房地产，采用成本模式进行后续计量。假设这栋办公楼的成本为 18 000 000 元，按照直线法计提折旧，使用寿命为 20 年，预计净残值为零。按照经营租赁合同约定，乙企业每月支付甲旅行社租金 80 000 元。当年 12 月，这栋办公楼发生减值迹象，经减值测试，其可收回金额为 12 000 000 元，此时办公楼的账面价值为 15 000 000 元，以前未计提减值准备。

甲旅行社的账务处理如下：

（1）计提折旧：

每月计提的折旧 =1 800 ÷20 ÷12 =7.5（万元）

借：其他业务成本　　75 000

　　贷：投资性房地产累计折旧　　75 000

（2）确认租金：

借：银行存款（或其他应收款）　　80 000

　　贷：其他业务收入　　80 000

（3）计提减值准备：

借：资产减值损失　　3 000 000

　　贷：投资性房地产减值准备　　3 000 000

当企业存在确凿证据表明投资性房地产的公允价值能够持续可靠取得时，才可以采用公允价值模式对投资性房地产进行计价。

采用公允价值模式进行计价的投资性房地产，应当同时满足下列条件：①投资性房地产所在地有活跃的房地产交易市场；②企业能够从活跃的房地产交易市场上取得同类或类似房地产的市场价格及其他相关信息，从而对投资性房地产的公允价值作出合理的估计。

企业采用公允价值模式进行后续计量的，不对投资性房地产计提折旧或进行摊销，应当以资产负债表日投资性房地产的公允价值为基础调整其账面价值，公允价值与原账面价值之间的差额计入当期损益（公允价值变动损益）。投资性房地产取得的租金收入，确认为其他业务收入。其会计处理略。

第十一章 11

固定资产、无形资产和长期待摊费用的核算

固定资产、无形资产和长期待摊费用是企业资产负债表中的重要资产项目，其核算内容涉及确认、初始计量、折旧（摊销）、减值、处置等诸多方面。固定资产、无形资产代表着企业的获利能力，其核算正确与否，关系到资产负债表和利润表所反映信息的质量，进而影响到会计信息使用者做出恰当的决策。

第一节 固定资产的核算

一、固定资产概述

（一）固定资产的概念

一般来说，固定资产是指使用期限较长、单位价值较高、并且在使

用过程中保持原有实物形态的资产。如房屋、建筑物、机器、设备、设施、运输工具等。根据《企业会计准则第 4 号——固定资产》的规定：固定资产，是指同时具有下列两个特征的有形资产：①为生产商品、提供劳务、出租或经营管理而持有的；②使用寿命超过一个会计期间。其中，使用寿命是指企业使用固定资产的预计期间，或者该固定资产所能生产产品或提供劳务的数量。

固定资产是旅游、餐饮企业从事旅游服务、商品购销活动的必要条件，提供与固定资产相关的会计信息，有助于会计信息使用者分析企业资产结构、评价资产使用状况。

（二）固定资产的特征

从固定资产概念中，可见固定资产具有以下特征：①固定资产是有形资产。如房屋、建筑物、机器设备、运输工具、工具和器具等有形实物资产，不包括专利权、商标权的无形资产。②固定资产的使用期限超过一年或长于一年的一个经营周期。③持有固定资产的目的是用于经营而非销售。获取固定资产的目的是为了用于生产、提供商品或提供服务、出租给他人或行政管理，而不是出售。

（三）固定资产的分类

为了加强固定资产的管理，便于组织会计核算，有必要对固定资产进行科学、合理的分类。我国现行会计实务对固定资产是按其经济用途和使用情况进行综合分类的，主要包括：

1. 生产经营用固定资产。生产经营用固定资产，是指直接服务于企业生产、经营过程的各种固定资产。如生产经营用的房屋、建筑物类；机器设备类（供电系统设备、供热系统设备、中央空调设备、通信设备、监控设备、洗涤设备、维修设备、厨房用具设备、电梯、相片冲印设备等）；交通运输工具类（客车、中型客车、小轿车、行李车、货车）；家具设备；地毯（纯毛地毯、混织地毯、化纤地毯）；电器设备及影视设备类（闭路电视播放设备、音响设备、电视机、电冰箱（柜）、空调器、电子计算机系统设备、投影仪、数码摄像机、数码照相机、复印设备、针式、激光打印机、喷墨式打印机等）；文体娱乐设备类（高级乐器、游乐场设备、健身房设备）、其他设备（消防设备等）。

2. 非生产经营用固定资产。非生产经营用固定资产，是指不直接服务于生产、经营过程的各种固定资产，如职工的浴室、食堂等房屋、设备和其他固定资产等。

3. 租出固定资产。租出固定资产，是指企业采用租赁方式向其他单位出租的固定资产。

4. 不需用固定资产。不需用固定资产，是指企业不适用或是多余的、需要调配处理的固定资产。

5. 未使用固定资产。未使用固定资产，是指已经完工或是购入但是尚未正式使用的新增固定资产以及因改建、扩建等原因暂停使用的固定资产。

6. 土地。土地，是指已经估价单独入账的土地。因征地而支付的补偿费，应计入与土地有关房屋、建筑物的价值内，不单独作为土地价值入账。企业取得的土地使用权不作为固定资产管理。

7. 融资租入固定资产。融资租入固定资产，是指企业以融资租赁的方式从外单位租入的固定资产，企业对租入的固定资产仅享有使用权并且负有支付租金的义务。

二、固定资产取得的核算

为了核算固定资产增减变动及结存情况，企业应设置以下账户：

“固定资产”账户是核算固定资产的原值。该账户借方登记增加的固定资产原值，贷方登记减少的固定资产原值；借方余额为实有固定资产的原值。其明细账按固定资产的类别、使用部门和每项固定资产设置。

“累计折旧”账户是核算固定资产的累计折旧。它是“固定资产”账户的调整账户，该账户贷方登记增加的固定资产累计折旧额；借方登记固定资产因减少而注销的折旧额；贷方余额反映实有固定资产的累计折旧额。

（一）固定资产购置的核算

1. 购入不需要安装固定资产的核算。企业购入的固定资产，如果不需要经过比较复杂的安装、调试和试运行，就可以直接交付使用，或者安装比较简单，花费的成本也不多，按实际支付的买价和运输费、装卸费、保险费、包装费和税金等支出，计入固定资产价值，编制借记“固定资产”账户，贷记“银行存款”等账户的会计分录。

【例 11－1】2011 年 3 月 1 日，某宾馆购入一台不需要安装的健身房设备，发票价格为 25 000 元，增值税进项税额为 4 250 元，发生运杂费 1 250 元，款项以银行存款支付。该宾馆编制会计分录如下：

借：固定资产　　26 250
　　应交税费——应交增值税（进项税额）　　4 250
　　贷：银行存款　　30 500

2. 购入需要安装的固定资产的核算。企业购入固定资产，如果需要经过比较复杂的安装、调试和试运行才能交付使用，应按购入固定资产实际支付的买价、税金、包装费、运输费和安装费等支出计入在建工程成本，借记“在建工程”账户核算，贷记“银行存款”等账户，待安装完毕交付使用时，再由“在建工程”账户转入“固定资产”账户。

“在建工程”账户是核算企业为建造或修理固定资产而进行的各项建筑和安装工程。该账户的借方登记各项固定资产工程发生的实际支出，贷方登记经验收交付使用的固定资产的实际成本，借方余额反映未完工程的支出、尚未交付使用的已完工程的实际成本。其明细账按“自营工程”和“出包工程”设置。

【例 11-2】某饭店购入需要安装的全新厨房用具设备，用银行存款支付买价 100 000 元，包装运杂费 5 000 元，安装费 12 000 元，应付本企业安装人员工资 5 000 元。该项固定资产安装完工后交付使用。编制如下会计分录：

（1）支付买价、包装运杂费：

借：在建工程　　105 000
　　贷：银行存款　　105 000

（2）领用材料、结算应付职工薪酬：

借：在建工程　　17 000
　　贷：银行存款　　12 000
　　　　应付职工薪酬　　5 000

（3）安装完毕交付使用：

借：固定资产　　122 000
　　贷：在建工程　　122 000

2. 延期付款购买固定资产的核算。企业购买资产有可能延期支付有关价款。如果延期支付的购买价款超过正常信用条件，实质上具有融资性质的，所购资产的成本应当以延期支付购买价款的现值为基础确定。实际支付的价款与购买价款的现值之间的差额，应当在信用期间内采用实际利率法进行摊销，符合资本化条件的，计入相关资产成本，否则计入当期损益。其账务处理为：企业购入资产超过正常信用条件延期付款实质上具有融资性质时，应按购买价款的现值，借记“固定资产”、“在建工程”等账户，按应支付的价款总额，贷记“长期应付款”账户，按其差额，借记“未确认融资费用”账户。按期支付价款，借记“长期应付款”账户，贷记“银行存款”账户。

【例 11－3】2001 年 1 月 1 日，甲饭店股份有限责任公司与乙公司签订一项购货合同，甲饭店股份有限责任公司从乙公司购入一套中央空调设施。合同约定，甲公司采用分期付款方式支付价款。合同规定在未来的 3 年内，甲饭店股份有限责任公司于每年年末付款一次。2007 年支付 2 000 000 元，2008 年支付 1 500 000 元，2009 年支付 1 500 000 元，共需支付价款 5 000 000 元。

假定资本市场利率为 10%，无其他相关税费。其相关会计处理如下：

（1）计算房屋的入账成本：

中央空调的入账成本 =2 000 000 ÷（1 +10%）+1 500 000 ÷（1 +10%）^{2} +1 500 000 ÷（1 +10%）^{3} =4 184 823（元）

（2）编制"应付分期中央空调款计算表"：

为了方便登记会计分录，可先编制应付分期中央空调款计算表，如表 11－1 所示。

表 11－1　应付分期中央空调款计算表　金额单位：元

付款日期	还款额（贷：银行存款）	利息费用（借：财务费用）	还本额（借：长期应付账）	年初本金
	1	2 = 年初 4 × 10%	3 = 1 − 2	4
2001. 1. 1				4 184 823
2001. 12. 31	2 000 000	418 482	1 581 815	2 603 305
2002. 12. 31	1 500 000	260 331	1 239 669	1 363 636
2003. 12. 31	1 500 000	136 364	1 363 636	—
合计	5 000 000	815 177	4 184 823	—

根据表 11－1，编制会计分录如下：

（1）取得设备时：

借：固定资产——中央空调　4 184 823
　　未确认融资费用　815 177
　　贷：长期应付账　5 000 000

（2）第一年末付款 2 000 000 元，其中包含利息 418 482 元（4 184 823 ×10%）支付金额中属于设备成本部分为 1 581 815（2 000 000 − 418 482）元。

借：财务费用　418 482
　　贷：未确认融资费用　418 482
借：长期应付账　418 482
　　贷：银行存款　418 482

其他年份会计分录依此类推，最后一年“长期应付账”账户结平。

（二）自行建造固定资产的核算

有时，企业利用自己的技术力量、设备和人力，采用自建方式建造特殊质量要求的资产或者自建一些较外购低廉的资产。企业自行建造固定资产，按建造该项资产达到预定可使用状态前所发生的必要支出，作为入账价值。这里所讲的“建造该项资产达到预定可使用状态前所发生的必要支出”，包括工程用物资成本、人工成本、应予以资本化的固定资产借款费用、交纳的相关税金以及应分摊的其他间接费用等。

企业自行建造固定资产，可分为自营工程和发包工程两种方式，其核算一般通过“在建工程”账户进行。

自营工程包括工程物资、工程工资和完工结算三项核算内容。购进工程物资时，借记“工程物资”账户，贷记“银行存款”、“其他应付款”等账户；

企业自营的在建工程领用工程物资，借记“在建工程”账户，贷记“工程物资”等账户。上述事项涉及增值税的，应结转相应的增值税额。在建工程应负担的职工薪酬，借记“在建工程”账户，贷记“应付职工薪酬”账户；在建工程发生的借款费用满足借款费用准则资本化条件的，借记“在建工程——待摊支出”账户，贷记“长期借款”、“应付利息”等账户。

工程完工，计算并结转在建工程成本时，借记“固定资产”等账户，贷记“在建工程——××工程”账户。

在建工程完工已领出的剩余物资应办理退库手续，借记“工程物资”账户，贷记“在建工程——××工程”账户。

企业发包的在建工程，包括按合同预付工程款、完工补付工程款，以及结转工程成本三项核算内容。预付工程时，借记“预付账款”账户，贷记“银行存款”账户；按合理估计的发包工程的进度，借记“在建工程”账户，贷记“预付账款”、“银行存款”等账户；将设备交付承包企业进行安装时，借记“在建工程”账户，贷记“工程物资”账户；工程完工补付工程款时作与预付工程款相同的分录。

（三）租入固定资产的核算

租赁有两种形式：一种是经营租赁；另一种是融资租赁。融资租赁是指实质上转移了与资产所有权有关的全部风险和报酬的租赁。其所有权最终可能转移，也可能不转移。有关以融资租赁方式取得固定资产的会计处理，本书略。

如果一项租赁在实质上没有转移与租赁资产所有权有关的全部风险和报酬，那么该项租赁应认定为经营租赁。其会计处理较为简单，企业不需将租赁资产资本化，只需将支付或应付的租金按一定方法计入相关资产成本或当期损益。通常情况下，企业应当将经营租赁的租金在租赁期内各个期间，按照直线法计入相关资产成本或者当期损益。

【例 11－4】 2001 年 1 月 1 日，甲旅游有限责任公司从乙汽车租赁公司采用经营租赁方式租入一辆旅游客车。租赁合同规定：租赁期开始日为 2001 年 1 月 1 日，租赁期为 3 年，租金总额为 270 000 元，租赁开始日，甲旅游有限责任公司先预付租金 200 000 元，第 3 年末再支付租金 70 000 元；租赁期满，乙汽车租赁公司收回汽车。假定甲旅游有限责任公司在每年年末确认租金费用，不考虑其他相关税费。甲旅游有限责任公司的账务处理如下：

(1) 2001 年 1 月 1 日，预付租金：

借：预付账款——乙租赁公司　　200 000

　贷：银行存款　　200 000

(2) 2001 年 12 月 31 日，确认本年租金费用：

借：管理费用　　90 000

　贷：预付账款——乙租赁公司　　90 000

确认租金费用时，不能依据各期实际支付的租金的金额来确定，而应采用直线法分摊确认，此项租赁租金总额 270 000 元，按直线法计算，每年应分摊的租金费用为 90 000 元。

(3) 2002 年 12 月 31 日，确认本年租金费用：

借：管理费用　　90 000

　贷：预付账款——乙租赁公司　　90 000

(4) 2003 年 12 月 31 日，支付第 3 期租金并确认本年租金费用：

借：管理费用　　90 000

　贷：银行存款　　70 000

　　预付账款——乙租赁公司　　20 000

（四）固定资产盘盈的核算

旅游、餐饮企业每年至少在编制决算前对固定资产进行一次全面清查，以确定固定资产实有数以及固定资产的保管、使用、维修等情况。对于盘盈的固定资产，按以下规定确定其入账价值：①同类或类似固定资产存在活跃市场的，按同类或类似固定资产的市场价格，减去按该项资产的新旧程度估计的价值损耗后的余额，作为入账价值；②同类或类似固定资产不存在活跃市场的，按该项固定资产的预计未来现金流量现值，作为入账价值。企业应按上述规定确定的入账价值，借记“固定资产”账户，贷记“以前年度损益调整”账户。

【例11-5】某旅游、餐饮企业在财产清查过程中，发现一台未入账的设备，按同类或类似商品市场价格，减去按该项资产的新旧程度估计的价值损耗后的余额为60 000元（假定与其计税基础一致）。根据有关规定，该盘盈固定资产作为前期差错处理。假定旅游、餐饮企业适用的所得税税率为25%，按净利润的10%计提法定盈余公积。旅游、餐饮企业编制如下会计分录：

（1）盘盈固定资产时：

借：固定资产	60 000	
贷：以前年度损益调整		60 000

（2）确定应交纳的所得税时：

借：以前年度损益调整	15 000	
贷：应交税费——应交所得税		15 000

（3）结转为留存收益时：

借：以前年度损益调整	45 000	
贷：盈余公积——法定盈余公积		4 500
利润分配——未分配利润		40 500

三、固定资产折旧的核算

固定资产折旧是固定资产由于损耗而减少的价值。企业应对固定资产损耗价值在其收益期内以计提折旧的方式予以摊配，实现收支配比。企业分期计提折旧时，应考虑折固定资产折旧基数、预计使用寿命和预计净残值等因素。常用的固定资产折旧方法有平均年限法、双倍余额递减法和年数总和法。

（一）固定资产折旧的性质

我们知道，固定资产的特点是可以连续多次参加旅游饮食服务活动，并始终基本上保持其原来的实物形态；而其价值则会随着固定资产的损耗而逐渐减少。固定资产在使用过程中由于逐渐损耗而转移的价值称为折旧。引起固定资产折旧的原因可归结为两个方面：一是固定资产的有形损耗；二是固定资产的无形损耗。有形损耗是指固定资产由于使用和自然力的影响而引起的使用价值和价值的损失；无形损耗是指固定资产由于科学技术进步而引起的在价值上的损失。根据配比原则，对固定资产损耗应在固定资产的预计有效使用期内，以计提折旧的方式计入成本费用，从各期营业收入中逐步得到补偿。可见，折旧核算的目的就是将固定资产成本在其预计使用年限内系统、合理地进行分配，实现当期收入与其相关费用的合理配比。

（二）计提固定资产折旧的范围

计算折旧要明确哪些固定资产应当提取折旧，哪些固定资产不计提折旧。根据有关规定，应计提折旧的固定资产包括：房屋和建筑物、机器设备、仪器仪表、运输车辆、工具器具；季节性停用和修理停用的设备；以经营租赁方式租出的固定资产；以融资租赁方式租入的固定资产。不提折旧的固定资产包括：已提足折旧继续使用的固定资产、未提足折旧提前报废的固定资产、经营租赁方式租入的固定资产、破产、关停企业的固定资产；按规定单独估价作为固定资产入账的土地。

企业一般应根据月初应计提折旧固定资产账面原值和月折旧率，按月计提折旧。当月增加的固定资产，当月不计提折旧；当月减少的固定资产，当月照提折旧。

（三）固定资产折旧的因素

影响固定资产折旧的因素主要有以下四个：①固定资产折旧基数。固定资产折旧基数一般为固定资产的取得成本（原始价值），是指为取得某项固定资产而发生的一切必要支出（或资本性支出）。必要时，也可以重置成本作为固定资产的折旧基数。②固定资产使用寿命。固定资产的使用寿命，是指企业使用固定资产的预计期间，或者该固定资产所能生产产品或提供劳务的数量。企业确定固定资产使用寿命时，应当考虑该项资产预计生产能力或实物产量、该项资产预计有形损耗和无形损耗、固定资产使用中修理、维护措施以及法律或者类似规定对该项资产使用的限制等因素。③固定资产减值准备。固定资产减值准备，是指固定资产已计提的固定资产减值准备累计金额。④固定资产预计净残值。多数固定资产在其服务有效期末都有一些回收价值，在其搬移、出售或报废时也可能发生一些处置费用。预计净残值，是指假定固定资产预计使用寿命已满并处于使用寿命终了时的预期状态，目前从该项资产处置中获得的扣除预计处置费用后的金额。

（四）固定资产折旧的方法

1. 平均年限法。平均年限法也称直线法，是指将固定资产的应计折旧额按均等的数额在其预计使用期内分配于每一会计期间的一种方法。

平均年限法建立在固定资产服务潜力随时间的延续而减退，与其使用程度无关的假设上。因此，固定资产的折旧费可以均衡地摊配于其使用年限内的各个期间。平均年限法是目前会计实务中应用最为广泛的折旧计算方法。采用平均年限法固定资产年折旧额计算公式为：

$$\text{固定资产年折旧额}=\frac{\text{固定资产原值}-\text{预计净残值}}{\text{固定资产预计使用年限}}$$

固定资产月折旧额 = 固定资产年折旧额 ÷ 12。

在实际工作中，为了反映固定资产在一定时期内的损耗程度并简化核算，各期折旧额一般根据固定资产原值乘以该期折旧率计算确定。固定资产折旧率是指一定时期内固定资产折旧额与固定资产原值的比率，其计算公式为：

$$\text{固定资产年折旧率}=\text{固定资产年折旧额}\div\text{固定资产原值}$$

$$=\frac{[\text{固定资产原值}\times(1-\text{预计净残值率})]}{\text{固定资产预计使用年限}\times\text{固定资产原值}}\times 100\%$$

$$=\frac{1-\text{预计净残值率}}{\text{固定资产预计使用年限}}\times 100\%$$

月折旧率 = 年折旧率 ÷ 12

月折旧额 = 固定资产原值 × 月折旧率

【例 11－6】 某旅游、餐饮企业某项行政管理设备的原值 20 000 元，预计使用年限为 10 年，预计残值收入 1 000 元，预计清理费用为 500 元，则：

$$\text{固定资产年折旧额}=\frac{20\,000-(1\,000-500)}{10}$$

$$=1\,950\ (\text{元})$$

固定资产月折旧率 = 1 950 ÷ 20 000 ÷ 12 × 100% = 0.8125%

固定资产月折旧额 = 20 000 × 0.8125% = 162.5（元）

平均年限法的优点是直观、计算简单，并且是以固定资产的使用时间为计算折旧的基础，所以能够较好地反映无形损耗对固定资产的影响。

2. 工作量法。工作量法是按照固定资产实际完成的工作总量计算折旧的一种方法。采用这种方法，每期计提的折旧随当期固定资产提供工作量的多少而变动，提供的工作量多，就多提折旧，反之，则少提折旧，而每一工作量所负担的折旧费是相同不变的。这里所讲的工作量可以是车辆行驶的里程数、也可以是机器完成的工作时数或生产产品的产量数。

采用工作量法计提折旧，应先以固定资产在使用年限内预计总工作量（如总工作时数或总产量）去除应计折旧总额，算出每一工作量应分摊的折旧，然后乘以当期的实际工作量，求出该期应计提的折旧额。其计算公式为：

$$\text{单位折旧额}=\frac{\text{固定资产原值}\times(1-\text{预计净残值率})}{\text{预计总工作量（总里程、总工时、总产量）}}$$

当期折旧额 = 当期工作量 × 单位折旧额

【例 11 -7】某旅游、餐饮企业一辆汽车原价为 600 000 元，预计可行驶 300 000 公里，其报废时的残值率为 5%。2010 年 10 月份，该汽车行驶 36 000 公里。10 月份该汽车的折旧额计算如下：

单位里程折旧额 = ［600 000 × （1 -5%）］ ÷600 000 =0.95（公里）

本月折旧额 =36 000 ×0.95 =34 200（元）

工作量法的优点是：简单明了、容易计算，且计提的折旧额与固定资产的使用程度相联系，既充分考虑了固定资产有形损耗因素的影响，也符合配比原则。工作量法主要适用于车辆、船舶等运输工具，以及大型精密设备的折旧计算。

3. 加速折旧法。加速折旧法，是指将应计折旧额按前期多提后期少提的原则，分摊于各受益期间，从而使各期应负担的折旧费用逐期减少的方法。加速折旧的计提方法有多种，常用的方法有年数总和法和双倍余额递减法。

（1）年数总和法。年数总和法是指将固定资产的原值减净残值的余额乘以一个逐年递减的分数计算每年折旧额的一种法。这一分数即为年折旧率，其分子代表固定资产在各会计期期初尚可使用的年限，分母代表固定资产使用年数逐年相加的总和。由于分母不变，分子每年递减，依此计算的每年折旧费也呈递减趋势。计算公式为：

某年折旧率 = 尚可使用的年数 ÷ 预计使用年数总和

或者：

$$\text{某年折旧率}=\frac{\text{预计使用年限}-\text{已使用年限}}{\text{预计使用年限}\times(\text{预计使用年限}+1)\div 2}\times 100\%$$

月折旧率 = 年折旧率 ÷12

某月折旧额 = （固定资产原值 - 净残值） ×该月折旧率

【例 11 -8】某旅游、餐饮企业一项固定资产原值为 25 000 元，预计使用年限为 5 年，净残值率为 4%。采用年数总和法计算的各年折旧额如表 11 -2 所示。

表 11－2　　折旧计算表

（年数总和法）　　金额单位：元

年份	尚可使用年限	原值－净残值	年折旧率	年折旧额	累计折旧
1	5	24 000	5/15	8 000	8 000
2	4	24 000	4/15	6 400	14 400
3	3	24 000	3/15	4 800	19 200
4	2	24 000	2/15	3 200	22 400
5	1	24 000	1/15	1 600	24 000

（2）双倍余额递减法。双倍余额递减法是按双倍直线折旧率计算固定资产折旧的方法。计算折旧时，是以固定资产每期期初账面折余价值乘以双倍直线折旧率计算确定各期的折旧。采用双倍余额递减法确定折旧率时，一般不考虑固定资产净残值，其计算公式为：

$$\text{固定资产年折旧额}=\text{期初固定资产账面折余价值}\times\text{双倍直线年折旧率}$$

其中：

双倍直线年折旧率＝（2÷预计固定资产使用年限）×100%

应该注意：实行双倍余额递减法的固定资产，在其固定资产折旧年限到期前两年内，将固定资产净值扣除预计净残值后的净额平均摊销。

【例 11－9】某旅游、餐饮企业一项管理用固定资产的原值为 35 000元，预计净残值率为其原值的 5%，使用年限为五年。采用双倍余额递减法计算折旧。各年折旧额计算如表 11－3 所示。

双倍直线年折旧率＝（2÷5）×100%＝40%

预计净残值＝35 000×5%＝1 750（元）

表 11－3　　折旧计算表

（双倍余额递减法）　　金额单位：元

使用年次	折旧计算	当年折旧	累计折旧	固定资产净值
0				35 000
1	35 000×40%	14 000	14 000	21 000
2	21 000×40%	8 400	22 400	12 600
3	12 600×40%	5 040	27 440	7 560
4	（7 560－35 000×5%）÷2	2 905	30 345	4 655
5	（7 560－35 000×5%）÷2	2 905	33 250	1 750

（五）折旧的账务处理

旅游、餐饮企业应当按月计提固定资产折旧，计提的折旧计入“累计折旧”账户，并根据固定资产的用途计入相关资产成本或当期损益。企业自行建造固定资产过程使用的固定资产，其计提的折旧应计入在建工程成本；行政管理部门使用固定资产，其折旧应计入管理费用；营业部门使用固定资产，其折旧应计入销售费用；经营租出固定资产，其折旧应计入其他业务成本。企业按月计提固定资产折旧，借记“销售费用”、“管理费用”、“其他业务成本”等账户，贷记“累计折旧”账户。

为了简化核算之考虑，旅游、餐饮企业固定资产的折旧费可直接计入管理费用，不再分营业部门或管理部门折旧费。

【例 11－10】承【例 11－6】该企业按月计提折旧时，应编制如下计提折旧的会计分录：

借：管理费用　　162.5

　　贷：累计折旧　　162.5

四、固定资产后续支出的核算

固定资产投入使用后，企业为了适应新技术发展的需要，或者为维护或提高固定资产的使用效能，往往需要对现有固定资产进行维护、改建、扩建或者改良。通常将固定资产投入使用后再发生的支出，称为固定资产的后续支出。

固定资产的后续支出，满足固定资产确认条件的，应当计入固定资产成本，如有被替换的部分，应同时将被替换部分的账面价值从该固定资产原账面价值中扣除；不满足固定资产确认条件的固定资产修理费用等，应当在发生时计入当期损益。

在对固定资产发生可资本化的后续支出后，企业应将该固定资产的原价、已计提的累计折旧和减值准备转销，将固定资产的账面价值转入在建工程。固定资产发生的可资本化的后续支出，通过“在建工程”账户核算。在固定资产发生的后续支出完工并达到预定可使用状态时，应在后续支出资本化后的固定资产账面价值不超过其可收回金额的范围内，从“在建工程”账户转入“固定资产”账户。

【例 11－11】某饭店决定将其前厅的旧式电梯更换为一部新型电梯以方便顾客。旧电梯成本为 160 000 元，未单独确认为固定资产。2011

年1月，开始改良工程，该饭店支付新电梯购买价款256 000元（含增值税），另以银行存款支付安装费用248 00元。旧电梯回收价格为80 000元，款项尚未收到。营业厅原始成本为1 440 000元，截止改良工程开始时，已累计折旧335 200元。该饭店改良工程会计处理方法如下：

（1）购入电梯：

借：工程物资	256 000	
贷：银行存款		256 000

（2）将营业厅的账面价值转入在建工程：

借：在建工程	1 104 800	
累计折旧	335 200	
贷：固定资产		1 440 000

（3）转销旧电梯的账面价值：

旧电梯的账面价值 = 160 000 − 160 000 ÷ 1 440 000 × 335 200
= 160 000 − 37 244 = 122 756（元）

借：其他应收款	80 000	
营业外支出	42 756	
贷：在建工程		122 756

（4）安装新电梯：

借：在建工程	280 800	
贷：工程物资		256 000
银行存款		24 800

（5）电梯投入使用：

借：固定资产	1 262 844	
贷：在建工程		1 262 844

企业发生的、不满足固定资产确认条件的固定资产的后续支出，一般直接计入管理费用。

五、固定资产减值与处置的核算

（一）固定资产减值的核算

固定资产减值，是指由于损坏、技术陈旧或其他经济原因而引起的固定资产可收回金额低于其账面价值。这里的可收回金额，是指固定资产的公允价值减去处置费用后的净额与固定资产预计未来现金流量的现值两者之间的较高者；固定资产的公允价值，是指在公平交易中，熟悉情况的交易双方自愿进行资产交换或者债务清偿的金额；处置费用包括与固定资产处置有关的法律费用、相关税金、搬运费以及为使固定资产达到可销售状态所发生的直接费用等。

对于已经发生的固定资产减值如果不予以确认，必然导致虚夸固定资产的价值，会引起企业虚盈实亏，这既不符合真实性的原则，也有悖于稳健原则。因此，对那些已经没有经济价值、不能给公司带来经济利益的固定资产，必须计提固定资产减值准备。

【例 11－12】 2005 年 12 月 31 日，某饭店购入一套电子计算机系统，原值 100 000 元，预计预计净残值为 4 000 元，预计使用年限为 5 年，采用年限平均法计提折旧。2008 年 12 月 31 日，该计算机系统发生减值，公允价值减去处置费用后的金额为 35 000 元，未来现金流量的现值为 40 000 元。计提减值准备后，该计算机系统的剩余使用年限不变，预计净残值为 1 000 元。

(1) 2008 年 12 月 31 日，该计算机系统累计折旧：

年折旧额 =（100 000 − 4 000）÷5 = 19 200（元）

累计折旧 = 19 200 × 3 = 57 600（元）

(2) 2008 年 12 月 31 日该计算机系统净值：

机器设备净值 = 100 000 − 57 600 = 42 400（元）

(3) 2008 年 12 月 31 日提减值准备：

可收回金额为公允价值减去处置费用后的金额与未来现金流量的现值两等中较高者，即 40 000 元。

机器设备减值损失 = 42 400 − 40 000 = 2 400（元）

借：资产减值损失　　　　2 400

　贷：固定资产减值准备　　　　2 400

(4) 2009 年 1 月起计算机系统月折旧额为 9 750［(40 000 − 1 000) ÷ 2 × 12］元

借：管理费用　　　　9 750

　贷：累计折旧　　　　9 750

（二）固定资产处置的核算

固定资产的处置通常包括出售、转让、报废和毁损，以及对外投资、非货币性资产交换、债务重组等。企业出售、转让、报废固定资产或发生固定资产毁损，应当将处置收入扣除账面价值和相关税费后的金额计入当期损益。

固定资产处置一般通过“固定资产清理”科目进行核算。

“固定资产清理”账户核算企业因出售、报废、毁损、对外投资、非货币性资产交换、债务重组等原因转出的固定资产价值以及在清理过程中发生的费用等。该账户借方反映转入清理的固定资产的净值和发生的清理费用，贷方反映清理固定资产的变价收入和应由保险公司或过失人承担的损失等。处置净损益由“固定资产清理”账户的贷（借）方转入营业外收支。“固定资产清理”账户期末借方余额，反映企业尚未处置完毕的固定资产清理净损失。

1. 固定资产出售的核算。旅游、餐饮企业出售固定资产一般按以下步骤进行：

（1）固定资产转入清理。旅游、餐饮企业因出售、报废、毁损、对外投资、非货币性资产交换、债务重组等转出的固定资产，按该项固定资产的账面价值，借记“固定资产清理”账户，按已计提的累计折旧，借记“累计折旧”账户，按已计提的减值准备，借记“固定资产减值准备”账户，按其账面原价，贷记“固定资产”账户。②清理费用的确认。固定资产清理过程中应支付的相关税费及其他费用，借记“固定资产清理”账户，贷记“银行存款”等账户。③收回出售固定资产的价款，借记“银行存款”等账户，贷记“固定资产清理”、“应交税费”等账户。④出售净损益的处理。固定资产清理完成，属于生产经营期间正常的处理损失，借记“营业外支出——处置非流动资产损失”账户，贷记“固定资产清理”账户，如为贷方余额，借记“固定资产清理”账户，贷记“营业外收入”账户。

【例 11－13】某饭店出售厨房设备，其原值为 10 000 元，预计净残值为 400 元，预计使用年限为 10 年，采用年限平均法计提折旧。该项固定资产 2006 年 12 月 31 日投入使用，2010 年 12 月 31 日停止使用并出售，取得出售价款 6 500 元，增税税款 1 105 元。根据以上资料，编制会计分录如下：

①计算该项固定资产出售时的累计折旧及净值：

年折旧额 =（10 000－400）÷10 = 960（元）

累计折旧 = 960 × 4 = 3 840（元）

账面价值 = 10 000－3 840 = 6 160（元）

借：固定资产清理	6 160	
累计折旧	3 840	
贷：固定资产		10 000

②收取出售价款：

借：银行存款	7 605	
贷：固定资产清理		6 500
应交税费——应交增值税（销项税额）		1 105

③结转净损益：

净收益 = 6 500 - 6 160 = 340（元）

借：固定资产清理　　340

　　贷：营业外收入　　340

2. 固定资产报废的核算。固定资产报废是指固定资产由于使用而不断磨损直至最终报废，或由于技术进步等原因发生的提前报废，或由于遭受自然灾害等非常损失发生毁损等。固定资产的报废有的属于正常报废，有的属于非正常报废。使用磨损和因技术进步而发生的固定资产提前报废，属于正常报废；由于自然灾害和责任事故所致固定资产的报废，则属于非正常报废。无论是何种原因引起的固定资产报废，其报废净损益，应计入营业外收支。

固定资产报废的核算，与固定资产出售的核算基本相同，只是无需缴纳税费，此外，还可能取得残料变价收入以及保险公司或责任人的赔款。企业确认赔款时，应借记“其他应收款”账户，贷记“固定资产清理”账户。

【例 11 - 14】 2011 年 11 月 20 日，某旅游、餐饮企业一项固定资产提前报废，固定资产原值 54 000 元，预计净残值率为 5%，规定折旧年限为 10 年，已经使用 7 年零 6 个月，以银行存款支付清理费用 300 元，应收赔款 2 000 元。有关会计分录如下：

①计算固定资产已提折旧额：

累计折旧 = ［54 000 × (1 - 5%) ÷ 10］× 7.5 = 38 475（元）

②结转固定资产净值：

借：固定资产清理　　15 525

　　累计折旧　　38 475

　　贷：固定资产　　54 000

③支付固定资产清理费：

借：固定资产清理　　300

　　贷：银行存款　　300

④应收赔款：

借：其他应收款　　2 000

　　贷：固定资产清理　　2 000

⑤结转固定资产清理损益：

借：营业外支出　　13 825

　　贷：固定资产清理　　13 825

第二节 无形资产的核算

一、无形资产的概念及特征

无形资产，是指企业拥有或者控制的没有实物形态的可辨认非货币性资产，如专利权、商标权、土地使用权、非专利技术等。

资产在符合下列条件时，满足无形资产定义中的可辨认性标准：①能够从企业中分离或者划分出来，并能单独或者与相关合同、资产或负债一起，用于出售、转移、授予许可、租赁或者交换；②源自合同性权利或其他法定权利，无论这些权利是否可以从企业或其他权利和义务中转移或者分离。

尽管无形资产不存在物资实体，但它们表明企业拥有一种特殊的权利。这种权利有助于企业取得高于一般水平的赢利能力，在较长时期内为企业提供经济利益。与其他资产相比，无形资产具有以下特征：

（1）无形资产是一种没有实物形态的资产。

（2）无形资产属于非货币性长期资产。

（3）无形资产所能提供的未来经济效益具有很大的不确定性。

（4）企业持有无形资产的目的是用于生产商品或提供劳务、出租给他人，或为了行政管理，而不是为了对外销售。脱离了生产经营活动，无形资产就失去其经济价值。

二、无形资产的内容

（一）专利权

专利权，是指国家专利注册机构授予专利申请人在法定期限内对其发明创造成果所享有的专有权利，包括独家制造、出售其专利产品或转让其专利等权利。一般来说，专利权使持有者获得别人不享有的权利，这种权利也为企业带来未来的经济利益，所以将专利权作为无形资产确认。

（二）非专利技术

非专利技术，是指先进的、未公开的、未申请专利、可以带来经济效益的技术及诀窍。主要内容包括，工业专有技术、商业专有技术和管理专有技术。其中，工业专有技术，指在生产上已经采用，仅限于少数人知道，不享有专利权或发明权的生产、装配、修理、工艺或加工方法的技术知识；商业（贸易）专有技术，指具有保密性质的市场情报、原材料价格情报以及用户、竞争对象的情况的有关知识；管理专有技术，即生产组织的经营方式、管理方法、培训职工方法等保密知识。非专利技术并不是专利法的保护对象，专有技术所有人依靠自我保密的方式来维持其独占权，可以用于转让和投资。

（三）商标权

商标权，是指专门在某类指定的商品或产品上使用特定的名称或图案的权利。商标是用来辨认特定商品或劳务的标记。在日益激烈的市场竞争中，商标已成为重要的购物向导，名牌商标产品也使享有人获得了较高的经济利益。当企业具有信誉卓著的商标权产品或商品时，它往往能赢得大量的顾客，与没有商标的产品或商标不著名的产品相比，该产品或商品就会以较高的价格出售。

（四）版权

版权亦称著作权，是政府版权管理部门，依法授予制作者对其创作的文学、科学和艺术作品在规定有效期内发表、制作、出版和发行的专有权利。著作权包括两方面的权利，即精神权利（人身权利）和经济权利（财产权利）。前者指作品署名、发表作品、确认作者身份、保护作品的完整性、修改已经发表的作品等各项权利，包括发表权、署名权、修改权和保护作品完整权；后者指以出版、表演、广播、展览、录制唱片、摄制影片等方式使用作品以及因授权他人使用作品而获得经济利益的权利。

（五）特许权

特许权亦称特许经营权，一般是指企业之间通过协议或由政府给予企业经营某种事业或销售某种特定商品的专有权利。会计上的特许权，是指企业间依照签订的合同，有限期或无限期使用另一家企业的某些权利，如连锁店的分店使用总店的名称等。只有支付了费用而取得的特许权才能作为无形资产入账。

（六）土地使用权

土地使用权，是指国家准许企业在规定期间内对国有土地享有开发、利用和经营的权利。土地使用权可以来自政府无偿划拨，也可以来自政府有偿出让或其他单位有偿转让。作为无形资产核算的土地使用权有以下两种情况：一是企业根据规定，向政府土地管理部门申请土地使用权，支付的土地出让金，作为无形资产计价入账；二是企业原先由行政划拨获得的土地使用权，未入账核算，在将土地使用权有偿转让、出租、抵押、作价入股和投资时，应按规定将补交的土地出让价款作为无形资产计价入账。

三、无形资产外购的核算

企业外购无形资产的成本，包括购买价款、进口关税和其他税费以及直接归属于使该项资产达到预定用途所发生的其他支出，如使无形资产达到预定用途所发生的专业服务费用、测试无形资产是否能够正常发挥作用的费用等，但不包括为引入新产品进行宣传发生的广告费、管理费用及其他间接费用，也不包括在无形资产已经达到预定用途以后发生的费用。无形资产达到预定用途后所发生的支出，不构成无形资产的成本。

企业单独购入无形资产，应按照取得时的实际成本计价入账，借记“无形资产”账户，贷记“银行存款”、“应付账款”等账户。

【例 11－15】2010 年 1 月 5 日，某旅游、餐饮企业购入专利权一项 150 000 元，另付手续费 3 200 元。价款及手续费以银行存款支付。该企业编制如下会计分录：

借：无形资产——专利权　　　　153 200

　　贷：银行存款　　　　　　　　153 200

四、土地使用权取得的核算

企业取得的土地使用权，通常应当按照取得时所支付的价款及相关税费确认为无形资产。有时，企业外购的房屋建筑物，实际支付的价款中包括土地以及建筑物的价值，则应当对支付的价款按照合理的方法（例如，公允价值比例）在土地和地上建筑物之间进行分配；如果确实无法在地上建筑物与土地使用权之间进行合理分配的，应当全部作为固定资产，按照固定资产确认和计量的规定进行处理。

企业改变土地使用权的用途，将其用于出租或增值目的时，应将其转为投资性房地产。

【例 11－16】 2011 年 1 月 5 日，某饭店购入一块土地的使用权，以银行存款转账支付 36 000 000 元，并在该土地上采取出包方式建造客房大楼，支付工程款 72 000 000 元。该工程已经完工并达到预定可使用状态。假定土地使用权的使用年限为 50 年，该客房的使用年限为 30 年，土地使用权和客房均没有净残值，并采用直线法进行摊销和计提折旧。该饭店编制会计分录如下：

（1）支付转让价款：

借：无形资产——土地使用权　　36 000 000
　　贷：银行存款　　36 000 000

（2）在土地上自行建造客房：

借：在建工程　　72 000 000
　　贷：银行存款　　72 000 000

（3）客房达到预定可使用状态：

借：固定资产　　50 000 000
　　贷：在建工程　　50 000 000

（4）每月计提客房折旧、摊销土地使用权价值：

每月计提客房折旧 = 72 000 000 ÷ 30 × 12 = 200 000（元）

每月摊销土地使用权价值 = 36 000 000 ÷ 50 × 12 = 60 000（元）

借：管理费用　　2 600 000
　　贷：累计摊销　　600 000
　　　　累计折旧　　2 000 000

五、无形资产摊销的核算

无形资产摊销是指将无形资产成本在其有效期限内所进行的系统、合理的摊配。

由于无形资产有使用寿命有限和使用寿命不确定之分，其摊销方式也不相同。对于使用寿命有限的无形资产的成本应当在其有效期限内系统合理摊销。而使用寿命不确定的无形资产不予以摊销。无形资产摊销方法可以有多种，如直线法、加速摊销法或其他方法。无法可靠确定消耗方式的，应当采用直线法摊销。

无论采用何种摊销方法，摊销时首先应确定无形资产的应摊销金额。无形资产的应摊销金额不是最初取得时的入账价值，而是其入账价值扣除残值后的金额，已经计提无形资产减值准备的，还应扣除已经提取的减值准备金额。其计算方法是：

$$\frac{\text{无形资产}}{\text{应摊销金额}}=\frac{\text{无形资产}}{\text{入账价值}}-\text{残值}-\frac{\text{无形资产}}{\text{减值准备}}$$

需要说明的是，除以下任一情况外，使用寿命有限的无形资产，其残值应当视为零：①有第三方承诺在无形资产使用寿命结束时购买该无形资产；②可以根据活跃市场得到残值信息，并且该市场在无形资产使用寿命结束时很可能存在。

企业应设置“累计摊销”账户核算其累计摊销。该账户是“无形资产”账户的调整账户，其贷方登记增加的无形资产累计摊销额；借方登记无形资产因减少而注销的摊销额；期末贷方余额反映无形资产的累计摊销额。其明细账可按无形资产项目设置。

企业行政管理用无形资产的摊销额应当计入当期管理费用；出租的无形资产摊销价值应当计入其他业务成本。企业按期计提无形资产摊销时，借记“管理费用”、“其他业务成本”等账户，贷记“累计摊销”账户。

【例 11－17】 2011 年 1 月，某旅游、餐饮企业无形资产情况如下：专利权入账价值 200 000 元，摊销期 8 年；土地使用权入账价值300 000 元，摊销期 20 年。本年无形资产摊销额计算过程如下：

专利权年摊销额＝200 000 ÷ 8＝25 000（元）

土地使用权年摊销额＝300 000 ÷ 20＝15 000（元）

根据计算结果，编制无形资产摊销额计算表如表 11－3 所示。

表 11－3　无形资产的摊销额计算表　　单位：元

项　目	应借账户		金　额
	总账账户	明细账户	
专利权	管理费用	无形资产摊销	25 000
土地使用费	管理费用	无形资产摊销	15 000

根据表 11－3 编制如下会计分录：

借：管理费用——无形资产摊销　　40 000

　　贷：累计摊销　　40 000

对于使用寿命不确定的无形资产，在持有期间内不需要进行摊销，但应当在每个会计期间进行减值测试。其减值测试的方法按照判断资产减值的原则进行处理。

六、无形资产的减值、处置和报废的核算

（一）无形资产减值的核算

由于无形资产所带来的收益具有很大的不确定性，为了更好地体现谨慎性原则的要求，每年年末，企业应对无形资产的账面价值进行检查。如果出现减值迹象，应对无形资产的可收回金额进行估计。如果无形资产预计可收回金额低于其账面价值的，应当计提减值准备。

所谓无形资产的可收回金额，是指下列两者中的较高者：①无形资产的公允价值减去处置费用后的净额；②无形资产预计未来现金流量的现值。

无形资产可收回金额的计量结果表明，资产的可收回金额低于其账面价值的，应当将资产的账面价值减记至可收回金额，其差额为资产减值损失，也是本期期末无形资产减值准备的余额。但并非是本期应确认的资产减值损失和应该计提的无形资产减值准备。

本期无形资产减值准备计量方法如下：

无形资产减值准备 =（无形资产账面价值 - 无形资产可收回金额）- 无形资产减值准备期初余额

企业已确认的无形资产减值，应在“资产减值损失”和“无形资产减值准备”账户中反映。无形资产减值损失确认后，扣除减值的无形资产账面价值应在未来剩余使用寿命内，系统地予以分摊。无形资产减值损失一经确认，在以后会计期间不得转回。

【例 11 - 18】 2010 年 1 月 1 日，某旅游、餐饮企业购入一项用专利权，实际支付价款 2 000 000 元，预计使用年限为 10 年。2010 年 12 月 31 日，该项专利权发生减值，其公允价值减去处置费用后的净额为 1 440 000元，预计未来现金流量的现值为 1 400 000 元。根据以上资料，编制会计分录如下：

（1）计算专利权在计提减值准备前的账面余额：

账面余额 = 2 000 000 - 2 000 000 ÷ 10 = 1 800 000（元）

（2）计提专利权的减值准备：

无形资产减值准备 = 1 800 000 - 1 440 000 - 0 = 360 000（元）

借：资产减值损失	360 000	
贷：无形资产减值准备		360 000

（3）计算剩余使用年限内专利权的年摊销额：

剩余使用年限内每年摊销额 = 1 440 000 ÷ 9 = 160 000（元）

借：制造费用——无形资产摊销　　160 000

　　贷：累计摊销　　160 000

假定 2009 年 12 月 31 日该项专利权公允价值减去处置费用后的净额为 1 700 000 元，其他资料不变，那么该项专利权的账面价值仍为 1 280 000元，2009 年提取的减值损失不得转回。

对于使用寿命不确定的无形资产应当在每个会计期间进行减值测试。如经减值测试表明已发生减值，则需要计提相应的减值准备，其相关的账务处理为：借记“资产减值损失”账户，贷记“无形资产减值准备”账户。

（二）无形资产转让的核算

企业在生产过程中，既可依法转让无形资产的所有权，即出售无形资产，也可只转让无形资产的使用权。前者表现为在转让之后，企业不再对转让的无形资产拥有占有、使用、收益、处置的权利；后者则表现为企业仅将无形资产的部分使用权让渡给其他企业，而企业仍然保留着对原有无形资产的各项权利。

无形资产转让方式不同，其会计处理也不同。企业转让无形资产的所有权时，应按照转让收入增加银行存款的同时，分别注销无形资产减值准备和无形资产的账面余额，应支付的相关税费要冲减银行存款并形成应交税费负债，按其差额分别计入营业外收入或营业外支出。

【例 11－19】 2008 年 1 月 1 日，某旅游、餐饮企业购买一项用专利权，支付费用 150 000 元。按规定，专利权的摊销期限为 15 年，采用直线法摊销。2010 年 1 月 1 日，该旅游、餐饮企业将专利权转让给南方公司，取得转让收入 145 000 元。该专利权的残值为零，已累计计提减值准备 5 000 元，以银行存款支付相关费用 3 000 元，转让无形资产适用的营业税率为 5%，其他税费略。转让时，编制如下会计分录：

借：银行存款　　145 000

　　累计摊销　　20 000

　　无形资产减值准备　　5 000

　　贷：无形资产——专利权　　130 000

　　　　银行存款　　3 000

　　　　应交税费——应交营业税　　7 250

　　　　营业外收入　　29 750

无形资产出租，是指企业将拥有的无形资产的使用权让渡给他人，并收取租金。出租无形资产，企业仅将无形资产的部分使用权让渡给其他企业，但仍保留着对原有无形资产的各项权利，出让方也无需改变无形资产的账面价值。因此，出租无形资产的租金收入计入其他业务收入，结转其出租成本，应计入其他业务成本。

（三）无形资产报废的核算

无形资产报废，是指无形资产由于已被其他新技术所代替或不再受法律保护等原因而进行处置工作。无形资产预期不能为企业带来未来经济利益的，应当将该无形资产的账面价值予以转销。在转销无形资产的账面余额时，应将已计提的累计摊销、减值准备等一同注销，按其差额计入营业外支出。

第三节　长期待摊费用的核算

一、长期待摊费用的概念

长期待摊费用是企业已经发生但应由本期和以后各期负担的、分摊期限在 1 年以上的各项费用。例如以经营租赁方式租入固定资产发生的改良支出。长期待摊费用本质上是一种费用，但由于这些费用的效益要期待于将来，并且，这些费用支出的数额较大，若把它们与支出年度的收入相配比，就不能正确计算当期经营成果，所以，应对其分期摊销处理。企业在确认长期待摊费用时，一般应考虑两个条件：一是预计在以后一年以上的会计期间内能否获利，或者说是否能为企业未来带来经济效益，如以经营租赁方式租入办公室内加隔离墙和固定附着物等改良支出一般能增加租入固定资产的效用或延长其使用寿命；二是已发生的费用能否摊销到以后各个会计期间的成本费用中去，或者说企业未来期间取得收益能否抵补已发生的支出。

为了反映长期待摊费用的增减变动情况，应设置“长期待摊费用”账户，借方登记企业发生的各项递延费用，贷方登记各期的摊销额，期末余额在借方，反映企业尚未摊销的各项长期待摊费用；该账户应按照长期待摊费用的种类设置明细账进行明细核算。

二、租入固定资产改良支出的核算

租入固定资产改良支出，是指对以经营租赁方式租入固定资产进行改良活动而发生的支出。对租入的固定资产实施改良活动，是提高固定资产的效用和功能重要措施。但是，由于租入固定资产的所有权不属于租入企业，承租人只获得在租赁期内对改良工程的使用权，因此，对租入固定资产实施的改良所发生的支出，不能增加租入固定资产的价值，作为长期待摊费用处理，在租入固定资产改良支出应当在租赁期限与租赁资产尚可使用年限两者孰短的期限内平均摊销。

企业租入固定资产发生的改良支出先计入在建工程成本，工程完工造价确定后转入长期待摊费用；在租赁期限内或尚存有效期限内，将固定资产的改良支出分期摊入期间费用时，转销长期待摊费用。

【例 11－20】某饭店对租入的客房进行改造，以银行存款购入维修材料 120 000 元，应付出包工程款 50 000 元，应付本饭店相关人员工资等人员费用 10 000 元。假设租赁期三年后终止，故该租入客房改良支出应在三年内摊销。相关会计处理如下：

（1）发生改良支出：

借：在建工程——租入固定资产改良支出　　180 000
　　贷：银行存款　　120 000
　　　　应付账款　　50 000
　　　　应付职工薪酬　　10 000

（2）客房改良工程完工：

借：长期待摊费用——租入固定资产改良支出　　180 000
　　贷：在建工程——租入固定资产改良支出　　180 000

（3）客房投入使用开始摊销：

每月摊销额＝180 000÷（3×12）＝5 000（元）

每月摊销的会计分录：

借：管理费用　　5 000
　　贷：长期待摊费用——租入固定资产改良支出　　5 000

12

第十二章

期间费用和营业税金的核算

期间费用包括销售费用、管理费用和财务费用，是旅游、餐饮企业组织经营活动所必需的支出，而营业税金既构成政府财政收入，也是企业一项重要支出。加强期间费用和营业税金核算及有重要意义。

第一节 期间费用的核算

一、期间费用概念及内容

期间费用是指企业当期发生的必须从当期收入得到补偿的费用。由于它仅与当期实现的收入相关，必须计入当期损益，所以被称其为期间费用。期间费用具有以下特点：一是期间费用一般不与某项收入直接联系；二是期间费用大多为共同费用；三是期间费用是均匀和经常发生的。期间费用包括管理费用、财务费用和销售费用。

（一）销售费用

销售费用是指旅游、餐饮企业各营业部门在经营中发生的各项费用，包括：（1）运输费，是指企业不能直接认定的购入存货发生的运输费用。内部不独立核算的车队发生的燃料费、养路费等，也计入运输费等。（2）装卸费，是指企业存货运输过程中发生的装卸搬运费用。（3）包装费，是指企业为客户提供包装服务时所消耗的各种包装用品费。（4）保管费，是指企业在保存各种存货过程中发生的各种保管费用，包括倒库、晾晒、冷藏和挑选整理等发生的费用。（5）保险费。是指企业向保险公司投保所支付的财产保险费用。（6）燃料费，是指饭店餐饮部门耗用的燃料费用。（7）展览费，是指企业经营部门发生的各种展览费用。（8）广告宣传费，是指企业进行广告宣传而支付的广告费用和宣传费用。（9）邮电费，是指企业各经营部门所支付的邮资、电报、电传费等。（10）水电费，是指企业营业部门耗用的水费、电费。（11）差旅费，是指企业营业部门人员出差的差旅费。（12）洗涤费，是指企业营业部门洗涤工作服而发生的洗涤费。（13）物料消耗，是指企业营业部门领用物料用品而发生的费用，物料用品主要包括日常用品、办公用品、包装物品、日常维修用材料、零配件等。（14）折旧费，是指企业营业部门使用固定资产而发生的折旧费。（15）修理费，是指企业营业部门使用固定资产、低值易耗品发生的修理费用。（16）低值易耗品摊销，是指企业营业部门领用低值易耗品的摊销费用。（17）职工薪酬，是指直接从事经营的营业部门人员的工资、奖金、津贴、补贴和福利费等。（18）工作餐费，是指旅游饭店按规定为职工提供工作餐而支付的费用。（19）服装费，是指旅游企业按规定为职工制作工作服而发生的费用。（20）其他费用，是指上述各项以外的其他销售费用。

（二）管理费用

管理费用，是指企业为组织和管理经营活动而发生的费用以及由企业统一负担的费用。管理费用的核算内容包括两部分：一是企业为组织和管理经营活动而发生的费用；二是涉及企业若干部门，难以区分或不必区分，由企业统一负担的费用，具体包括：（1）公司经费，指企业行政管理部门的行政人员工资、福利费、工作餐费、服装费、办公费、差旅费、会议费、物料消耗以及其他行政经费。（2）工会经费，指企业按规定根据行政人员工资总额的一定比例提取的工会经费。（3）职工教育经费，是指企业为职工学习先进技术和提高文化水平而支付的费用。（4）劳动保险费，指企业支付给离退休人员的退职金，退休金及其他各项经费。（5）待业保险费，指企业按照国家规定交纳的待业保险基金。（6）外事费，指出国展览、推销、考察、实习培训和接待外宾所发生的食、宿、交通费用。（7）租赁费，指企业租赁办公用房、营业用房、低值易耗品的租赁费用。(8) 咨询费，指企业向有关咨询机构进行科学技术、经营管理等咨询活动时所支付的费用，包括聘请经济技术顾问、法律顾问等支付的费用。(9) 聘请中介机构费，指企业聘请中介机构进行查账验资，以及进行资产评估等发生的各项费用。(10) 诉讼费，指企业因起诉或者应诉而发生的各项费用。(11) 排污费，指企业按规定交纳的排污费用。(12) 绿化费，指企业环卫及绿化环境所发生的各种费用。(13) 土地使用费，指企业使用土地而支付的费用。(14) 土地损失补偿费，指企业生产经营过程中破坏的国家不征用的土地所支付的土地损失补偿费。(15) 技术转让费，指企业使用非专利技术而支付的费用。(16) 研究开发费，指企业研究开发新技术新项目而发生的各项费用。(17) 税金，指企业按照规定支付的房产税、车船使用税、土地使用税、印花税等。(18) 燃料费，指企业行政管理部门应负担的各种燃料消耗费用。饭店的餐饮部门耗用的燃料费用计入销售费用；餐馆、浴池的燃料费用计入主营业务成本。(19) 水电费，指企业除营业部门外的其他部门耗用的水费、电费。规模较小的企业发生的水电费也可不计入销售费用，而全部计入管理费用。(20) 折旧费，指企业除营业部门外的其他部门按规定提取的固定资产折旧费用。(21) 修理费，指企业除营业部门外的其他部门的固定资产、低值易耗品发生的修理费用。(22) 无形资产摊销，指企业按规定计提的无形资产摊销费用。(23) 低值易耗品摊销，指企业除营业部门外的其他部门领用的低值易耗品的摊销费用。(24) 开办费摊销，指企业开办费按规定期限摊销的费用。(25) 交际应酬费，指企业在业务交往过程中开支的业务招待费用。(26) 存货盘亏和毁损，指企业存货盘亏和毁损而发生的费用支出。(27) 上级管理费，指企业上交集团公司和管理公司的费用。(28) 董事会费，指企业最高权力机构及其成员为执行其职能而发生的各项费用。(29) 其他管理费用，除上述各项以外的其他管理费用。

（三）财务费用

财务费用，指企业筹集生产经营所需资金而发生的费用。包括：(1) 利息支出，指企业短期借款利息、长期借款利息应付票据利息、票据贴现利息、应付债券利息、长期应付引进国外设备款利息等利息支出（除资本化的利息外）减去银行存款等的利息收入后的净额。(2) 汇兑损失，指企业因向银行结售或购入外汇而产生的银行买入、卖出价与记账所采用的汇率之间的差额，以及月度（季度、年度）终了，各种外币账户的外币期末余额，按照期末规定汇率折合的记账人民币金额与原账面人民币金额之间的差额等。(3) 相关的手续费，指发行债券所需支付的手续费（需资本化的手续费除外）、开出汇票的银行手续费等，但不包括发行股票所支付的手续费等。(4) 其他财务费用等。

二、期间费用列支方法

旅游、餐饮企业各项期间费用如销售费用、管理费用和财务费用，是伴随其经营活动而发生的一系列资金耗费，这些费用实际支出期间与应负担的归属期间，有时一致；有时相背离。一般出现以下三种情况：(1) 本期发生，本期支付，应由本期负担的费用；(2) 本期已付的费用不应由本期负担；(3) 属于本期费用但尚未支付。为了正确确定盈亏，企业对一定时期内发生的各项费用支出，应按照权责发生制和收支配比原则，正确区分费用的归属期。企业期间费用列支方法，一般有以下几种形式：

（一）直接支付

直接支付是指期间费用发生时，直接以货币资金支付。属于直接支付费用的有销售费用中的运输费、装卸费、邮电费、水电费、业务人员工资等，管理费用中的咨询费、审员工资福利费等；财务费用中的金融机构手续费等。这些费用在支付时，均由本期负担，直接计入有关费用账户。但有时企业发生一些不应由本期负担，可数额较小的费用，根据重要性原则，不再将其在各个受益期内分配，则于支付时全部记入本期，由当期经营收入抵补。

（二）转账摊销

转账摊销是指应由本期负担的费用，不通过货币和结算而以转账方式摊入本期费用中。以这种方式摊入本期的费用称为转账摊销费用。这种费用列支方式的特点是，不实发生货币支出，只将应由本期负担，但在前期已付的货币支出，体现为本期经营支出。属于转账摊销形式列支的费用有销售费用中的固定资产折旧费、燃料费、坏账损失、存货盘亏和毁损等，发生上述费用时，根据有关转账凭证，借记“销售费用”、“管理费用”账户，贷记有关账户。

（三）预付待摊

预付待摊是指将本期和前期已经发生的货币支出，摊入本期和以后各期。企业有些费用虽然是在本期支付，但此项支出产生的效益期限较长，根据收支配比原则，对于已经发生的货币支出不应一次全部作为当期费用由该经营收入抵补，而应按照该项支出受益期限，在各经营期间共同负担。这些费用发生时，借记“长期待摊费用”账户，依照各期应负担的数额，再从待摊费用账户转入有关费用账户。属于待摊性质的费用有预付的保险费，预付报刊费，一次购买印花税税额较大需分摊的数额等。

（四）预提待付

预提待付是指将属于本期应负担的费用，在本期计作费用提取列账，待实际需要支出时，再支付货币资金，以这种方式列支的费用称为预提待付费用。预提待付费用可分为两类：一类是企业发生的费用是属于固定性必要开支，但这些费用何时支付，支付多少以及具体用途，在支付前不完全清楚。按照权责发生制原则，对于应由本期负担的部分，不管以后何时支付，支付多少，均应按照规定比例逐月提存，将提存数额列入本期费用，待日后陆续支付时，在提存数额中安排支出。属于这类预提待付费用的有职工福利费、职工教育经费、固定资产修理费等。发生此类预提待付费用时，借记“销售费用”、“管理费用”账户，贷记“应付职工薪酬”、“其他应付款”等账户，支付费用时，借记“应付费用”、“应付职工薪酬”、“其他应付款”等账户，贷记“库存现金”、“银行存款”等账户。另一类费用是由企业本期负担，但在以后规定期限内实际支付，其实际支付的时间、金额、对象都具有确定性，当费用发生时企业应拥有不可推卸的支付责任和义务，如财务费用中应付各种银行借款利息，管理费用中应交房产税，车船使用税等。这类费用发生时，借记“财务费用”、“管理费用”等账户，贷记“应付费用”、“应交税金”等账户。支付费用时，借记“应付费用”、“应交税费”等账户，贷记“库存现金”、“银行存款”等账户。

三、销售费用的核算

旅游、餐饮企业销售费用涉及内容复杂、项目也琐碎，下面选择部分重点项目说明销售费用的核算方法。重点项目，一是指对企业经营管理有较大影响和在费用总额中占有较大比重的费用项目，如利息等；二是指会计核算内容较为复杂的费用项目，如工资支出等。

旅游、餐饮企业应设置“销售费用”账户核算企业发生的各项销售费用。该账户的借方登记发生的销售费用；贷方登记期末转入“本年利润”账户的销售费用；“销售费用”账户结转“本年利润”后无余额。

销售费用的明细核算，是在“销售费用”账户下，按费用项目设置明细账，以反映各项费用的支出详细情况。明细账的账页格式主要有两种：一种是三栏式，另一种为多栏式。多栏式账页就是在账页的“借方”栏内按费用项目设置若干小栏，不设“贷方”栏，如发生贷方金额，可在“借方”栏用红字记载。月末，各小栏蓝字金额合计数，与红字金额合计数之差，就是当月的费用净发生额。

企业发生的各项销售费用，借记“销售费用”账户，贷记“库存现金”、“银行存款”账户等货币资金；期末，将归集的销售费用全部转入本年利润时，借记“本年利润”账户，贷记“销售费用”账户。

（一）运输费、装卸费和包装费的核算

旅游、餐饮企业支付运输费、装卸费和包装费时，借记“销售费用——运输费、装卸费、包装费”账户，贷记“库存现金、银行存款”等账户。

【例 12-1】 某饭店由浙江工艺美术公司购进客房装饰品一批，以银行存款支付运输费用 3 420 元，以现金支付货物装卸人员工资 280 元和包装款 560 元。根据有关凭证，编制如下会计分录：

借：销售费用——运输费	3 420	
——装卸费	280	
——包装费	560	
贷：库存现金		860
银行存款		3 420

【例 12-2】 某饭店商品部本月 5 日由仓库领出包装商品用各种袋、绳一批，计 240 元，根据物品领料单，编制如下会计分录：

借：销售费用——包装费	240	
贷：周转材料		240

（二）保管费的核算

旅游、餐饮企业支付保管费，借记“销售费用——保管费”账户，

贷记“库存现金、银行存款”等账户。

【例 12－3】某酒楼购进防腐、防潮剂 1 600 元，以银行存款支付，编制如下会计分录：

借：销售费用——保管费　　1 600

　贷：银行存款　　1 600

（三）水电费、邮电费的核算

企业发生的不论是水电费、还是邮电费，都是在接到划转的或是邮寄付款通知后，按照费用的用途、付款金额，计入销售费用或管理费用，借记“销售费用——水电费、邮电费”等账户，贷记“库存现金”、“银行存款”等账户。

【例 12－4】某饭庄本月接到供电局和邮局寄来的付款通知单，营业部门应负担水电费、邮电费金额分别为 546 元、345 元，根据付款通知单，编制如下会计分录：

借：销售费用——水电费　　546

　　　　　　——邮电费　　345

　贷：银行存款　　891

如果一个企业所有部门都在同一地点办公，各部门发生的水电费，邮电费难以划分清楚，可将企业发生的水电费、邮电费均计入“管理费用”账户。

（四）展览费、广告宣传费的核算

旅游、餐饮企业的经营目标是提供优质服务，销售客房、菜肴、酒水等而取得理想的经营效益。举办展览会、利用报纸杂志、广播电视、直邮、户外条幅横幅、电梯方式进行广告宣传是企业十分重要的促销举措。同时，举行新闻发布会、举办义卖、酬宾、慈善等专题活动；对学校、医院，交通等公益事业赞助；定期邀请对酒店给予支持的单位用餐；组织重大节庆活动；优惠招待老客户，扩大企业的影响，促进经济效益提高。

【例 12－5】某饭店为推销客房和旅游食品，本月以银行存款分别支付图片展览费 26 000 元，电视广告费 120 000 元。根据有关凭证，编制如下会计分录：

借：销售费用——展览费　　26 000

　　　　　　——广告宣传费　　120 000

　贷：银行存款　　146 000

（五）服装费的核算

旅游企业是涉外窗口行业，对职工仪表、仪容及着装方面有很高要求，因此，旅游企业企业按规定支付职工个人的服装费可在成本费用中列支，并且按一线、二线工作人员划分档次。旅游企业由于服装费一次支出数额较大，为均衡各期成本费用，按权责发生制原则，对服装费可采取预提或待摊方式列支。

【例 12－6】2011 年 1 月 5 日，某饭店委托服装厂为企业每位职工更换一套工作服。每人制装费 650 元，该饭店在职职工为 350 人，其中行政管理人员 30 人。服装加工费以银行存款付讫，并在两年内进行摊销。该饭店编制会计分录如下：

营业人员服装费＝650×（350－30）＝208 000（元）

行政管理人员服装费＝30×650＝19 500（元）

合计 227 500（元）

借：长期待摊费用 227 500

　　贷：银行存款 227 500

在二年期间，每月摊销服装费时，编制会计分录如下：

借：销售费用——服装费

　　贷：长期待摊费用——服装费

（六）职工薪酬的核算

1. 工资的核算。工资，是指企业使用职工的知识、技能、时间和精力而给予的一种补偿。它是企业对职工的一种负债。工资的核算包括工资结算和工资分配两方面内容：

（1）工资的结算，即正确计算和发放职工工资。企业与职工的工资结算内容有：应付职工工资的计算、代扣款项的计算及实发金额的计算和发放。每月应付职工工资额往往不等于实发金额，这是因为在职工的工资结算中，会计部门还要为有关部门代扣一些款项，如房租等。会计部门根据应付职工薪酬以及各项代扣款项，算出每人的实发工资，编制工资结算凭证进行工资结算的核算。

企业应设置“应付职工薪酬”账户核算工资结算及分配情况。该账户的贷方登记企业分配的工资费用；借方登记实际发放的工资及代扣款项；该账户期末一般无余额。

为了进行工资结算的核算，需要编制工资结算凭证作为核算的原始依据，工资结算凭证主要有“工资结算单”或“工资结算卡片”和工资结算汇总表等。

【例 12 - 7】某饭店 2011 年 4 月工资结算汇总表，如表 12 - 1 所示。

表 12 - 1　　工资结算汇总表

2011 年 4 月　　单位：元

部门	应付职工薪酬	代扣款项			实发工资
		房租	水电	小计	
客房部	81 300	2 380	1 470	3 850	77 450
餐饮部	61 000	100	150	250	60 750
商场部	40 600	480	300	780	39 820
行政管理	20 300	100	40	140	20 160
合计	203 200	3 060	1 960	5 020	198 180

根据表 12 - 1 “工资结算汇总表” 编制以下会计分录：

首先，开出支票从银行提取现金，准备发放工资：

借：库存现金　　198 180

　　贷：银行存款　　198 180

其次，用现金支付工资：

借：应付职工薪酬　　198 180

　　贷：库存现金　　198 180

再次，结转各种代扣款项：

借：应付职工薪酬　　5 020

　　贷：其他应付款——房管局　　3 060

　　　　　　　　——公用事业部门　　1 960

最后，开出支票支付代扣款项：

借：其他应付款　　5 020

　　贷：银行存款　　5 020

（2）工资的分配，即按照工资的用途分配工资费用。企业每月发生的全部工资，不论是否在当月支付，都应该按照工资的用途分配计入本月销售费用、管理费用或由其规定的资金来源列支。

例如管理部门人员的薪酬计入管理费用；销售人员的薪酬计入销售费用；在建工程、研发项目人员的薪酬应分别计入在建工程、研发支出。月末，一般根据 “工资分配汇总表” 分配本月工资费用。

【例 12 - 8】承【例 12 - 7】月终，根据 “工资结算分配表”（格式略，直接按 “工资结算汇总表” 应付职工薪酬数额）将本月应付职工薪酬进行分配。编制如下会计分录：

应计入销售费用的职工薪酬 = 81 300 + 61 000 + 40 600 = 182 900（元）

应计入销售费用的职工薪酬 = 20 300（元）

借：销售费用　　182 900

　　管理费用　　20 300

　　贷：应付职工薪酬　　203 200

2. 应付社会保险费及住房公积金。应付社会保险费，是指企业根据有关规定提取、并为职工缴纳的社会保险费，包括医疗保险费、养老保险法、失业保险费、工伤保险费、生育保险费等。住房公积金，是指为了解决职工住房问题为职工交纳的资金。企业按照规定计提社会保险费和住房公积金时，应当根据职工薪酬确认原则和计量标准处理。

【例 12－9】承【例 12－7】根据所在地政府规定，公司分别按照职工工资总额的10%、12%、2%和10.5%计提医疗保险费、养老保险费、失业保险费和住房公积金，交纳给当地社会保险经办机构和住房公积金管理机构。

应付各种社会保险费 = 203 200 ×（10% + 12% + 2%） = 48 768（元）

应付住房公积金 = 203 200 × 10.5% = 21 336（元）

借：销售费用［182 900 ×（10% + 12% + 2% + 10.5%）］

　　　　63 100.5

　　管理费用［（20 300 ×（10% + 12% + 2% + 10.5%）］

　　　　7 003.5

　　贷：应付职工薪酬——社会保险费　　48 768

　　　　　　　　　　——住房公积金　　21 336

3. 其他应付职工薪酬。其他应付职工薪酬，是指工会经费、职工教育经费、解除职工劳动关系补偿等。企业支付工会经费、职工教育经费用于工会运作和职工培训费时，借记“应付职工薪酬”账户，贷记“银行存款”、“库存现金”账户。

4. 非货币性福利的核算。非货币性福利，是指企业以自产产品或外购商品发放给职工作为福利，将自己拥有的资产无偿提供给职工使用，为职工无偿提供医疗保健服务等。非货币性福利应按照以下原则处理：①以外购商品作为非货币性福利提供给职工的，应当按照该商品的公允价值确定应付职工薪酬金额。②无偿向职工提供住房等资产使用的，应当根据受益对象，将住房每期应计提的折旧计入相关资产成本或费用。租赁住房等资产供职工无偿使用的，应当根据受益对象，将每期应付的租金计入相关资产成本或费用，并确认应付职工薪酬金额。③提供给职工整体使用的资产应计提的折旧、应付的租金，应当根据受益对象分期计入相关资产成本或费用；难以认定受益对象的，直接计入管理费用。

需要说明的是，以自外购商品发放给职工作为福利的情况下，企业在进行账务处理时，应当先通过“应付职工薪酬”账户归集当期应计入成本费用的非货币性薪酬金额，以确定完整准确的企业人工成本金额。

【例 12－10】某饭店股份有限公司为所属各部门经理级别以上干部每人提供一辆桑塔纳轿车免费使用，同时为副总裁以上高级管理人员每人租赁一套住房。该饭店总部共有部门经理以上干部 40 名，副总裁以上高级管理人员 10 名。假定每辆桑塔纳轿车每月计提折旧 2 000 元；每套住房月租金为 16 000 元。该企业有关非货币性福利的会计处理如下：

（1）确认的应付职工薪酬：

每月应确认的应付职工薪酬 = 40 × 2 000 + 10 × 16 000 = 240 000（元）

借：管理费用　　240 000
　贷：应付职工薪酬——非货币性福利　　240 000
借：应付职工薪酬——非货币性福利　　80 000
　贷：累计折旧　　80 000

（2）每月支付住房租金：

借：应付职工薪酬——非货币性福利　　160 000
　贷：银行存款　　160 000

（七）电视收视费的核算

电视收视费一般是按每台电视机每年收费标准计算的，而且是先交后看。每年的年末便要一次性交纳下年度的电视收视费，数额较大，应于付款时作待摊费用处理，下年度分月摊销。

【例 12－11】2010 年 12 月 20 日，某饭店交纳下年度的电视收视费 36 000 元，以银行存款支付。

（1）交纳电视收视费：

借：预付账款　　36 000
　贷：银行存款　　36 000

（2）2010 年分月摊销：

借：管理费用——其他　　3 000
　贷：预付账款　　3 000

四、管理费用的核算

旅游、餐饮企业应设置“管理费用”账户核算企业发生的各项管理费用。该账户的借方登记发生的管理费用；贷方登记期末转入“本年利润”账户的管理费用；“管理费用”账户结转“本年利润”后无余额。

旅游、餐饮企业发生各项管理费用，借记“管理费用”账户，贷记“库存现金”、“银行存款”、“应付职工薪酬”、“累计折旧”、“累计摊销”、“应交税费”、“长期待摊费用”等账户。期末，将管理费用全部转入本年利润时，借记“本年利润”账户，贷记“管理费用”账户。

（一）公司经费的核算

旅游、餐饮企业的公司经费包括管理部门的行政人员工资、福利费、工作餐费、服装费、办公费、差旅费、会议费、物料消耗以及其他行政经费。企业发生公司经费，借记“管理费用——公司经费”账户，贷记“库存现金”、“银行存款”等账户。

1. 办公费的核算。旅游、餐饮企业管理部门的办公费涉及内容广泛、复杂，主要有文具用品、信纸信封、电脑打字、复印耗材、财务账表凭证以及与银行办理结算的支票等表单、各种纸张、税务空白发票、书报费等。企业发生办公费一般直接计入管理费用。企业购置大批印刷品一般先由仓库验收，按物料用品核算与管理。

【12－12】2010 年 10 月 20 日，某饭店总经理办公室购入文具用品 185 元，以现金付讫；从仓库领用办公用品 350 元。财务部门编制会计分录如下：

借：管理费用——办公费	535	
贷：库存现金		185
周转材料		350

2. 差旅费的核算

旅游、餐饮企业差旅费主要是工作人员因公出差的旅费、采购员（或业务员）的市内交通费、误餐费以及企业自用车辆的各项支出。企业发生差旅费一般计入管理费用。

【例 12－13】2010 年 10 月份，某饭店发生差旅费业务如下：

（1）业务经理回单位报销差旅费 1 800 元，交还余款 200 元，原预借 2 000 元。

(2) 以现金支付采购员本月车贴 200 元、因公外出报支误餐费 100 元。

(3) 以现金支付职工自用车辆支付油料、养路费、路桥费等 2 800 元。

财会部门编制会计分录如下：

(1) 借：管理费用——差旅费 1 800
　　库存现金 200
　　贷：其他应收款 2 000

(2) 借：管理费用——差旅费 300
　　贷：库存现金 300

(3) 借：管理费用——差旅费 2 800
　　贷：库存现金 2 800

3. 工会经费、职工教育经费的核算。为了积极支持工会开展各项活动，并为工会提供一定的财力，企业应按工资总额的2%，提取工会经费，拨交工会使用。为提高职工文化素质，适应旅游，饮食服务企业不断发展的需要，企业应按职工工资总额的2.5%提取职工教育经费，用于职工教育事业。

企业计提工会经费、职工教育经费时，借记“管理费用——工会经费、职工教育经费”账户，贷记“应付职工薪酬”，上交工会经费时，借记“应付职工薪酬”账户，贷记“银行存款”账户。

【例 12-14】 2011 年 5 月份，某旅游公司职工工资总额为 350 000 元，分别按 2%、2.5% 的比例计提工会经费和职工教育经费。财会部门应编制会计分录如下：

本月应提工会经费 = 350 000 × 2% = 7 000（元）

本月应提职工教育经费 = 350 000 × 2.5% = 8 750（元）

借：管理费用——工会经费 15 750
　　贷：应付职工薪酬——工会经费 7 000
　　　　　　　　　　——职工教育经费 8 750

4. 保险费的核算。旅游、餐饮企业参加的保险项目一般有以下几种：①财产保险综合险，在该保险项下，保险公司对火灾、爆炸、雷击、暴雨、等原因造成保险财产的损失承担赔偿责任。②财产一切险，即保险财产及费用一般可包括：建筑物（包括装修）、机器设备、办公用品、仓储物品、清除残骸费用、灭火费用等。③公众责任险，主要承保被保险人在其经营的地域范围内从事生产、经营或其他活动时，因发生意外事故而造成他人（第三者）人身伤亡和财产损失，依法应由被保险人承担的经济赔偿责任。在饭店经营过程中属于公众责任险保险的事故有：客人撞到透明的玻璃而撞伤；在餐厅用餐后出现肠胃问题，或食物中毒；在客房沐浴或在游泳池摔倒等事故等。④汽车车险，简称车险，是指对机动车辆由于自然灾害或意外事故所造成的人身伤亡或财产损失负赔偿责任的一种商业保险。

企业发生保险费可直接计入管理费用；但若保险费数额较大，可先计入预付账款，再分期摊入管理费用。

【例 12－15】 2010 年 12 月中旬，某酒店一次以银行存款支付 2011 年全年保险费 72 000 元。该费用分 12 个月摊销。财务部门编制会计分录如下：

（1）预付保险费：

借：预付账款　　72 000

　　贷：银行存款　　72 000

（2）2011 年分月摊销：

借：管理费用——保险费　　6 000

　　贷：预付账款　　6 000

5. 外事费的核算。企业发生外事费涉及两方面，一是企业出国展览、推销、考察、实习培训过程中，在境外发生的相关费用；二是在境内接待外宾所发生的食、宿、交通的费用。企业发生外事费一般计入管理费用。

【例 12－16】 某旅行社接待外宾来访发生旅行、餐务费用 25 800 元，根据有关凭证，编制如下会计分录：

借：管理费用——外事费　　25 800

　　贷：银行存款　　25 800

6. 租赁费的核算。企业因业务经营需要租赁办公用房、营业用房、低值易耗品等发生的租赁费用，应计入管理费用。租赁费数额不大，可直接计入管理费用；租赁费数额若比较大，应先计入待摊费用，再分期摊入管理费用。

【例 12－17】 甲宾馆为满足乙旅游服务公司会议的需要，临时从丙饭店租入会议所需桌椅一批，以现金支付租赁费用 3 000 元。财务部门编制会计分录如下：

借：管理费用——租赁费　　3 000

　　贷：库存现金　　3 000

如果所租赁的房屋能分清使用部门，则按各自占用面积分别在“销售费用”和“管理费用”中核算。

7. 社会保障费、住房公积金的核算。社会保险费，是指企业根据有关规定提取、并为职工缴纳的医疗保险费、养老保险法、失业保险费、工伤保险费、生育保险费等。住房公积金，是指为了解决职工住房问题为职工交纳的资金。企业按照规定计提社会保险费和住房公积金时，应当根据职工薪酬确认原则和计量标准处理。其核算方法已在职工薪酬中进行了说明。

8. 咨询费、交际应酬费的核算。企业管理咨询活动包括企业聘请具有丰富经营管理知识和经验的专家，深入到企业现场进行针对经营管理上存在的主要问题所进行的定量及定性分析，也包括企业向有关咨询机构进行科学技术、经营管理等咨询活动。如聘请经济技术顾问、法律顾问等活动。企业开展咨询活动支付的费用计入管理费用。

【例 12－18】某旅游饭店经批准准备向社会公开发行三年期企业债券，发行前支付某投资咨询公司咨询费用 60 000 元。根据有关凭证，编制如下会计分录：

借：管理费用——咨询费	60 000	
贷：银行存款		60 000

交际应酬费是企业因业务需要而发生的宴请或馈赠活动所发生的费用。宴请多是在本店餐厅进行，餐费反映在餐厅营业日报表的“应酬费”栏。财务部门对此项应酬项目作为餐厅的营业收入，抵扣应交的营业款。

【例 12－19】某饭店营业日报表“应酬”栏 2 500 元，其他各栏共计 18 000 元。营业收入总额 20 500 元，实收现金 18 000 元。同时，馈赠宾客中华烟两条 800 元从仓库发出，以银行存款临时外购五粮液酒 2 瓶，每瓶 600 元。该饭店编制会计分录如下：

（1）确认宴请费用：

借：库存现金	18 000	
管理费用——应酬费	2 500	
贷：主营业务收入——餐饮		20 500

（2）确认馈赠费用：

借：管理费用——应酬费	2 000	
贷：库存商品		800
银行存款		1 200

9. 聘请中介机构费的核算。有时，企业需要聘请中介机构进行查账验资或进行资产评估等，会发生各项费用，如审计费、聘请注册会计师费、律师费、资产评估费用等。

【例 12－20】2010 年 3 月份，某饭店以银行存款 20 000 元支付精诚会计师事务所审计费、以现金 25 000 元支付企业聘请律师费。财务部门编制如下会计分录：

借：管理费用——聘请中介机构费	45 000	
贷：银行存款		20 000
库存现金		25 000

10. 排污环保费的核算。旅游、餐饮企业发生的排污环保费，一般是每年交纳一次，若排污环保费数额较大，应采用预提或待摊方式进行核算。

【例 12－21】某饭店已知 2010 年全年排污环保费用为 48 000 元，并于年末一次支付。该饭店决定从 2010 年 1 月起每月预提 4 000 元。财务部门编制会计分录如下：

（1）每月预提排污环保费：

借：管理费用——排污费　　4 000

　　贷：其他应付款　　4 000

（2）年度终了支付排污环保费：

借：其他应付款　　48 000

　　贷：银行存款　　48 000

如企业平时未预提排污费，年末以银行存款一次支付排污费，可先通过“预付账款”账户，然后分月摊销时，从“预付账款”账户再摊入管理费用。

11. 上交管理费的核算。旅游、餐饮企业根据公司章程规定，上交集团公司和管理公司的费用应计入管理费用。上交管理费，借记“管理费用”账户，贷记“银行存款”等账户。

除上述费用外，其他管理费用的核算，可参见相关章节。

五、财务费用的核算

旅游、餐饮企业应设置“财务费用”账户核算企业发生的各项财务费用。该账户的借方登记发生的财务费用；贷方登记期末转入“本年利润”账户的财务费用；“财务费用”账户结转“本年利润”后无余额。

企业发生的各项财务费用，借记“财务费用”账户，贷记“银行存款”、“应付利息（预提费用）”等账户；企业发生利息收入、汇兑收益时，借记“银行存款”账户，贷记“财务费用”账户。期末，将本期发生的财务费用转入本年利润，借记“本年利润”账户，贷记“财务费用”账户。

【例 12－22】2010 年 12 月份，某旅行社发生的财务费用及会计分录如下：

（1）用银行存款支付短期借款利息支出 13 600 元：

借：财务费用　　13 600

　　贷：银行存款　　13 600

（2）用银行存款支付银行手续费 1 500 元：

借：财务费用　　1 500

贷：银行存款 1 500

（3）银行通知第四季度银行存款利息收入460元：

借：银行存款 460

贷：财务费用 460

（4）期末结账财务费用：

借：本年利润 1 930

贷：财务费用 1 930

第二节 营业税费的核算

一、旅游、餐饮企业营业税费核算特点

营业税费主要是指企业根据税法等规定向国家缴纳并由企业经营收入负担的各种税款和教育费附加。目前，旅游、餐饮企业缴纳的税费主要有：增值税、营业税、城市维护建设税、土地使用税、车船税、印花税、教育费附加等。

饭店、宾馆、酒店所属商场的供应对象多为寓客，一般规模不大，而且有些高档工艺品和旅游纪念品是委托代销，很难从进货渠道取得进项税发票，无法抵扣销项税款。所以，饭店、宾馆、酒店附设较大的商场，如果是交纳增值税，也只能按小规模纳税人的征收率交税。

旅游、餐饮企业主营业务是交营业税，纳税操作和核算都比较简单，但涉及的税种和税率较多。例如：客房、餐饮、蒸汽浴、娱乐应交营业税，娱乐的税率在5%—20%范围内核定。商场要按小规模纳税人3%征收率缴纳增值税。

旅游、餐饮企业出租营业场地的房租收入，除交纳营业税费外，尚要交纳房产税。企业的所得税，有的经批准查账征收，分月预缴，年终按查账核实的税额多退少补；有的则不论盈亏按核定的所得税额逐月缴纳。

旅游、餐饮企业应设置"应交税费"、"营业税金及附加"账户核算税金支出及其交纳情况。

"营业税金及附加"是损益类账户，反映企业应由销售商品负担的税金包括营业税、消费税、城乡维护建设税、出口关税和教育费附加等。该账户的借方登记计算应交纳的各种税金及附加；贷方登记期末结

转至“本年利润”账户的金额，结转后该账户无余额。

“应交税费”账户核算企业应交税费的形成及其交纳情况。该账户贷方登记应交纳的各种税金，借方登记实际交纳的税金。期末余额在贷方，表示企业尚未交纳的税金；期末余额在借方，表示多交或尚未抵扣的税金。其明细账应按应交税费的种类设置。

二、增值税的核算

增值税是指对在我国境内销售货物、进口货物，或提供加工、修理修配劳务的增值额征收的一种流转税。增值税的纳税人有一般纳税人和小规模纳税人之分。年应征增值税销售额超过增值税暂行条例实施细则规定的小规模纳税人标准的单位，为增值税一般纳税人；年销售额在规定标准以下，并且会计核算不健全，不能按规定报送有关税务资料的，为增值税小规模纳税人。一般纳税人有取得增值税发票的权利，而小规模纳税人只能使用普通发票。商场要按小规模纳税人3%征收率交纳增值税。

小规模纳税企业增值税核算具有以下特点：

1. 小规模纳税企业销售货物或者提供应税劳务，一般情况下只能开具普通发票，不能开具增值税专用发票；并按照销售额的一定比例计算应纳税额。

采用销售额和应纳税额合并定价方法的小规模纳税企业，应按照公式“销售额＝含税销售额 ＋ （1＋征收率）”还原为不含税销售额。

2. 小规模纳税企业购入货物无论是否具有增值税专用发票，其支付的增值税额应计入购入货物的成本，不得由销项税额抵扣。

3. 小规模纳税企业“应交税费——应交增值税”账户，应采用三栏式账户。

【例12－23】某饭店商品部被核定为小规模纳税单位，2010年3月购入旅游商品一批，取得的专用发票中注明货款20 000元，增值税3 400元，款项以银行存款支付，商品已验收入库。该企业本期销售产品，含税价格为25 750元，货款存入银行。编制如下会计分录：

（1）购进旅游商品：

借：库存商品　　23 400

　　贷：银行存款　　23 400

（2）销售商品：

不含税价格＝25 750÷（1＋3%）＝25 000（元）

应交增值税＝25 000×3%＝750（元）

借：银行存款　　25 750

贷：主营业务收入　　25 000

　　应交税费——应交增值税　　750

三、营业税的核算

营业税是对在我国境内提供应税劳务、转让无形资产或销售不动产的单位和个人征收的一种流转税。当企业有偿转让无形资产所有权（或使用权）、销售不动产时，应按税法规定交纳营业税。

营业税按不同的行业分别设置了9个税目以及相适应的营业税税率，如表12－2所示。

表12－2　营业税税目税率表

税　目	税　率	税　目	税　率
一、交通运输业	3%	六、娱乐业	5%—20%
二、建筑业	3%	七、服务业	5%
三、金融保险业	5%	八、转让无形资产	5%
四、邮电通信业	3%	九、销售不动产	5%
五、文化体育业	3%		

营业税的计税依据是营业额，它包括纳税人提供应税劳务、转让无形资产或销售不动产向对方收取的全部价款和价外费用。价外费用包括收取的手续费、补贴、基金、集资费、返还利润、奖励费、违约金、滞纳金、延期付款利息、赔偿金、代收款项、代垫款项、罚息及其他各种性质的价外收费。

娱乐业的营业额为经营娱乐业收取的全部价款和价外费用，包括门票收费、台位费、点歌费、烟酒、饮料、茶水、鲜花、小吃等收费及经营娱乐业的其他各项收费。

旅游企业组织旅游团在中国境内旅游的，以收取旅游费减去替旅游者支付给其他单位的房费、餐费、交通、门票和其他代付费用后的余额为营业额。

营业税的计算公式为：

应纳营业税＝营业额×营业税税率

旅游、餐饮企业按照营业额及其适用的税率，计算应交营业税时，借记“营业税金及附加”、“固定资产清理”等账户，贷记“应交税费——应交营业税”账户；实际上交时，借记“应交税费——应交营业税”账户，贷记“银行存款”账户。

【例12－24】2011年5月份某酒店发生的当月营业收入如下：客房

收入1 600 000元，饮食部餐饮收入2 800 000元；歌舞厅门票收入300 000元、台位费收入200 000元、相关的烟酒和饮料收入400 000元，合计收入900 000元。歌舞厅税率为20%，其余部分税率为5%。

①酒店客房收入应交纳的营业税为：1 600 000 × 5% =80 000（元）

②饮食服务收入应交纳的营业税为：2 800 000×5% =140 000（元）

③歌舞厅收入应交纳的营业税为：900 000×20% =180 000（元）

根据上述应交纳的营业税，编制会计分录如下：

借：营业税金及附加——客房部　　80 000
　　　　　　　　　——饮食部　　140 000
　　　　　　　　　——歌舞厅　　180 000
　　贷：应交税费——应交营业税　　400 000

实际交纳营业税，编制会计分录如下：

借：应交税费——应交营业税　　400 000
　　贷：银行存款　　400 000

【例12－25】 某国际旅游公司组团到境外旅游，收取成员全程旅游费100 000元，出境后由国外旅游公司负责，该公司支付境外旅游公司40 000元的费用。则会计处理如下：

应交营业税＝（100 000－40 000）× 5% =3 000（元）

借：营业税金及附加　　3 000
　　贷：应交税费——应交营业税　　3 000

四、城市维护建设税的核算

城市维护建设税是为了加强城市的维护与建设征收的一种税。它是对缴纳增值税、消费税和营业税的单位和个人以其实际缴纳的“三税”税额为计税依据，专门用于城市的公用事业和公共设施的维护建设而征收的一种税，是一种附加税。

城市维护建设税的计税依据是纳税人实际缴纳的“三税”税额，不包括非税款项。城市维护建设税税率按纳税单位的所在地不同实行地区差别比例税率，属于市区的税率7%，县镇的税率5%，其他地区的税率为1%。城市维护建设税的应纳税额按以下公式计算：

应纳税额＝（实际交纳的增值税＋实际交纳的消费税＋实际交纳的营业税）×适用税率

旅游、餐饮企业按规定计算出应交纳的城市维护建设税时，借记“营业税金及附加”账户，贷记“应交税费——城市维护建设税”账户；交纳的城市维护建设税时，借记“应交税费——城市维护建设税”

账户，贷记“银行存款”账户。

【**例 12－26**】2011 年 10 月份，市区某饭店商品部实际交纳增值税 60 000元，饭店各项服务交纳营业税 145 000 元。城市维护建设税率为 7%。

应交城市维护建设税 =（60 000 + 145 000）×7% =14 350（元）

编制如下会计分录：

（1）预提应交城市维护建设税：

借：营业税金及附加　　14 350

　　贷：应交税费——应交城市维护建设税　　14 350

（2）上交城市维护建设税：

借：应交税费——应交城市维护建设税　　14 350

　　贷：银行存款　　14 350

五、教育费附加的核算

教育费附加不是正式税种，但考虑到企业所交纳的教育费附加，是在营业收入中支付，并且是以实际交纳的增值税、消费税、营业税的税额为计征依据，以一定的附加率，分别与增值税、消费税、营业税同时缴纳。所以，在会计上把它视同销售税金处理，记入“营业税金及附加”账户核算。收到教育部门拨来教育费附加返还款时，借记“银行存款”账户，贷记“营业外收入——返还教育费附加”账户。

【**例 12－27**】承【例 12－26】该饭店适用的教育费附加率为 3%。编制如下会计分录：

教育费附加 =（60 000 + 145 000）×3% =6 150（元）

（1）计算应交纳教育费附加：

借：营业税金及附加　　6 150

　　贷：应交税费——应交教育费附加　　6 150

（2）实际交纳教育费附加：

借：应交税费——应交教育费附加　　6 150

　　贷：银行存款　　6 150

六、房产税、土地使用税、车船税和印花税的核算

（一）房产税的核算

房产税是以房产为征税对象，依据房产价格或房产租金收入向房产

所有人或经营人征收的一种税。房产税的纳税义务人是房屋的产权所有人，包括：产权所有人、经营管理单位、承典人、房产代管人或者使用人。

房产税的计税依据是房产的计税价值或房产的租金收入。从价计征，按房产原值一次减除10%—30%后的余值计算缴纳；从租计征，以房产租金收入为计税依据。房产税的税率有两种，从价计征的，即按房产原值一次减除10%—30%的余值计征的，税率为1.2%；按房产出租的租金收入计征的，税率为12%。其计算公式如下：

从价计征房产税 = 从价计税的房产原值 ×（1 – 扣除比例）× 适用税率

从租计征房产税 = 租金收入 ×12%

房产税实行按年征收，分期交纳。纳税期限由省、自治区、直辖市人民政府规定。各地一般规定按季或按半年征收一次。

企业经营自用的房屋，按规定计算应交的房产税，借记“管理费用”账户，贷记“应交税费——应交房产税”；交纳的房产税，借记“应交税费——应交房产税”，贷记“银行存款”等账户。

企业出租的房屋，按规定计算应交的房产税，借记“其他业务成本”账户，贷记“应交税费——应交房产税”；交纳的房产税，借记“应交税费——应交房产税”，贷记“银行存款”等账户。

【例12－28】某饭店位于市区繁华地带。2010年上半年共有房产原值15 000 000元。2010年1月1日起该企业将原值为2 000 000元的仓库出租给某企业，租期1年，每月收取租金10 000元，全年租金收入120 000元。9月5日对委托施工单位建设舞厅办理验收手续，由在建工程转入固定资产原值3 000 000元。已知该地区规定计算房产余值时的扣除比例为30%，房产为砖混结构。该饭店2009年下半年应该交纳房产税计算及会计处理如下：

从价计征房产税 =（15 000 000 – 2 000 000）×（1 – 30%）× 1.2%/2 = 54 600（元）

从价计征房产税 = 3 000 000 ×（1 – 30%）×1.2%/12 ×3
= 6 300（元）

从租计征房产税 = 120 000 ×12%/2 = 7 200（元）

应纳房产税 = 54 600 + 6 300 + 7 200 = 68 100（元）

（1）计算应纳房产税：

借：管理费用	60 900	
其他业务成本	7 200	
贷：应交税费——应交房产税		68 100

（2）交纳房产税：

借：应交税费——应交房产税	68 100	

贷：银行存款　　　　　　　　　　　　　　　　68 100

（二）城镇土地使用税的核算

城镇土地使用税（以下简称“土地使用税”）是以城镇土地为征税对象，对拥有土地使用权的单位和个人征收的一种税。城镇土地使用税的纳税人，是指承担交纳城镇土地使用税义务的所有单位和个人。以纳税人实际占用的土地面积为计税依据，土地面积计量标准是“平方米”。其计算公式如下：

应纳税额 = 纳税人实际占用的土地面积（平方米）×适用税额标准

城镇土地使用税采用地区幅度定额税率，即采用有幅度的差别税额，按大、中、小城市和县城、建制镇、工矿区分别规定每平方米土地使用税年应纳税额。具体标准如下：大城市 1.5—30 元；中等城市 1.2—24 元；小城市外 0.9—18 元；县城、建制镇、工矿区 0.6—12 元。

城镇土地使用税实行按年计算，分期缴纳的征收办法，具体纳税期限由省、自治区、直辖市人民政府确定。各省、自治区、直辖市税务机关结合当地情况，一般规定按月、季或半年征收一次，纳税人应按期及时办理纳税申报。

企业按规定计算应缴的土地使用税，借记“管理费用”账户，贷记“应交税费——应交土地使用税”；交纳的土地使用税，借记“应交税费——应交土地使用税”，贷记“银行存款”等账户。

【例 12 - 29】 某饭店业务经营占地面积为 20 000 平方米，其中幼儿园占地 1 000 平方米（可免税），客房绿化占地 3 000 平方米。该土地为一级土地，城镇土地使用税的单位税额为每平方米 24 元。该企业按年计算、半年预交城镇土地使用税。该企业 2010 年 7 月 1 日至 12 月 31 日应该交纳的土地使用税及相应的会计分录如下：

应交纳土地使用税 =（20 000 - 1 000）×24/2 = 228 000（元）

（1）计算城镇土地使用税：

借：管理费用　　　　　　　　　　　　　　228 000

　　贷：应交税费——应交土地使用税　　　　　　228 000

（2）缴纳城镇土地使用税：

借：应交税费——应交土地使用税　　　　　228 000

　　贷：银行存款　　　　　　　　　　　　　　228 000

（三）车船税的核算

车船税是对在我国境内拥有并使用车船的单位和个人，按照车船种类、数量、吨位等实行定额征收的一个税种。车船税对拥有但不使用的车船不征税。车船税根据不同类型的车船及其适用的计税标准分别计算应纳税额。其中机动车（载货汽车除外）和非机动车应纳税额的计算公式如下：

应纳税额 = 应税车辆数量 × 单位税额

车船税税目税额如表 12－3 所示。

表 12－3　　车船税税目税额表

税目			计税依据	每年税额
车辆	载客汽车	大型客车	辆	480－660 元
		中型客车	辆	420－660 元
		小型客车	辆	360－660 元
		微型客车	辆	60－480 元
	载货汽车		自重每吨	16－120 元
	三轮汽车和低速货车		自重每吨	24－120 元
	摩托车		辆	36－180 元
	专项作业车和轮式专用机械车		自重每吨	16－120 元
船舶	机动船	≤200 吨	净吨位	每吨 3 元
		201~2 000 吨	净吨位	每吨 4 元
		2 001－10 000 吨	净吨位	每吨 5 元
		≥10 001 吨	净吨位	每吨 6 元
	拖船和非机动驳船		分别按船舶税额的 50% 计算；拖船按照发动机功率每 2 马力折合净吨位 1 吨计算。	

旅游、餐饮企业按规定计算应交车船使用税，借记“管理费用”账户，贷记“应交税费——车船使用税”账户；上交时，借记“应交税费——车船使用税”账户，贷记“银行存款”账户。

【例 12－30】某旅游、餐饮企业有机动客车 5 辆，净吨位为 20 吨的机动载货汽车 3 辆，机动三轮摩托车 1 辆。该企业所在地的省人民政府规定，客车每辆全年税额 90 元，货车每吨全年税额 50 元，三轮摩托车每辆全年税额 35 元。编制如下会计分录：

按规定计算车船使用税：

应纳税额 =（5 × 90）+（3 × 20 × 50）+ 35 = 3 485（元）

借：管理费用——车船使用税　　3 485

　　贷：应交税费——应交车船使用税　　3 485

上交车船使用税

借：应交税费——应交车船使用税　　3 485
　　贷：银行存款　　3 485

七、印花税的核算

印花税是对企业在经济活动和经济往来中书立、领受的凭证征收的一个税种。因纳税人主要是通过在应税凭证上粘贴印花税票来完成税收义务，故名印花税。凡发生书立、使用、领受应税凭证的行为就必须依照印花税法的有关规定履行纳税义务。应纳税凭证包括：购销、加工承揽、建设工程承包、财产租赁、货物运输、仓储保管、借款、财产保险、技术合同或者具有合同性质的凭证；产权转移书据；营业账簿；权利、许可证照等。纳税人根据应纳税凭证的性质，分别按比例税率或者按件定额计算应纳税额。

按比例税率计算应纳印花税税额的计算公式为：

应纳税额 = 计税金额 × 适用税率

按定额税率计算应纳印花税税额的计算公式为：

应纳税额 = 凭证数量 × 单位税额

旅游、餐饮企业交纳印花税，不会发生应付未付税款的情况，不需要预计应纳税金额，同时也不存在与税务机关结算或清算的问题，因此，企业交纳的印花税不需要通过“应交税费”账户核算。购买印花税票时，直接借记“管理费用”账户，贷记“银行存款”账户。

【例 12 -31】 2011 年 2 月份，某旅游、餐饮企业与供应商订立旅游商品购销合同两件，所载金额为 150 万元，税率 0.03%；与银行订立借款合同一份，所载金额为 40 万元，税率 0.005%。税款以银行存款付讫。

订立购销合同应纳税额 = 1 500 000 × 0.03% = 450（元）

订立借款合同应纳税额 = 400 000 × 0.005% = 20（元）

编制如下会计分录：

借：管理费用　　470
　　贷：银行存款　　470

八、所得税的核算

所得税企业所得税是对企业、事业单位和社会团体以及其他组织取得的生产经营所得和其他所得征收的一种税。其核算方法可见第十三章。

13

第十三章

经营成果的核算

经营成果是企业一定时期经营收入扣除经营成本后的差额，经营收入大于经营成本，该企业为利润；反之，则为亏损。经营成果反映了企业一定时期的经营业绩。

第一节 利 润 概 述

一、利润的概念

利润，是企业一定会计期间的经营成果，即企业一定期间经营业绩和获利能力的综合反映。通过利润指标可以评价企业管理层的经营业绩，并为投资者、债权人等财务报告使用者进行决策提供重要的依据。利润包括收入减去费用后的净额、直接计入当期利润的利得和损失等。

其中，收入减去费用后的净额，是指企业从事日常活动取得的收入扣减其费用后的差额；直接计入当期利润的利得，是指由企业非日常活动所形成的、会导致所有者权益增加的、与所有者投入资本无关的经济利益的流入；直接计入当期利润的损失，是指企业非日常活动所发生的、会导致所有者权益减少的、与所有者分配利润无关的经济利益的流出。企业当期确认的投资收益或投资损失、处置固定资产、债务重组利得或损失等，均属于直接计入当期利润的利得和损失。

二、利润的作用

在市场经济条件下，追求利润最大化已成为企业生产经营活动的主要目标之一。利润是企业生存与发展的必要条件，也是考核和分析企业管理水平高低的一项综合性指标，其作用表现在以下方面。

1. 利润是所得税的基础，是国家财政收入的保障。因此，利润计量的正确与否，直接关系到国家的利益和社会的发展。

2. 利润是反映企业经营成果、评价企业管理层效绩的一个重要指标。利润指标是收入与费用确认和配比的结果，而收入和费用又是企业经营活动的主要表现。通过对利润的计量，能够全面反映企业的经营过程及其成果，反映企业经营管理者的工作业绩和经营效率。

3. 利润是企业的投资者、债权人等相关利益者进行决策的重要依据。企业的现有股东是否继续持股、是否追加投资？债权人是否继续向企业提供信用？潜在投资者手中持有的资本能否流入企业？这些决策的重要依据就取决于企业的获利能力。利润指标正是企业获利能力的一个重要显示器，直接反映企业盈利水平和获利能力，是进行投资和信贷决策必不可少的重要信息。

三、利润的构成

企业的利润，既有通过生产经营活动获得的，也有通过投资活动取得的，还包括那些与生产经营活动无直接关系的事项所引起的盈亏。企业利润可按营业利润、利润总额和净利润三个层次核算。

（一）营业利润

营业利润，是指企业从事经营活动所产生的利润，是企业经营活动的主要经营成果，也是企业利润总额的主要组成部分。它是营业收入减去营业成本，减去销售费用、管理费用和财务费用等期间费用，再扣除上交国家的各种流转税金（营业税金及附加）、资产减值损失以及加减公允价值变动损益、投资损益后的余额。其计算方法如下：

营业利润 = 营业收入 - 营业成本 - 营业税金及附加 - 销售费用 - 管理费用 - 财务费用 - 资产减值损失 ± 公允价值变动损益 ± 投资损益

通过营业利润指标，可以较为恰当地反映企业管理者的经营业绩，有助于投资者、债权人进行盈利预测，并作出正确决策。

（二）利润总额

利润总额，是企业经营成果的综合反映，是企业会计核算的重要组成部分。企业在经营过程中，通过销售过程将商品卖给购买方，实现收入，收入扣除当初的投入成本以及其他一系列费用，再加减非经营性质的收支及投资收益（或损失），即为企业的利润总额或亏损总额。其计算方法如下：

利润总额 = 营业利润 + 营业外收入 - 营业外支出

（三）净利润

企业净利润（或净亏损）为利润总额减去所得税后的余额，其计算公式如下：

净利润 = 利润总额 - 所得税

四、营业利润的核算

（一）营业利润的性质

营业利润，是指企业从事经营活动所产生的利润，是企业经营活动的主要经营成果。它是营业收入减去营业成本，减去销售费用、管理费用和财务费用等期间费用，再扣除上交国家的各种流转税金（营业税金及附加）、资产减值损失以及加减公允价值变动损益、投资损益后的余额。营业利润是企业利润总额的主要组成部分，也是其主要来源。营业利润的多少，主要受到企业的经营规模、市场占有率、开展多元化经营的程度以及成本费用控制水平等因素的影响。通常情况下，营业利润越大，代表企业的总体经营管理水平越高，效益越好。因此，通过营业利润指标，可以较为恰当地反映企业管理者的经营业绩，有助于投资者、债权人进行盈利预测，并作出正确决策。

（二）营业利润的组成

1. 营业收入。营业收入是指企业在生产经营活动中由于销售商品、提供劳务等所取得的货币收入。营业收入一般分为主营业务收入和其他业务收入。

（1）主营业务收入。主营业务收入，是指旅游、餐饮企业从事各类服务、商品购销活动取得的收入；主营业务收入一般占企业收入的比重较大，对企业的经济效益产生较大的影响。

旅游、餐饮企业销售商品、提供旅游服务实现的收入，应按照实际收到或应收的价款，借记“库存现金”、“银行存款”、“应收账款”、“应收票据”等账户，按销售收入的金额，贷记“主营业务收入”账户。期末，将主营业务收入余额转入本年利润时，借记“主营业务收入”账户，贷记“本年利润”账户。

（2）其他业务收入。其他业务收入，是指旅游、餐饮企业主营业务以外不独立核算的其他业务或附营业务所发生的收入，如材料销售、技术转让、固定资产出租、包装物出租收入等。其他业务收入具有发生的次数不多、每笔收入金额不大、收入不稳定、服务对象不固定以及占营业收入比重低的特点。

企业确认的其他业务收入，借记“银行存款”、“应收账款”等账户，贷记“其他业务收入”账户等账户。

期末，将其他业务收入余额转入本年利润时，借记“其他业务收入”账户，贷记“本年利润”账户。

2. 营业成本。营业成本是指企业在一定的期间为取得一定的主营业务收入和其他业务收入所发生的物化劳动和必要的活劳动的货币支出。与营业收入分类相对应，企业营业成本一般分为主营业务成本和其他业务成本。

（1）主营业务成本。与主营业务收入相关的主营业务成本，在旅游、餐饮企业指已销商品的进价成本。

期末，企业应根据本期销售各种商品、提供的各种劳务等实际成本，计算应结转的主营业务成本，借记“主营业务成本”账户，贷记“库存商品”、“原材料”等账户。

期末，将主营业务成本余额转入本年利润时，借记“本年利润”账户，贷记“主营业务成本”账户。

（2）其他业务成本。其他业务成本，是指企业在从事其他业务过程中为取得收入而发生的各项业务成本，如出租包装物的价值摊销额、出租固定资产的折旧额等。

企业发生的其他业务成本时，借记“其他业务成本”账户，贷记“包装物”、“低值易耗品”、“累计折旧”、“累计摊销”、“应付职工薪酬”、“银行存款”等账户。

期末，将其他业务成本余额转入本年利润时，借记“本年利润”账户，贷记“其他业务成本”账户。

3. 营业税金及附加。营业税金及附加，是指应由营业收入（包括主营业务收入和其他业务收入）补偿的各种税金及附加费，主要包括营业税、城市维护建设税和教育费附加等。

旅游、餐饮企业按规定计算确定的与经营活动相关的税费，借记“营业税金及附加”账户，贷记“应交税费”账户；期末，将营业税金及附加转入本年利润时，借记“本年利润”账户，贷记“营业税金及附加”账户。

4. 销售费用、管理费用和财务费用。销售费用是企业销售商品、提供劳务的过程中发生的各种费用；管理费用是指企业行政管理部门为组织和管理经营活动而发生的各项费用；财务费用是企业为筹集生产经营所需资金等而发生的筹资费用。

旅游、餐饮企业企业发生销售费用、管理费用和财务费用时，应借记“销售费用”、“管理费用”和“财务费用”账户，贷记“银行存款”等账户。期末，将销售费用、管理费用和财务费用转入本年利润时，借记“本年利润”账户，贷记“管理费用”、“销售费用”和“财务费用”账户。

5. 资产减值损失。资产减值损失，是指企业计提各项资产减值准备所形成的损失。包括应收账款、存货、长期股权投资、持有至到期投资、固定资产、在建工程、无形资产等资产发生减值确认的减值损失。

企业根据资产减值等准则确定资产发生的减值的，按应减记的金额，借记“资产减值损失”账户，贷记“坏账准备”、“存货跌价准备”、“长期股权投资减值准备”、“持有至到期投资减值准备”、“固定资产减值准备”、“在建工程——减值准备”、“无形资产减值准备”等账户。企业计提坏账准备、存货跌价准备、持有至到期投资减值准备等后，相关资产的价值又得恢复，应在原已计提的减值准备金额内，按恢复增加的金额，借记“坏账准备”、“存货跌价准备”、“持有至到期投资减值准备”、等账户，贷记“资产减值损失”账户。

期末，将资产减值损失转入本年利润时，借记“本年利润”账户，贷记“资产减值损失”账户。

6. 公允价值变动损益。公允价值变动损益，是指交易性金融资产以及其他以公允价值计量的资产和负债由于公允价值变动形成的损益。

有关资产的公允价值高于或低于其账面价值时，应确认公允价值变动损益，借记或贷记有关资产账户，贷记或借记“公允价值变动损益”账户。期末，将公允价值变动损益转入本年利润时，借记或贷记“公允价值变动损益”账户，贷记或借记“本年利润”账户。

7. 投资收益。投资收益，是指企业以各种方式对外投资所取得的收益（或发生的损失）。投资收益包括：企业根据长期股权投资准则确认的投资收益或投资损失；企业确认的采用公允价值模式计量的投资性房地产的租金收入和处置损益；企业处置交易性金融资产、交易性金融负债、指定为以公允价值计量且其变动计入当期损益的金融资产或金融负债、可供出售金融资产实现的损益；企业的持有至到期投资和买入返售金融资产在持有期间取得的投资收益和处置损益。

营业利润计算公式如下：

营业利润 = 营业收入 - 营业成本 - 营业税金及附加 - 销售费用 - 管理费用 - 财务费用 - 资产减值损失 ± 公允价值变动损益 ± 投资损益

营业利润各组成部分的核算方法已在相关章节中有详细的论述，在此不再重复。

五、利润总额的核算

（一）利润总额的性质与组成

利润总额，是企业生产经营成果的综合反映，是企业会计核算的重要组成部分。企业在生产经营过程中，通过销售过程将商品卖给购买方，实现收入，收入扣除当初的投入成本以及其他一系列费用，再加减非经营性质的收支及投资收益（或损失），即为企业的利润总额或亏损总额。

企业的利润总额是由营业利润和营业收支组成，其计算公式可表述如下：

利润总额 = 营业利润 + 营业外收入 - 营业外支出

利润总额公式中，有关营业利润在本章第二节有详细说明，下面对营业外收支做重点介绍。

（二）营业外收入的核算

1. 营业外收入的内容。营业外收入是企业发生的与其经营活动无直接关系的各项净收入。主要包括：

（1）处置非流动资产利得。非流动资产处置利得包括固定资产处置利得和无形资产出售利得。固定资产处置利得，指企业出售固定资产所取得价款或报废固定资产的材料价值和变价收入等，扣除处置固定资产的账面价值、清理费用、处置相关税费后的净收益；无形资产出售利得，指企业出售无形资产所取得价款，扣除出售无形资产的账面价值、出售相关税费后的净收益。

（2）非货币性资产交换利得。是指以固定资产、无形资产为对象的非货币性资产交换，这种交换具有商业实质且公允价值能够可靠计量时，换出资产的公允价值与换出资产账面价值的差额。

（3）债务重组利得。债务重组利得是指重组债务的账面价值与重组后债务的入账价值和预计负债金额之和的差额。

（4）罚没利得。罚没利得是指企业取得的滞纳金和各种形式的罚款收入，在弥补由于对方违反制度或协议而造成的经济损失后的罚款净收入。企业在经济交往中，因供应单位不履行合同而向其收取的赔款，因购买单位不履行合同、协议支付货款而向其收取的赔偿金、滞纳金等各种形式的罚款收入，都是对对方违反制度或协议的一种经济制裁，并不是企业本身主观努力而取得的收入。因此，企业取得的罚款收入，在弥补由于对方违反制度或协议而造成的经济损失后，其多余部分，作为企业营业外收入处理。

（5）政府补助利得。企业取得的政府补助之所以确认为营业外收入，是因为企业在日常活动中取得的政府补助，形成经济利益流入的组成部分，但由于是无偿的，又不符合销售收入或提供服务收入的确认条件，因此作为营业外收入。

（6）无法支付的应付款项。无法支付的应付款项是指企业的应付款项由于债权人破产、消亡等原因无法偿还的款项。这种款项并不是企业在生产经营活动中取得的收入，而是无法支付给债权人的款项。因此，这部分款项转作营业外收入。

（7）捐赠利得。捐赠利得是指企业接受捐赠产生的利得。

（8）盘盈利得。盘盈利得，主要指对于现金等资产清查盘点中盘盈的部分，报经批准后计入营业外收入的金额。

旅游、餐饮企业应设置“营业外收入”账户对营业外收入进行核算。“营业外收入”账户核算企业发生的与其生产经营无直接关系的各项收入。该账户贷方登记企业发生的营业外收入；借方登记期末转入“本年利润”账户的营业外收入；结转后“营业外收入”账户无余额。其明细账应按营业外收入的项目设置。

企业确认营业外收入时，借记有关账户，贷记“营业外收入”账户。期末，将营业外收入转入本年利润，借记“营业外收入”账户，贷记“本年利润”账户。

【例 13－1】 2011 年 10 月份，某旅游、餐饮企业发生营业外收入事项如下：

（1）将固定资产报废清理的净收益 6 000 元转作营业外收入。

（2）应付某公司货款 14 000 元，因该公司撤销而无法偿付，经批准予以转账。

（3）期末，将营业外收入 20 000 元转入本年利润。

根据上述资料，该企业会计处理如下：

借：固定资产清理　　6 000
　　应付账款　　14 000
　　贷：营业外收入　　20 000
借：营业外收入　　20 000
　　贷：本年利润　　20 000

2. 政府补助的核算。政府补助，是指企业从政府无偿取得货币性资产或非货币性，但不包括政府作为企业所有者投入的资本。政府补助具有以下特点：①政府补助是无偿的、有条件的；②政府资本性投入不属于政府补助；③政府补助是企业从政府直接取得的资产，包括货币性资产和非货币性资产，形成企业的收益。政府补助主要有以下几种形式：①财政拨款；②财政贴息；③税收返还；④无偿划拨非货币性资产。

政府补助的核算分为与资产相关政府补助和与收益相关政府补助的核算。

与资产相关的政府补助，是指企业取得的、用于购建或以其他方式形成长期资产的政府补助。企业取得与资产相关的政府补助，不能直接确认为当期损益，应当确认为递延收益，自相关资产达到预定可使用状态时起，在该资产使用寿命内平均分配，分次计入以后各期的营业外收入。相关资产在使用寿命结束前被出售、转让、报废或发生毁损的，应将尚未分配的递延收益余额一次性转入资产处置当期的损益。

与收益相关的政府补助，是指除与资产相关的政府补助之外的政府补助。与收益相关的政府补助用于补偿企业已发生费用或损失的，取得时直接计入当期营业外收入。用于补偿企业以后期间费用或损失的，在取得时先确认为递延收益，然后在确认相关费用的期间计入当期营业外收入。

有些情况下，企业可能不容易分清与收益相关的政府补助是用于补偿已发生费用，还是用于补偿以后将发生的费用。根据重要性原则，企业通常可以将与收益相关的政府补助直接计入当期营业外收入，对于金额较大的补助，可以分期计入营业外收入。

（三）营业外支出的核算

营业外支出，是指企业发生的与其经营活动无直接关系的各项净支出。

营业外支出虽然不属于经营资金的垫支耗费，但不能作为产品补偿价的组成部分，而只是对企业经营成果的扣减。在会计核算中，不混淆经营费用与营业外支出的界限。营业外支出包括：

1. 处置非流动资产损失。处置非流动资产损失，是指企业将多余的、闲置的和不需要用的固定资产、无形资产等非流动资产处理或变卖给其他单位，其收入的价款低于账面价值所发生的损失。

2. 非货币性资产交换损失。是指以固定资产、无形资产为对象的非货币性资产交换，这种交换具有商业实质且公允价值能够可靠计量时，换出资产的公允价值与换出资产账面价值的差额。

3. 债务重组损失。债务重组损失，是指重组债务的账面价值与重组后债务的入账价值和预计负债金额之和的差额。

4. 盘亏损失。盘亏损失，主要是指固定资产清查盘点中盘亏的固定资产，在查明原因处理时按确定的损失计入营业外支出的金额。

5. 罚款支出。罚款支出，是指企业由于违反税收法规、经济合同等而支付的各种滞纳金和罚款。

6. 捐赠支出。公益性捐赠支出，指企业对外进行公益性捐赠发生的支出。

7. 非常损失。非常损失是指企业由于特殊原因，如自然灾害等造成的损失。

营业外支出应当按照实际发生的数额进行核算。发生营业外支出时，在相对应的会计期间，应当冲减企业当期的利润总额。

"营业外支出"账户核算企业发生的与其生产经营无直接关系的各项支出。该账户借方登记发生的各项营业外支出数额；贷方登记期末转入"本年利润"账户的营业外支出；结转后"营业外支出"账户无余额。其明细账应按支出项目设置。

旅游、餐饮企业发生的营业外支出时，借记"营业外支出"账户，贷记"待处理财产损溢"、"库存现金"、"银行存款"、"固定资产清理"等账户。期末，应将营业外支出转入本年利润时，借记"本年利润"账户，贷记"营业外支出"账户。

【例 13-2】2011 年 10 月份，某旅游、公司发生营业外支出事项如下：

（1）将已经发生的固定资产意外灾害损失 350 000 元转账；（2）以银行存款 50 000 元支付税款滞纳金；（3）期末，将营业外收入 50 000元转入本年利润。

根据上述资料，该旅游公司会计处理如下：

借：营业外支出	400 000	
贷：固定资产清理		350 000
银行存款		50 000
借：本年利润	400 000	

贷：营业外支出　　　　　　　　　　　　　400 000

六、利润总额形成的方法

为了进行本年利润总额的核算，企业应设置“本年利润”账户，核算企业本年度实现的利润（或亏损）。该账户的贷方登记从收入账户余额转入数；借方登记从支出账户余额转入数。结转以后，“本年利润”账户余额如在借方，则表示企业发生的亏损总额，余额如在贷方，则反映企业本年度累计实现的利润总额。

企业应按月度、年度计算利润总额。会计实务中，利润总额形成的方法有“账结法”和“表结法”，每月月末，企业可根据其实际情况自行选择；年终，应采用“账结法”。

（一）利润总额形成的账结法

账结法，是通过编制记账凭证来完成损益结转工作的方法。采用账结法确定本年利润，应在期末将该期间各损益类账户的余额转入“本年利润”账户，通过“本年利润”账户算出本期的利润总额或亏损总额。

结转收入类账户时，借记“主营业务收入”、“其他业务收入”、“投资收益”、“公允价值变动损益”、“营业外收入”等账户，贷记“本年利润”账户。

结转费用类账户时，借记“本年利润”账户，贷记“主营业务成本”、“营业税金及附加”、“其他业务成本”、“销售费用”、“管理费用”、“财务费用”、“资产减值损失”、“投资收益”、“公允价值变动损益”、“营业外支出”、“所得税费用”等账户。结转后，期末各损益类账户应无余额，“本年利润”账户如为贷方余额，反映企业自年初至年末累计实现的净利润：如为借方余额，反映企业自年初至年末累计发生的净亏损。

账结法的优点是各月均可通过“本年利润”账户提供其利润额，记账业务程序完整。但从实用角度讲，采用账结法编制结转损益分录的工作量较大。

【例 13 -3】某旅游公司利润每月采用账结法核算。2010 年 12 月 31 日，该企业转账前各损益类账户余额如表 13 -1 所示。

表 13－1　　转账前各损益类账户余额

账　户	贷方余额	借方余额
主营业务收入	30 000 000	
其他业务收入	500 000	
投资收益	80 000	
营业外收入	20 000	
主营业务成本		22 000 000
营业税金及附加		300 000
其他业务成本		20 000
管理费用		1 200 000
销售费用		700 000
财务费用		300 000
资产减值损失		500 000
营业外支出		40 000

根据表 13－1 资料，公司月终应编制如下会计分录：

（1）结转收入类账户：

借：主营业务收入　　30 000 000
　　其他业务收入　　500 000
　　投资收益　　80 000
　　营业外收入　　20 000
　　贷：本年利润　　30 600 000

（2）结转支出账户：

借：本年利润　　26 000 000
　　贷：主营业务成本　　22 000 000
　　　　营业税金及附加　　800 000
　　　　其他业务成本　　200 000
　　　　管理费用　　1 200 000
　　　　销售费用　　200 000
　　　　财务费用　　350 000
　　　　资产减值损失　　150 000
　　　　营业外支出　　100 000

经过以上结转后，该公司 12 月份“本年利润“账户增加贷方余额 4 600 000（30 600 000－26 000 000）元，即 12 月份实现的利润总额。

（二）利润总额形成的表结法

表结法是通过“利润表”来完成损益结转工作的方法。采用表结法，月末结账时各损益类账户的本期发生额不转入“本年利润”账户，通过“利润表”计算出从年初到本月止的本年累计利润，然后减去上月止本表中的本年累计利润，就是本月份的利润或亏损。年终将各损益类账户的全年累计余额一次转入“本年利润”账户，同时结平各损益类账户。

需要说明的是，即使企业平时采用“表结法”确定其利润或亏损，但年终时仍需采用“账结法”，将损益类各账户的全年累计余额转入“本年利润”账户，在“本年利润”账户集中反映本年的全年利润及其构成情况。

第二节　净利润形成的核算

（一）净利润的组成

净利润，是指企业利润总额扣减所得税费用后的余额。净利润指标既是评价企业管理层业绩的一项重要指标，也是投资者、债权人等财务报告使用者进行决策时的重要参考，此外它也是对企业经营成果进行分配的重要依据。

净利润计算公式如下：

净利润 = 利润总额 − 所得税费用

（二）所得税费用的核算

所得税包括企业所得税和个人所得税。这里所讲的所得税即企业所得税，它是对我国境内的企业和其他取得收入的组织的生产经营所得和其他所得所征收的一种税。企业所得税既是国家财政收入的重要来源，也是企业一项主要的经营费用。

所得税费用是指企业因交纳所得税而确认的当期费用。从会计的角度来看，企业缴纳的所得税和其他费用一样，符合费用的定义和确认的条件，所以也属于一项费用，故称为所得税费用。

企业应交的所得税不一定等于当期所得税费用。利润表中的所得税费用由当期所得税和递延所得税组成，其计算公式如下：

所得税费用（或收益）＝当期所得税＋递延所得税

1. 当期所得税的核算。当期所得税，当期所得税是指企业按照税法规定计算确定的针对当期发生的交易和事项，应交纳给税务部门的所得税金额，即当期应交所得税。企业在确定当期所得税时，对于当期发生的交易或事项，会计处理与税收处理不一定相同，因此，应在会计利润的基础上，按照税收法规的要求进行调整，计算出当期应纳税所得额，按照应纳税所得额与适用所得税税率计算确定当期应交所得税。其中，应纳税所得额是在企业税前会计利润（即利润总额）的基础上调整确定的。其计算公式为：

应纳税所得额＝税前会计利润＋纳税调整增加额－纳税调整减少额

税前会计利润一般是指利润表中的利润总额。

纳税调整增加额主要包括税法规定允许扣除项目中，企业已计入当期费用但超过税法规定扣除标准的金额（如超过税法规定标准的工资支出、业务招待费支出），以及企业已计入当期损失但税法规定不允许扣除项目的金额（如非金融企业确认的资产减值损失、支付的税收滞纳金以及各种罚款、罚金等）。

纳税调整减少额主要包括按税法规定允许弥补的亏损和准予免税的项目，如前五年内的未弥补亏损和国债利息收入等。

企业当期所得税的计算公式为：

当期所得税（当期应交所得税）＝应纳税所得额×适用税率－减免税额－抵免税额

【例 13－4】某旅游饮食股份有限公司 2009 年度利润表中利润总额为 30 000 000 元，该公司适用的所得税税率为 25%。递延所得税资产及递延所得税负债不存在期初余额。与所得税核算有关的情况如下①：

2009 年发生的有关交易和事项中，会计处理与税收处理存在差别的有：

（1）2009 年 1 月开始计提折旧的一项固定资产，成本为 15 000 000 元，使用年限为 10 年，净残值为 0，会计处理按双倍余额递减法计提折旧，税收处理按直线法计提折旧。假定税法规定的使用年限及净残值与会计规定相同。

（2）向关联企业捐赠现金 5 000 000 元。假定按照税法规定，企业向关联方的捐赠不允许税前扣除。

（3）当期取得作为交易性金融资产核算的股票投资成本为

① 2010 年度注册会计师全国统一考试辅导教材《会计》。

8 000 000元，2009 年 12 月 31 日的公允价值为 12 000 000 元。税法规定，以公允价值计量的金融资产持有期间市价变动不计入应纳税所得额。

（4）违反环保法规定应支付罚款 2 500 000 元。

（5）期末对持有的存货计提了 750 000 元的存货跌价准备。

根据上述资料，该旅游饮食股份有限公司 2009 年度当期应交所得税计算过程如下：

应纳税所得额 = 30 000 000 + 1 500 000 + 5 000 000 − 4 000 000 + 2 500 000 + 750 000 = 35 750 000（元）

应交所得税 = 35 750 000 × 25% = 8 930 750（元）

2. 递延所得税的核算。递延所得税是指按照所得税准则规定当期应予确认的递延所得税资产和递延所得税负债金额，即递延所得税资产及递延所得税负债当期发生额的综合结果，但不包括计入所有者权益的交易或事项的所得税影响。用公式表示即为：

递延所得税 = 递延所得税负债 − 递延所得税资产

或：

$$递延所得税 = \begin{pmatrix}递延所得税负债 \\ 的期末余额\end{pmatrix} - \begin{pmatrix}递延所得税负债 \\ 的期初余额\end{pmatrix} - \begin{pmatrix}递延所得税资产 \\ 的期末余额\end{pmatrix} - \begin{pmatrix}递延所得税资产 \\ 的期末余额\end{pmatrix}$$

（1）递延所得税负债。递延所得税负债是指按照应纳税暂时性差异和适用税率计算确定的负债，其性质属于应付的税款，在未来期间转为应纳税款。

递延所得税负债产生于应纳税暂时性差异。应纳税暂时性差异，是指在确定未来收回资产或清偿负债期间的应纳税所得额时，将导致产生应税金额的暂时性差异。

递延所得税负债计算公式如下：

递延所得税负债 = 应纳税暂时性差异 × 所得税税率

应纳税暂时性差异通常产生于以下两者情况：一是资产的账面价值大于其计税基础；二是负债的账面价值小于其计税基础。

①“资产的账面价值”与“资产的计税基础”。“资产的账面价值”，是指按照会计准则规定确定的有关资产在资产负债表中应列示的金额。如固定资产，其账面价值就等于固定资产历史成本扣除计提的折旧，再减去固定资产减值准备。

“资产的计税基础”，是指特定的资产项目在未来期间计税时，按照税法规定可以从税前扣除的金额。

资产的账面价值大于其计税基础，意味着该项资产未来期间产生的经济利益不能全部税前抵扣，两者之间的差额需要交税，产生应纳税暂时性差异。

【例 13－5】某公司环保设备原价为 10 000 000 元，使用年限为 20 年，会计处理时按照直线法计提折旧，税收处理允许加速折旧，企业在计税时对该项资产按双倍余额递减法计列折旧，净残值为 0。计提了 2 年的折旧后，会计期末，企业对该项固定资产计提了 800 000 元的固定资产减值准备。该企业适用所得税率为 25%。在该时点：

环保设备账面价值＝10 000 000－500 000－500 000－800 000
＝8 200 000（元）

环保设备计税基础＝10 000 000－1 000 000－900 000
＝8 100 000（元）

环保设备账面价值 8 200 000 元，代表的是企业在持续使用或最终出售该项资产时将取得的经济利益的总额。

环保设备计税基础 8 100 000 元，为按照税法规定可以自未来期间的经济利益中抵扣的金额。

环保设备账面价值 820 万元与其计税基础 810 万元（环保设备账面价值＞环保设备计税基础）之间差额，为“应纳税暂时性差异”。该差额会造成未来期间应纳税所得额和应交所得税的增加。应纳税暂时性差异 100 000（8 200 000－8 100 000）元乘以 25% 税率即为递延所得税负债 25 000 元。

② “负债的账面价值”与“负债的计税基础”。“负债的账面价值”，是指按照会计准则规定确定的有关负债在资产负债表中应列示的金额。“负债的计税基础”，是指负债的账面价值减去未来期间计算应纳税所得额时按照税法规定可予抵扣的金额。用公式表示为：

负债的计税基础＝负债的账面价值－未来期间按照税法规定可予税前扣除的金额

负债的账面价值小于其计税基础，则意味着就该项负债在未来期间可以税前抵扣的金额为负数，即应在未来期间应纳税所得额的基础上调增，增加未来期间的应纳税所得额和应交所得税金额，产生应纳税暂时性差异，应确认相关的递延所得税负债。

（2）递延所得税资产。递延所得税资产主要是指按照可抵扣暂时性差异和适用税率计算确定的资产，其性质属于预付的税款，在未来期间抵扣应纳税款。

递延所得税资产产生于可抵扣暂时性差异。可抵扣暂时性差异是指在确定未来收回资产或清偿负债期间的应纳税所得额时，将导致产生可抵扣金额的暂时性差异。

递延所得税资产计算公式如下：

递延所得税资产＝可抵扣暂时性差异×所得税税率

可抵扣暂时性差异通常产生于以下两者情况：一是资产的账面价值

小于其计税基础；二是负债的账面价值大于其计税基础。

资产的账面价值小于其计税基础，意味着资产在未来期间产生的经济利益少，按照税法规定允许税前扣除的金额多，两者之间的差额可以减少企业在未来期间的应纳税所得额并减少应交所得税，符合有关条件时，应当确认相关的递延所得税资产。

【例 13－6】某企业一项固定资产的账面价值为 2 000 000 元，计税基础为 2 600 000 元，形成可抵扣暂时性差异 600 000 元，意味着企业在未来期间就该项资产可以在其自身取得经济利益的基础上多扣除 600 000元。从整体上来看，未来期间应纳税所得额会减少，如果所得税率为25%，应交所得税也会减少 150 000（600 000×25%）元，应确认递延所得税资产 150 000 元。

负债的账面价值大于其计税基础，意味着未来期间按照税法规定与负债相关的全部或部分支出可以自未来应税经济利益中扣除，减少未来期间的应纳税所得额和应交所得税。符合有关确认条件时，应确认相关的递延所得税资产。

【例 13－7】2010 年 12 月 20 日，某公司收到一笔合同预付款，金额为25 000 000元，作为预收账款核算。按照适用税法规定，该款项应计入当期应纳税所得额。该预收账款在企业 2010 年 12 月 31 日资产负债表的账面价值为 25 000 000 元，其计税基础为 0（＝账面价值 25 000 000元－未来期间计算应纳税所得额时按照税法规定可予抵扣的金额 25 000 000 元）。

预收账款账面价值 25 000 000 元＞预收账款计税基础 0，其 25 000 000元的暂时性差异，会减少企业于未来期间的应纳税所得额。暂时性差异 25 000 000×25%，应确认为递延所得税资产 6 250 000 元。

【例 13－8】承【例 13－4】，该旅游饮食股份有限公司 2009 年资产负债表相关项目金额及其计税基础如表 13－2 所示。①

表 13－2　资产负债表项目及计税基础差异表

单位：元

项　目	账面价值	计税基础	差　异	
			应纳税暂时性差异	可抵扣暂时性差异
存货	20 000 000	20 750 000		750 000
固定资产账面价值	12 000 000	13 500 000		1 500 000
交易性金融资产	12 000 000	8 000 000	4 000 000	
其他应付款	2 500 000	2 500 000		
总　计			4 000 000	2 250 000

① 《会计》。

(1) 2009 年度递延所得税：

递延所得税资产 = 2 250 000 × 25% = 562 500（元）

递延所得税负债 = 4 000 000 × 25% = 1 000 000（元）

递延所得税 = 1 000 000 − 562 500 = 437 500（元）

(2) 利润表中应确认的所得税费用：

所得税费用 = 893 750 + 437 500 = 9 375 000（元），确认所得税费用的账务处理如下：

借：所得税费用　　9 375 000

　　递延所得税资产　　562 500

　贷：应交税费——应交所得税　　8 937 500

　　　递延所得税负债　　1 000 000

【例 13－9】承【例 13－4】、【例 13－8】，假定该旅游饮食股份有限公司 2010 年当期应交所得税为 11 550 000 元。资产负债表中有关资产、负债的账面价值与其计税基础相关资料如表 13－3 所示，除所列项目外，其他资产、负债项目不存在会计和税收的差异。①

表 13－3　**资产负债表项目及计税基础差异表**　单位：元

项目	账面价值	计税基础	差异	
			应纳税暂时性差异	可抵扣暂时性差异
存货	40 000 000	42 000 000		2 000 000
固定资产				
固定资产原价	15 000 000	15 000 000		
减：累计折旧	5 400 000	3 000 000		
减：固定资产减值准备	500 000	0		
固定资产账面价值	9 100 000	12 000 000		2 900 000
交易性金融资产	16 750 000	10 000 000	6 750 000	
预计负债	2 500 000	0		2 500 000
总计			6 750 000	7 400 000

分析：

(1) 当期所得税 = 当期应交所得税 = 11 550 000（元）

(2) 递延所得税：

①期末递延所得税负债（6 750 000 × 25%）1 687 500

期初递延所得税负债 1 000 000

递延所得税负债增加 687 500

②期末递延所得税资产（7 400 000 × 25%）1 850 000

① 《会计》。

期初递延所得税资产 562 500

递延所得税资产增加 1 287 500

递延所得税 = 687 500 - 1 287 500 = - 600 000（元）（收益）

（3）确认所得税费用：

所得税费用 = 11 550 000 - 600 000 = 10 950 000（元）

确认所得税费用的账务处理如下：

借：所得税费用	10 950 000	
递延所得税资产	1 287 500	
贷：递延所得税负债		687 500
应交税费——应交所得税		11 550 000

（三）年终净利润的结转

年终，企业按上述步骤和方法算出“本年利润”余额后，应将“本年利润”账户的最终余额（即净利润）转入“利润分配”账户。若为贷方余额，编制借记“本年利润”账户，贷记“利润分配——未分配利润”账户的会计分录；若为借方余额，则编制，借记“利润分配——未分配利润”账户，贷记“本年利润”账户的会计分录。结转后，“本年利润”账户应无余额；同时，将利润分配各项目转入未分配利润。

【例 13 - 10】承【例 13 - 9】年末，将所得税费用转入本年利润。编制如下会计分录：

结转所得税费用：

借：本年利润	10 950 000	
贷：所得税费用		10 950 000

第三节　净利润分配的核算

一、企业净利润分配的程序

投资者投入企业的资本，通过企业的生产经营活动，不仅要保持原投资的完整，而且要力求超出原投资的价值，即获得盈利。企业盈利扣除所得税后净额，一般称之为净利润。

按照我国《公司法》的规定，公司税后的利润（即净利润），除国家另有规定者外，应按下列顺序分配：①弥补亏损，法定公积金不足弥补前期亏损的，应先用当年利润弥补；②提取法定盈余公积金；③提取任意盈余公积金；④向投资人分配利润（企业以前年度未分配的利润，可以并入本年度内向投资人分配）。

二、盈余公积的核算

（一）盈余公积的性质和内容

盈余公积，是指企业按照规定从净利润中提取的积累资金。获取盈利既是企业的经营目标，也是企业生存和发展的基础。一个企业取得盈利后，首先应当根据国家税法的规定按时足额地交纳所得税，扣除所得税后的净利润，需要按照企业的章程、规定提取盈余公积。一般来说，企业出于以下原因需要按规定或自愿提取盈余公积：①任何一个企业都不可以将获取的净利润一次性全部分配给股东，企业应根据生产发展的需要，按照一定的比例从净利润中提取相应的积累资金，用于满足企业进行扩大再生产的资金需要。②在企业面临着激烈的竞争环境下，其经营也必然会随着市场的变化出现波动。有时，企业会受到各种因素的影响，出现不景气，甚至严重亏损。提取盈余公积，建立储备资金，企业可以在必要时，通过动用这部分盈余公积来保证企业的正常生产经营，弥补企业经营中的亏损。③在企业没有净收益的会计期内，保证发放一定数额的股利，以稳定股东，维护企业的形象。

盈余公积按取得方式和用途不同可分为法定盈余公积和任意盈余公积。

1. 法定盈余公积。法定盈余公积，是指企业按照规定比例从净利润中提取的盈余公积。其所以为“法定”，是因为它是由我国《公司法》明确规定了的，所有企业均必须计提，只有当企业计提的盈余公积累计达到注册资本的50%时可以不再提取。按照我国《公司法》有关规定，公司制企业应当按照净利润（减弥补以前年度亏损，下同）的10%提取法定盈余公积。非公司制企业法定盈余公积的提取比例可超过净利润的10%。值得注意的是，在计算提取法定盈余公积的基数时，不应包括企业年初未分配利润。

2. 任意盈余公积。公司制企业可根据股东大会的决议提取任意盈余公积。非公司制企业经类似权力机构批准，也可提取任意盈余公积。提取任意盈余公积既不会使公司留存收益减少，也不会使其增加，其目的在于在获利较多的年度，多提公积，积蓄财力，以便用于发生特殊情况或亏损的年度，使各期股利水平不致悬殊过大。

法定盈余公积和任意盈余公积的区别在于，法定盈余公积的计提是按照国家有关法律、法规进行的，计提的标准也要符合有关的规定；而任意盈余公积是否计提、计提多少完全取决于公司股东会的决定。

（二）盈余公积的用途

企业提取的盈余公积主要有以下方面的用途：

1. 弥补亏损。根据有关法规的规定，企业发生亏损，可以用发生亏损后五年内实现的税前利润来弥补，当发生的亏损在五年内仍不足弥补的，应使用随后所实现的所得税后利润弥补。通常，当企业发生的亏损在所得税后利润仍不足弥补的，可以用所提取的盈余公积来加以弥补，但是，用盈余公积弥补亏损应当由董事会提议，股东大会批准，或者由类似的机构批准。

2. 转增资本（股本）。当企业提取的盈余公积累积比较多时，可以将盈余公积转增资本（股本），但是必须经股东大会或类似机构批准，并按股东原有股份（或投资）比例结转，用盈余公积转增资本（股本）后，留存的盈余公积不得少于注册资本的25%。

3. 发放现金股利或利润。企业无利润，原则上不得分配现金利润或股利。但当企业累积的盈余公积比较多，而未分配利润比较少时，为了维护企业形象，给投资者以合理的回报，对于符合规定条件的企业，也可以用盈余公积分派现金利润或股利。

三、盈余公积的提取、使用的核算

（一）盈余公积提取的核算

旅游、餐饮企业应设置“盈余公积”账户核算盈余公积提取和使用情况。该账户贷方登记企业提取盈余公积的数额；借方登记企业盈余公积使用的数额；期末贷方余额反映企业提取盈余公积的结余额。其明细账按盈余公积的种类设置。

企业按规定提取盈余公积时，应通过“利润分配”和“盈余公积”等账户处理。

【例13-11】某旅游、餐饮企业2009年实现净利润为10 000 000元，年初未分配利润为0。经股东大会批准，该企业按当年净利润的

10% 提取法定盈余公积。假定不考虑其他因素。编制如下会计分录：

本年提取盈余公积金额 = 10 000 000 × 10% = 1 000 000（元）

借：利润分配——提取法定盈余公积　　1 000 000

　　贷：盈余公积——法定盈余公积　　1 000 000

提取、使用任意盈余公积的会计处理，可参照法定盈余公积的相应办法进行。

（二）盈余公积使用的核算

1. 弥补亏损的核算。旅游、餐饮企业发生亏损，应由企业自行弥补。弥补亏损的方法主要有三个：一是用以后年度税前利润弥补。按照规定，企业发生亏损，可以用以后年度实现利润进行弥补，但弥补期限不得超过五年；二是用以后年度税后利润弥补。超过了税收规定的税前利润弥补期限，未弥补的以前年度亏损可用所得税后利润弥补；三是用盈余公积弥补。

商品流通用盈余公积弥补亏损时，借记“盈余公积”账户，贷记“利润分配——盈余公积转入”账户。

【例 13－12】 某旅游公司企业 2010 年经营亏损 1 500 000 元，经股东大会批准，用以前年度提取的盈余公积弥补当年的亏损。编制如下会计分录：

借：盈余公积——法定（或任意）盈余公积　　1 500 000

　　贷：利润分配——盈余公积转入　　1 500 000

2. 转增资本（或股本）的核算。经股东会决议，旅游、餐饮企业可以将盈余公积转为资本（或股本）。在转增资本时，一是要先办理增资手续；二是要按股东原有股份比例结转，股份有限公司可采用发放新股等方法增加股本；三是法定盈余公积转增资本（或股本）时，转增后留存的盈余公积不得少于注册资金的 25%。用盈余公积转增资本，增加实收资本，减少盈余公积。

【例 13－13】 某旅游、餐饮企业因扩大经营规模需要，经股东大会批准，将盈余公积 350 000 元转增股本。假定不考虑其他因素，编制如下会计分录：

借：盈余公积——法定（或任意）盈余公积　　350 000

　　贷：实收资本　　350 000

3. 分派现金股利或利润的核算。旅游、餐饮企业若无利润，原则上不得分配现金股利或利润。但当企业累积的盈余公积比较多，而未分配利润比较少时，为了维护企业形象，给投资者以合理的回报，对于符合规定条件的企业，也可以用盈余公积分派现金利润或股利。

四、股利分派的核算

股利，是公司按股东所持有股份比例分配给股东的留存收益。分配股利通常是在企业经营获利、具备一定留存收益时，由公司董事会根据本公司营业展望及未来计划决定股利分发形式、金额和时间。

股份有限公司原则上应从累计盈利中分派股利，无盈利不得支付股利，即所谓“无利不分”的原则。但若公司用盈余公积金抵补亏损以后，为维护其股票信誉，经股东大会特别决议，也可用盈余公积金支付股利，不过这样支付股利后留存的法定盈余公积金不得低于注册资本的25%。

股利支付方式有多种，常见的有现金股利和股票股利。

（一）现金股利的核算

旅游、餐饮企业分派现金股利，属于其重大财务事项，何时分派，分派多少，均应由董事会做出分配预案，经股东大会批准后，由公司正式宣告。一般来说，董事会和股东大会可根据企业有足额的可供分配利润，有较为充裕的营运资金的条件，决定和宣告发放现金股利。现金股利的宣告构成了公司对股东应履行的偿付责任，在现金股利发放完毕之前，此项流动负债不应解除。

企业经股东大会或类似机构决议，分配给股东或投资者的现金股利或利润，借记“利润分配——应付现金股利或利润”账户，贷记“应付股利”账户。

【例 13-14】 2010 年 5 月 25 日，某饭店股份公司公布 2009 年度利润分配实施公告：以 2009 年年末公司总股本 95 000 000 股为基数，向所有股东每 10 股派发 5 元现金红利（含税）。股权登记日为 2010 年 6 月 5 日，除息日为 2010 年 6 月 6 日，现金红利发放日为 2010 年 6 月 10 日。该公司会计处理如下：

（1）股利宣布日：

借：利润分配——支付股利　　47 500 000

　　贷：应付股利　　47 500 000

（2）股权登记日和除息日，不作任何会计分录。

（3）股利发放日：

借：应付股利　　47 500 000

　　贷：库存现金　　47 500 000

（二）股票股利的核算

股票股利，是指公司以增发股票作为股利分配给股东，以替代现金股利或作为现金股利的补充。股票股利实质上是发行公司将其应分配给股东的盈利资本化，即将留存收益转为投入资本。由于股票股利未涉及公司任何资产的分配，也未影响公司各个股东权益的变动，并使公司在不增加现金支出的情况下按规定进行股利分配，因而对公司的发展起到了促进作用。在多数国家中，股票不被认为是一种所得，股东可因此而免缴所得税，使其获得税收上的优惠。股票股利有多种形式，其中以普通股股票分配给普通股股东最为常见。

经股东大会或类似机构决议，分配给股东的股票股利，应在办理增资手续后，借记“利润分配——转作股本的股利”账户，贷记“股本”账户。

第四节　未分配利润的核算

一、未分配利润的概念

未分配利润，是指未进行分配的净利润。它是企业所有者权益的组成部分，是企业扩充生产经营规模，准备应付意外事项所需资金的资金来源。

企业在制定利润分配方案时，出于多方面之考虑，往往不能把净利润全部分配，于是形成了未分配利润。未分配利润有两层含义，一是这部分净利润没有分给企业投资者；二是这部分净利润未指定用途，企业可以随时支配使用。在数量上，未分配利润是期初未分配利润，加上本期实现的净利润，减去提取的各种盈余公积和已分配利润的余额。

二、未分配利润形成的核算

企业的未分配利润是个结余数字，在会计期末：企业将会计期间内所实现的所有收入和成本、费用、支出项目都归集到“本年利润”账户下，计算出净利润（或净亏损）之后，转入“利润分配——未分配利润”账户，然后对实现的净利润进行分配，分配之后，“利润分配——未分配利润”账户的余额如果在贷方，即为累积未分配利润；如果在借方，即为累积未弥补亏损。

为了反映企业历年累计的未分配利润的情况，在“利润分配”账户中，专门设置了“未分配利润”明细账户。年度终了，企业将全年的财务成果，自“本年利润”账户转入“利润分配——未分配利润”账户，如为盈利，应借记“本年利润”账户，贷记“利润分配——未分配利润”账户；如为亏损，则作相反的会计分录。同时，将利润分配账户下的其他明细账户余额，转入“未分配利润”明细账户。结转后，“未分配利润”账户贷方余额，为未分配利润；如为借方余额，则为未弥补亏损。

【例 13－15】2010 年，某旅游、餐饮企业实现的净利润和利润分配情况如表 13－4 所示。

表 13－4　　净利润及利润分配账户余额　　单位：元

账户	借方余额	贷方余额
净利润		20 000 000
利润分配		
提取法定盈余公积	2 000 000	
提取任意盈余公积	2 000 000	
应付股利	4 000 000	

根据表 13－4 资料，编制如下会计分录：

（1）结转净利润：

借：本年利润　　20 000 000

　　贷：利润分配——未分配利润　　20 000 000

（2）结转提取的法定盈余公积：

借：利润分配——未分配利润　　2 000 000

　　贷：利润分配——提取法定盈余公积　　2 000 000

（3）结转提取的任意盈余公积：

借：利润分配——未分配利润　　2 000 000

　　贷：利润分配——提取任意盈余公积　　2 000 000

（4）结转应付股利：

借：利润分配——未分配利润　　4 000 000

　　贷：利润分配——应付股利　　4 000 000

14 第十四章

财务报告

财务会计的基本目标是向企业外部有关方面提供有用的会计信息，有助于它们作出各种相关的经济决策。财务会计信息的主要载体是财务报告。财务报告，是指企业对外提供的反映企业某一特定日期的财务状况和某一会计期间的经营成果、现金流量等会计信息的文件。财务报告包括财务报表和其他应当在财务报告中披露的相关信息和资料。

第一节　财务报告概述

一、财务报表的种类

财务报表，是对企业财务状况、经营成果和现金流量的结构性表述。旅游、餐饮企业编制财务报表的目标，是向财务报表使用者提供与企业财务状况、经营成果和现金流量等有关的会计信息，反映企业管理层受托责任履行情况，有助于财务报表使用者作出经济决策。

一套完整的财务报表至少应当包括资产负债表、利润表、所有者权益（或股东权益）变动表、现金流量表和附注组成。

资产负债表反映企业在某一特定日期所拥有的资产、需要偿还的债务以及股东（投资者）拥有的净资产情况。

利润表反映企业在一定会计期间实现的利润或发生亏损的情况。

现金流量表反映企业在一定会计期间现金和现金等价物流入和流出的情况。所有者权益变动表反映构成所有者权益的各组成部分当期的增减变动情况。

各种财务报表的关系如图 14－1 所示。

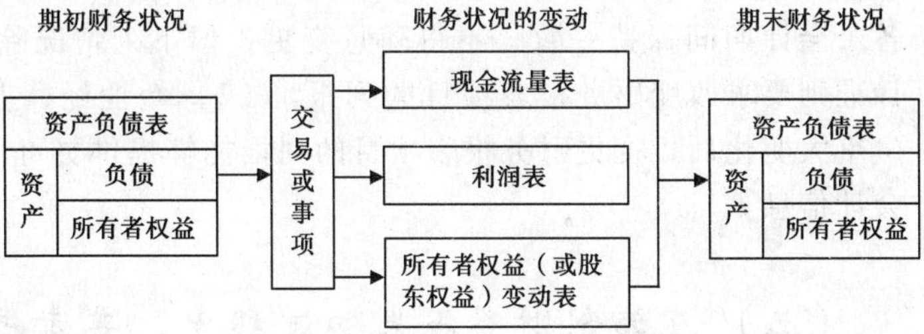

图 14－1 财务报表的关系

附注是财务报表的有机组成部分，是对在资产负债表、利润表、现金流量表和所有者权益变动表等报表中列示项目的文字描述或明细资料，以及对未能在这些报表中列示项目的说明等。

二、财务报表编制的基本要求

为了充分发挥财务报表的作用，保证财务报表提供的信息能够满足有关各方的需要，企业编制的财务报表必须满足下列要求：

（一）以持续经营为基础

持续经营是会计的基本假设之一，企业应当以持续经营为基础，根据实际发生的交易和事项，按照《企业会计准则—基本准则》和其他相关会计准则的规定进行确认计量，在此基础上编制财务报表。

在编制财务报表时，企业应当对持续经营的能力进行估计。如果企业经营出现非持续经营现象，企业应当采用其他基础编制财务报表，并在附注中披露这一事实。例如，已经决定进行清算或停止营业的企业，或者已明确在下一个会计期间将被迫进行清算或停止营业，则不应再以持续经营为基础编制财务报表。另外，如果某些不确定的因素导致对企业能否持续经营产生重大怀疑时，则应当在财务报表附注中披露这些不确定因素。

（二）遵循一致性列报原则

一致性性原则是会计信息质量的一项重要特征，其目的是使会计信息在同一企业的不同时期具有可比性。财务报表项目的列报应当在各个会计期间保持一致，不得随意变更，但下列情况除外：（1）会计准则要求改变财务报表项目的列报。（2）企业经营业务的性质发生重大变化后，变更财务报表项目的列报能够提供更可靠、更相关的会计信息。

（三）在编制财务报表的过程中，要考虑报表项目的重要性

重要性，是指财务报表某项目的省略或错报会影响使用者据此作出经济决策的，该项目具有重要性。也就是说，在财务报表列报时，对那些相对比较重要的项目予以全面和尽可能详细的披露；相反，不重要或与决策无关的项目则可以简要的方式，甚至不予披露。判断项目性质的重要性，应当考虑该项目的性质是否属于企业日常活动、是否对企业的财务状况和经营成果具有较大影响等因素；判断项目金额大小的重要性，应当通过单项金额占资产总额、负债总额、所有者权益总额、营业收入总额、净利润等直接相关项目金额的比重加以确定。

（四）正确认识财务报表项目的抵消含义

财务报表所涉及的资产和负债、收益和费用在列报时不能相互抵消，而以总额列报。因为资产和负债、收益和费用是性质不同的会计事项，将其抵消处理，会使财务报表所反映的信息误导会计信息使用者，不利于会计信息使用者作出正确决策。但下列情况不属于抵消，可以净额列示：一是资产项目按扣除减值准备后的净额列示，不属于抵消。因为资产按扣除减值准备后的净额列示，能够反映资产给企业带来的经济利益，不属于抵消。二是非日常活动产生的损益，以收入扣减费用后的净额列示，不属于抵消。非日常活动产生的损益以收入扣减费用后的净额列示，更有利于财务报表使用者的经济决策，不属于抵消。

（五）遵循可比性编报原则

本期财务报表的列报，至少应当提供所有列报项目上可比会计期间的数据以及与当期财务报表相关的说明。如果财务报表项目的列报发生变更的，应当对上期比较数据按照当期的列报要求进行调整，并在附注中披露调整的原因和性质以及调整的各项目金额。

（六）其他编制要求

除上述外，在编制财务报表时还应该注意以下问题：

1. 表头要素。企业应当在财务报表中以显著的方式列示：编报企业的名称、资产负债表日或财务报表涵盖的会计期间、人民币金额单位，财务报表是合并财务报表的，应当予以标明。

2. 报表期间。企业至少应当按年编制和列示本会计准则所要求的全部财务报表，并在规定的期间内对外提供。如果年度财务报表涵盖的期间短于1年，则企业应当披露：①财务报表涵盖的期间。②年度财务报表涵盖期间短于1年的原因。

第二节　资产负债表

一、资产负债表的作用

资产负债表，也称“财务状况表”，是反映企业某一特定日期财务状况的会计报表，它是根据“资产 = 负债 + 所有者权益”这一会计等式，按照一定分类标准和次序，将企业一定日期的资产、负债和所有者权益项目适当排列，并对日常核算资料进行高度浓缩整理后而形成的。资产负债表是特定日期企业所控制的资产、承担的债务责任以及投资人对净资产求偿权的静态反映，利用资产负债表可以为投资者、债权人和经营管理层等方面评价企业偿债能力、预测未来财务状况和发展潜力提供重要的信息。

二、资产负债表的结构

（一）资产负债表的结构由表头和基本内容组成

1. 表头，包括报表名称、编制单位、编制日期、货币种类和金额单位等内容。

2. 基本内容部分是资产负债表的核心，它以“账户式”或“报告式”分项列示企业的资产、负债和所有者权益。我国采用“账户式”资产负债表。

所谓“账户式”资产负债表是指报表用左右排列成“T”字账户基本结构的形式，反映资产、负债和所有者权益的基本状况。资产项目列示在报表的左方，负债和所有者权益项目列示在报表的右方。左方资产总额等于右方负债和所有者权益总额之和，“账户式”资产负债表简明格式如表 14－1 所示。

根据财务报表列报准则的规定，企业需要提供比较资产负债表，以便报表使用者通过比较不同时点资产负债表的数据，掌握企业财务状况的变动情况及发展趋势。所以，资产负债表还就各项目再分为“年初余额”和“期末余额”两栏，以反映和比较不同时期资产、负债和所有者权益增减变化的状况。

企业的资产负债表采用账户式结构，为适应会计报表使用者的需要，根据各项资产、负债，所有者权益在经营中的作用以及管理要求归类排列，以便取得经营管理所需的资料。

（二）资产负债表的资产方分流动资产和非流动资产列示

1. 流动资产。流动资产，是指可以在一年或者超过一年的一个营业周期内变现或者耗用的资产。资产满足下列条件之一的，应当归类为流动资产：

（1）预计在一个正常营业周期中变现、出售或耗用。

（2）主要为交易目的而持有。

（3）预计在资产负债表日起一年内（含一年，下同）变现。

（4）在资产负债表日起一年内，交换其他资产或清偿负债的能力不受限制的现金或现金等价物。流动资产各项目按流动性和变现能力的大小顺序排列。流动性较高、变现能力较强的资产项目排列在先、流动性及变现能低的资产项目排列在后。

资产负债表中列示的流动资产项目通常包括：货币资金、交易性金融资产、应收票据、应收账款、预付款项、应收利息、应收股利、其他应收款、存货和一年内到期的非流动资产等。

由于流动资产在企业经营活动中不断周转、直接影响企业经营活动，所以在资产方排为第一类。

2. 非流动资产。非流动资产，是指流动资产以外的资产。资产负债表中列示的非流动资产项目通常包括：长期股权投资、固定资产、在建工程、工程物资、固定资产清理、无形资产、开发支出、长期待摊费用以及其他非流动资产等。

（三）在资产负债表的“负债及所有者权益”方分为三个类别

1. 流动负债。流动负债，是指需在一年或者超过一年的一个营业周期内偿还的债务。负债满足下列条件之一的，应当归类为流动负债：

（1）预计在一个正常营业周期中清偿。

（2）主要为交易目的而持有。

（3）自资产负债表日起一年内到期应予以清偿。

（4）企业无权自主地将清偿推迟至资产负债表日后一年以上。

资产负债表中列示的流动负债项目通常包括：短期借款、应付票据、应付账款、预收款项、应付职工薪酬、应交税费、应付利息、应付股利、其他应付款、一年内到期的非流动负债等。流动负债是在债权人提出要求时，或预期在资产负债表日后一年内需要清偿的债务。

2. 非流动负债。非流动负债，是指偿还期在一年或者超过一年的一个营业周期以上的债务。非流动负债项目通常包括：长期借款、应付债券、长期应付款、专项应付款、预计负债、递延所得税负债以及其他非流动负债等。长期负债通常是不需要即期支付的债务。

需要说明的是，流动负债与非流动负债的划分是否正确，直接影响到对企业短期和长期偿债能力的判断。如果混淆了负债的类别，将歪曲企业的实际偿债能力，误导报表使用者的决策。

3. 所有者权益。所有者权益，是指企业资产扣除负债后的剩余权益，反映企业在某一特定日期股东（投资者）拥有的净资产的总额，所有者权益项目通常包括：实收资本、资本公积、盈余公积和未分配利润。

资产负债表的“负债及所有者权益”方项目是按照需要偿还出资额的先后顺序排列。流动负债需要在一年内或一个营业周期内偿还，排在最先；所有者权益只有在企业解散时才需要偿还，排在最后。负债部分也是按照债务清偿缓急排列的，先流动负债，后长期负债。

在资产负债表中，资产各项目年初总计数和期末总计数，应分别与负债、所有者权益方各项目年的总计数和期末总计数相等。

三、资产负债表的编制

资产负债表的编制，主要是通过对日常会计核算资料的归类、整理，使之成为有用的信息。

（一）“年初余额”的编制方法

“年初余额”栏内各项目数字，应根据上年末资产负债表“期末余额，栏内所列数字填列。如果本年度资产负债表规定的各个项目的名称和内容同上年度不相一致，应对上年年末资产负债表各项目的名称和数字按本年度的规定进行调整，按调整后的数字填入本表“年初余额”栏内。

（二）“期末余额”的编制方法

资产负债表“期末余额”的编制方法如下：

1. 根据总账账户余额直接填列。例如，交易性金融资产、固定资产清理、长期待摊费用、递延所得税资产、短期借款、交易性金融负债、应付票据、应付职工薪酬、应交税费、应付利息、应付股利、其他应付款、递延所得税负债、实收资本、资本公积、库存股、盈余公积等项目，应当根据相关总账账户的余额直接填列。

2. 根据几个总账账户的余额计算填列。例如，“货币资金”项目，应当根据“库存现金”、“银行存款”、“其他货币资金”等账户期末余额合计填列。

3. 根据有关明细账户的余额计算填列。例如，“应付账款”项目，应当根据“应付账款”、“预收账款”等账户所属明细账户期末贷方余额合计填列。

4. 根据总账账户和明细账户的余额分析计算填列。例如，“长期应收款”项目，应当根据“长期应收款”总账账户余额，减去“未实现融资收益”总账账户余额，再减去所属相关明细账户中将于一年内到期的部分填列；“长期借款”项目，应当根据“长期借款”总账账户余额扣除“长期借款”账户所属明细账户中将于一年内到期的部分填列：“应付债券”项目，应当根据“应付债券”总账账户余额扣除“应付债券”账户所属明细账户中将于一年内到期的部分填列；“长期应付款”项目，应当根据“长期应付款”总账账户余额，减去“未确认融资费用”总账账户余额，再减去所属相关明细账户中将于一年内到期的部分填列。

5. 根据总账账户与其备抵账户抵消后的净额填列。例如，“存货”项目，应当根据“原材料”、“库存商品”、“周转材料”等账户期末余额，减去“存货跌价准备”账户期末余额后的金额填列；“持有至到期投资”项目，应当根据“持有至到期投资”账户期末余额，减去“持有至到期投资减值准备”账户期末余额后的金额填列；“固定资产”项目，应当根据“固定资产”账户期末余额，减去“累计折旧”、“固定资产减值准备”等账户期末余额后的金额填列。

【例 14－1】北苑饭店 2010 年度发生的经济业务及编制的会计分录如下：

（1）饭店所属零售商场购入商品一批，进价 150 000 元，增值税进项税额 25 500 元，该商品售价 180 000 元，款项以银行存款付讫，商品已验收入库。

借：库存商品	180 000	
贷：银行存款		175 500
进销差价		30 000

（2）工程长期借款发生利息费用 75 000 元。按借款费用资本化的规定，计算出工程应负担的长期借款利息为 30 000 元，计入财务费用的利息费用 45 000 元，利息尚未支付。

借：在建工程	30 000	
财务费用	45 000	
贷：长期借款		75 000

（3）出售交易性金融资产获得价款 300 000 元，确认投资收益 150 000元，价款已存入银行。交易性金融资产中成本为 140 000 元，公允价值变动 10 000 元。

借：银行存款	300 000	
贷：交易性金融资产——成本		140 000
——公允价值变动		10 000
投资收益		150 000

同时

借：公允价值变动损益　　　　　　　　　　10 000
　　贷：投资收益　　　　　　　　　　　　　　10 000

（4）购入食品制冷设备一台，价款共计 450 000 元（不考虑增值税），款项用银行存款支付，设备直接交付使用。

借：固定资产　　　　　　　　　　　　　450 000
　　贷：银行存款　　　　　　　　　　　　　450 000

（5）假定该企业按年计提折旧，本年计提固定资产折旧 225 000 元，其中：计入销售费用的折旧费 150 000 元，计入管理费用折旧费 75 000元。

借：销售费用　　　　　　　　　　　　　150 000
　　管理费用　　　　　　　　　　　　　　75 000
　　贷：累计折旧　　　　　　　　　　　　　225 000

（6）当年实际发放职工工资 300 000 元，并将其分配计入相关成本费用项目（其中，计入销售费用的人员工资 150 000 元，计入管理费用的人员工资 75 000 元，计入在建工程的人员工资 75 000 元）。

借：销售费用　　　　　　　　　　　　　150 000
　　管理费用　　　　　　　　　　　　　　75 000
　　在建工程　　　　　　　　　　　　　　75 000
　　贷：应付职工薪酬　　　　　　　　　　　300 000
借：应付职工薪酬　　　　　　　　　　　300 000
　　贷：库存现金　　　　　　　　　　　　　300 000

（7）本年客房、商品销售等收入 1 500 000 元，应交纳的增值税为 25 5 000 元。其中货款 750 000 元，增值税 127 500 元为现款结算，余款尚未收取。结转该企业主营业务成本，并结转已销商品实现的进销差价 900 000 元。

借：银行存款　　　　　　　　　　　　　877 500
　　应收账款　　　　　　　　　　　　　877 500
　　贷：主营业务收入　　　　　　　　　　1 500 000
　　　　应交税费——应交增值税（销项税额）　　255 000
借：主营业务成本　　　　　　　　　　1 500 000
　　贷：库存商品　　　　　　　　　　　　1 500 000
借：商品进销差价　　　　　　　　　　　900 000
　　贷：主营业务成本　　　　　　　　　　　900 000

（8）计算利润总额：

计提并交纳所得税（假定资产、负债账面价值与其计税基础一致）

=1 500 000 + 150 000 – （600 000 + 300 000 + 150 000 + 45 000）

=555 000（元）

应交所得税 = 555 000 × 25% = 138 750（元）

借：所得税费用　138 750

　贷：应交税费——应交所得税　138 750

借：应交税费——应交所得税　138 750

　贷：银行存款　138 750

（9）将各收支账户结转本年利润：

借：主营业务收入　1 500 000

　投资收益　160 000

　贷：本年利润　1 660 000

借：本年利润　1 243 750

　贷：主营业务成本　600 000

　　销售费用　300 000

　　管理费用　150 000

　　财务费用　45 000

　　公允价值变动损益　10 000

　　所得税费用　138 750

（10）按净利润10%提取法定盈余公积，并按净利润5%提取任意盈余公积：

借：利润分配——提取法定盈余公积　41 625

　　——提取任意盈余公积　20 812.5

　贷：盈余公积　62 437.5

（11）将"本年利润"科目余额转入"利润分配——未分配利润"科目：

借：本年利润　416 250

　贷：利润分配——未分配利润　416 250

（12）将"利润分配"科目中已分配的利润转入"利润分配——未分配利润"科目：

借：利润分配——未分配利润　62 437.5

　贷：利润分配——提取法定盈余公积　41 625

　　——提取任意盈余公积　20 812.5

（13）以银行存款偿还长期借款25 000元：

借：长期借款　25 000

　贷：银行存款　25 000

根据上述的经济业务登记账簿（本书略），编制"资产负债表"、"利润表"、"现金流量表"和"所有者权益变动表"，如表14－1、表14－2、表14－3和表14－4所示。

表 14－1　　资 产 负 债 表　　会企 01 表

编制单位：北苑饭店　　2010 年 12 月 31 日　　单位：元

资　产	行次	年初数	期末数	负债和所有者权益	行次	年初数	期末数
流动资产：				流动负债：			
货币资金		300 000	343 850	短期借款		30 000	30 000
短期投资		150 000	—	应付票据			
应收票据		20 000	20 000	应付账款		10 000	10 000
应收股利				预收账款		10 000	10 000
应收利息				应付工资			
应收账款		300 000	1 177 500	应付福利费			
其他应收款				应付利润			
预付账款		10 000	10 000	应交税费		300 000	529 500
应收补贴款				其他应交款			
存货		600 000	150 000	其他应付款			
一年内到期的长期债权投资				预计负债			
其他流动资产				一年内到期的长期负债			
流动资产合计		1 380 000	1 701 350	其他流动负债			
长期投资：							
长期股权投资		50 000	50 000	流动负债合计		350 000	579 500
长期债权投资				长期负债：			
长期投资合计		50 000	50 000	长期借款		1 050 000	1 100 000
固定资产：				应付债券			
固定资产原价		1 050 000	1 500 000	长期应付款		50 000	50 000
减：累计折旧		300 000	525 000	专项应付款			
固定资产净值		750 000	975 000	其他长期负债			
减：固定资产减值准备				长期负债合计：		1 100 000	1 150 000
固定资产净额		750 000	975 000	递延税项：			
工程物资				递延税款贷项			
在建工程		750 000	855 000	负债合计		1 450 000	1 754 500
固定资产清理				所有者权益：			
固定资产合计		1 500 000	1 830 000	实收资本		900 000	900 000
无形资产及其他资产：				资本公积			
无形资产				盈余公积		600 000	655 777.5

续表

资　　产	行次	年初数	期末数	负债和所有者权益	行次	年初数	期末数
长期待摊费用		20 000	20 000	其中：法定公益金			
其他长期资产				未分配利润			316 072.5
无形资产及其他资产合计		20 000	20 000	所有者权益合计		1 500 000	1 871 850
递延税项：							
递延税款借项							
资产总计		2 950 000	3 601 350	负债及所有者权益总计		2 950 000	3 601 350

第三节　利　润　表

一、利润表的作用

利润表又称损益表，是反映企业一定会计期间经营成果的报表。此表从经营情况和财务成果两方面综合反映了企业一定期间的收入实现情况、费用耗费情况，一定期间实现利润（或发生亏损）的总量、构成、影响利润形成的各项因素等状况。由于它所提供的各项指标是企业一定时期经济活动的过程和结果，因此，它所提供的资料称为动态资料。根据这些资料：（1）可以了解企业盈利水平，判断企业经营成果；（2）可以考核企业经营业绩和评价企业经营目标的实现；（3）预测企业未来经营与盈利趋势；（4）为分析利润增减变化的原因、编制下期利润预算、改进经营管理提供科学的重要依据。同时，将利润表中的信息与资产负债表中的信息相结合，还可以提供进行财务分析的基本资料。

二、利润表的结构

企业利润表的结构包括表头、基本内容和补充资料三部分。

（一）表头

表头部分反映报表的会计主体、编制期间（某月份或某年度）和货币种类及单位。

（二）基本内容

基本内容是利润表的核心部分。分为“项目”栏和“金额”栏。“项目”栏反映企业全部收支相抵后经营成果各项指标的构成、分类和排列；“金额”栏则反映企业不同时期（月份、年份）各项收支及经营成果达到的水平，如表 14－2 所示。为使利润表能清晰反映企业利润形成过程和构成，便于报表的使用者分析、考核企业利润的大小及其升降原因，利润表基本内容的结构有两种形式：一种是单步式，一种是多步式。单步式利润表是将报告期所有收入和所有费用支出加在一起，相互抵减，一次计算出该报告期损益的报表。如果收大于支，为实现利润，反之，为实现的亏损。这种利润表，表式简单，易于理解，便于操作也避免了项目分类填列上的麻烦。但它所提供的资料，无法反映营业与非营业性收益，主营业务与非主营业务性收益对实现利润的影响，所以在满足报表不同使用者需要时，受到一定限制。

多步式利润表（见表 14－2），是按照企业净利润的构成因素和不同的构成内容，根据净利润计算层次排列的损益计算表。它主要反映以下内容：

1. 营业收入。由主营业务收入和其他业务收入组成。

2. 营业利润。以营业收入为基础，减去营业成本、营业税金及附加、销售费用、管理费用、财务费用、资产减值损失，加上公允价值变动收益（减去公允价值变动损失）和投资收益（减去投资损失），计算出营业利润。营业利润是企业从事经营业务活动所获得的利润，是企业财务成果的主要组成部分，直接体现了经营者的业绩。

3. 利润总额。以营业利润为基础，加上营业外收入，减去营业外支出，计算出利润总额。该指标反映了企业某一特定期间的总体经营成果（如为亏损以“－”号表示）。

4. 净利润。以利润总额为基础，减去所得税费用，计算出净利润（或净亏损）。净利润（或净亏损）体现了企业最终经营成果。

5. 每股收益。普通股或潜在普通股已公开交易的企业，以及正处于公开发行普通股或潜在普通股过程中的企业，还应当在利润表中列示每股收益信息，包括基本每股收益和稀释每股收益两项指标。

6. 综合收益，包括其他综合收益和综合收益总额。其中，其他综合收益反映企业根据企业会计准则规定未在损益中确认的各项利得和损失扣除所得税影响后的净额；综合收益总额是企业净利润与其他综合收益的合计金额。

不论是单步式利润表还是多步式利润表，分项列示了企业在一定会计期间所取得的各种收入，以及与各种收入相对应的费用、损失，并将收入与费用、损失加以对比，结出当期的净利润。这一将收入与相关的费用、损失进行对比，结出净利润的过程，会计上称为配比。其目的是为了衡量企业在特定时期或特定业务中所取得的成果，以及为取得这些成果所付出的代价，为考核经营效益和效果提供数据。配比是一项重要的会计原则，在利润表中得到了充分体现。上述项目“金额栏”填列方法如下：

月度利润表基本内容的“金额栏”分为“本月数”、“本年累计数”两栏。“本月数”栏反映各项目的本月实际净发生数；“本年累计数”栏反映各项目自年初起至本月末止的累计实际净发生数。

年度利润表基本内容的“金额栏”分为“上年数”和“本年累计数”两栏；“上年数”栏反映各项目的上年累计实际发生数；“本年累计数”栏反映各项目自年初起至年末累计实际发生数。

（三） 补充资料

补充资料提供利润表的基本内容部分中未予反映而报表使用者又需要了解的一些重要资料。如出售、处置部门或被投资单位所得收益、自然灾害发生的损失、会计政策变更增加（或减少）利润总额、会计估计变更增加（或减少）利润总额、债务重组损失等。

三、利润表的编制

（一） 表头部分的填列

表头部分应填明编制单位、报表指标、会计期间、货币种类与金额单位。

（二） 基本内容的填列

利润表基本内容各项目的填列方法主要有两种方法：一是根据损益

类账户的本期发生净额直接填列，如表内项目的“加”项和“减”项。二是根据表内有关项目计算后填列，如利润表中“营业利润”项目是以营业收入减营业成本、营业销售税金及附加以及销售费用、管理费用、财务费用等项目计算求得，还有“利润总额”项目是以营业利润加营业外收入，再减去营业外支出项目计算求得。现将利润表编制方法分述如下：

通常，月份利润表包括“本月数”和“本年累计数”两栏。年度利润表则将“本月数”栏改为“上年数”栏，即包括“上年数”和“本年累计数”两栏。

1.“本月数”栏各项目的填列方法。“本月数”栏反映企业利润形成各项目的本月实际发生数，应当根据收入、成本费用有关账户的本期发生额直接填列或计算分析填列。

总体来说，利润表应当根据损益类账户的本期发生额来编制，其中，收入项目根据损益类有关账户的本期贷方发生额填列；成本费用项目根据损益类有关账户的本期借方发生额填列。

（1）根据各该账户本期内贷方发生净额填列的项目有：营业收入（包括主营业务收入、其他业务收入）、营业外收入、投资收益、公允价值变动收益。其中：投资收益项目按“投资收益”账户贷方累计发生额减去借方累计发生额后的贷方净额填列，如出现投资净损失（即计算出的为借方净额），应以负数填列；公允价值变动收益项目应根据“公允价值变动损益”账户贷方累计发生额减去借方累计发生额后的贷方净额填列，如为净损失（即计算出的为借方净额），应以负数填列。

（2）根据各该账户本期内借方发生净额填列的项目有：营业成本（包括主营业务成本、其他业务成本）、营业税金及附加、销售费用、管理费用、财务费用、资产减值损失、营业外支出、所得税费用等。

2.“本年累计数”栏各项目的填列方法。“本年累计数”栏各项目反映企业利润形成各项目自年初起至本月止的累计实际发生数，月度的利润表应当根据上月利润表的“本年累计数”栏的数字，加上本月利润表的“本月数”栏的数字，计算出各项目的“本年累计数”填列；编制年度利润的“本年累计数”就是12月份利润表的“本年累计数”，可以直接转抄。

3.“上年数”栏各项目的填列方法。“上年数”栏各项目反映企业上年全年累计实际发生数，在编制年度利润表时填列，目的是便于与“本年累计数”栏各项目进行比较。如果上年度利润表与本年度利润表的各项目的名称和数字一致，可以直接将上年度利润表各项目的数字转抄在本年度利润表的各项目中；反之，应对上年度利润表各项目的名称和数字按本年度的规定进行调整后，填入“上年数”栏。

【例14－2】北苑饭店根据【例14－1】资料编制的利润表见表14－2所示。

表14－2 利 润 表 会企02表

编制单位：北苑饭店 2010年度 单位：元

项 目	行次	本期金额	上期金额
一、营业收入	1	1 500 000	
减：营业成本	2	600 000	
营业税金及附加	3		
销售费用	4	300 000	
管理费用	5	150 000	
财务费用	6	45 000	
资产减值损失	7		
加：公允价值变动净收益	8		
投资收益（损失以“－”号列示）	9	150 000	
其中：对联营企业和合营企业的投资	10		
二、营业利润（亏损以“－”号填列）	11		
加：营业外收入	12		
减：营业外支出	13		
其中：非流动资产处置净损失	14		
三、利润总额（亏损总额以“－”号填列）	15	555 000	
减：所得税费用	16	183 150	
四、净利润（净亏损以“－”号填列）	17	371 850	
五、每股收益：	18		
（一）基本每股收益 ×	19		
（二）稀释每股收益 ×	20		
六、综合收益			
（一）其他综合收益			
（二）综合收益总额			

第四节 现金流量表

一、现金流量表的作用

现金流量表是反映企业一定时期内现金流入与流出情况的报表。它是企业继资产负债表、利润表后需要对外公布的第三张报表。

企业的财务目标主要有两个：一是经营获利，通过企业的经营活动增加所有者权益；二是保持偿债能力，保证能够及时偿还企业到期的债务。与之相关的信息是企业管理人员、投资者、债权人以及政府监管部门关注的重要内容。一定程度上，与此有关的情况通过利润表和资产负债表予以反映。但除此之外，人们还非常重视企业现金流动的情况。这是因为无论企业的债务偿付能力、股利分配能力、支付能力还是今后的发展，均取决于能否及时地获取足够的现金和合理使用现金。在激烈的市场竞争中，现金取得与使用的重要性有时甚至超过获利能力，成为关系企业生死攸关的大事。编制现金流量表的目的，是向报表的使用者提供企业一定时期内现金流入与流出的信息，以便他们了解和评价企业获取现金的能力，并据以预测企业未来的现金流量。

现金流量表的作用，具体体现在以三方面：

1. 现金流量表有助于评价企业支付能力、偿债能力和周转能力；
2. 现金流量表有助于预测企业未来现金流量；
3. 现金流量表有助于分析企业收益质量及影响现金净流量的因素。

二、现金及现金流量

（一）现金的概念

现金流量表是以现金为基础编制的，这里的现金是指企业库存现金、可以随时用于支付的存款以及现金等价物。具体包括：①库存现金。与会计核算中“现金”账户所包括的内容一致。②银行存款。指企业存在金融企业随时可以用于支付的存款。③其他货币资金。与会计核算中“其他货币资金”账户所包括的内容一致。④现金等价物。现金等价物是指企业持有的期限短、流动性高、易于转换为已知金额现金、价值变动风险很小的短期投资。现金等价物虽然不是现金，但其支付能力与现金的差别不大，可视为现金。现金等价物通常指购买在3个月或更短时间内即到期或即可转换为现金的投资。

（二）现金流量的概念

现金流量是一定时期内企业现金流入和流出量的数量。当企业从各种经济业务收进现金，我们称为现金流入，当企业为各种经济业务付出现金，我们称为现金流出。现金流入量减现金流出量的差额，叫做净现金流量（或现金净流量）。

应该注意的是，企业现金形式的转换不会产生现金的流入和流出，如企业从银行提取现金，是企业现金存放形式的转换，并未流出企业，不构成现金流量；同样，现金与现金等价物之间的转换也不属于现金流量，比如，企业用现金购买将于3个月内到期的国库券。

（三）现金流量的分类

按照企业经营业务发生的性质将企业一定期间内产生的现金流量归为三类：

1. 经营活动产生的现金流量。经营活动是指企业投资活动和筹资活动以外的所有交易和事项，包括销售商品或提供劳务、经营性租赁、购买货物、接受劳务、制造产品、广告宣传、推销产品、交纳税款等。

经营活动产生的现金流入项目主要有：①销售商品、提供劳务收到的现金；②收到的税费返还；③收到的其他与经营活动有关的现金。经营活动产生的现金流出项目主要有：①购买商品、接受劳务支付的现金；②支付给职工以及为职工支付的现金；③支付的各项税费；④支付的其他与经营活动有关的现金。

2. 投资活动产生的现金流量。投资活动是指企业长期资产的购建和不包括在现金等价物范围内的投资及其处置活动。包括购建固定资产、无形资产和现金等价物以外的投资活动等。

3. 筹资活动产生的现金流量。筹资活动是指导致企业资本及债务规模和构成发生变化的活动，包括吸收投资、发行股票、分配利润等。

三、现金流量表的结构

现金流量表的结构分主表和补充资料两部分。

（一）现金流量表的主表

现金流量表主表（见表14－3）是由表头、基本内容两部分组成。表头部分包括报表名称、编制单位、编制日期和货币种类金额单位等内容。基本内容部分是现金流量表的核心，按照经济活动的性质分为经营活动产生的现金流量、投资活动产生的现金流量和筹资活动产生的现金流量等三部分。现金流量一般应分别按现金流入和现金流出总额反映。

（二）现金流量表的补充资料

现金流量表的补充资料包括以下三方面内容：

1. 间接法计算的经营活动现金流量。编制现金流量表时，经营活动现金流量的列报方法有两种，一是直接法，二是间接法。直接法是通过现金收入和支出的主要类别反映来自企业经营活动的现金流量。一般是以利润表中的营业收入为起算点，调整与经营活动有关项目的增减变动，然后计算出经营活动的现金流量。间接法是以本期净利润为起算点，调整不涉及现金的收入、费用、营业外收支以及有关项目的增减变动，据此计算出经营活动的现金流量。

2. 不涉及现金收支的投资和筹资活动。有时企业会发生不形成现金收支的投资和筹资活动，如债务转为资本、一年内到期的可转换公司债券以及融资租入固定资产等，这些投资和筹资活动虽然不涉及现金收支，但对以后各期的现金流量有重大影响。对此应在报表附注中披露。

3. 现金及现金等价物净增加情况。现金及现金等价物净增加情况是现金流量表主表中最后一项“现金及现金等价物净增加额”的数字来源、计算方法所作的详细说明，两者存在勾稽关系，金额相等。

四、现金流量表主表的编制方法

（一）经营活动产生的现金流量

经营活动产生的现金流量的列报方法有两种。正表部分采用直接法按现金收入和现金支出的主要类别反映来自企业经营活动的现金流量；补充资料部分采用间接法将净利润调节为经营活动的现金流量。正表中各个项目的填报方法如下：

1. 销售商品、提供劳务收到的现金。其公式为：

销售商品、提供劳务收到的现金 = 本期销售商品、提供劳务的收入 + 与收入业务有关的增值税销项税额 + 应收账款（期初账面净额 - 期末账面净额）+ 应收票据（期初余额 - 期末余额）+ 预收账款（期末余额 - 期初余额）- 本期计提的坏账准备 - 实际发生的现金折扣等特殊调整项目

2. 购买商品、接受劳务支付的现金。其公式为：

购买商品、接受劳务支付的现金 = 本期的销售成本 + 与购买业务有关的增值税进项税额 + 存货（期末余额 - 期初余额）+ 预付账款（期末余额 - 期初余额）+ 应付账款（期初余额 - 期末余额）+ 应付票据（期初余额 - 期末余额）+ 未实现销售的存货减少数等特殊调整项目 - 非购买业务的存货增加数等特殊调整项目

3. 支付给职工以及为职工支付的现金。其公式为：

支付给职工以及为职工支付的现金 = 管理费用、销售费用的应付职工薪酬等费用 + 应付职工薪酬（期初余额 - 期末余额）- 应付职工薪酬［在建工程、无形资产明细（期初余额 - 期末余额）］+ 其他应收款［代垫款项明细（期末余额 - 期初余额）］等。

4. 支付的各项税费。其公式为：

支付的各项税费 = 所得税费用 + 营业税金及附加 + 计入管理费用、存货、其他业务成本等的税费 + 交纳的增值税 + 除增值税外的应交税费（期初余额 - 期末余额）

（二）投资活动产生的现金流量的编制方法

投资活动产生的现金流量项目，均应根据相关账户的实际发生额分析填列。

（三）筹资活动产生的现金流量的编制方法

筹资活动产生的现金流量，均应根据相关账户的实际发生额分析填列。

【例 14－3】 承【例 14－1】以及比较资产负债表和利润表，采用分析填列的方法，编制该公司的现金流量表。

（1）销售商品、提供劳务收到的现金＝1 500 000＋255 000＋（300 000－1 177 500）＝877 500（元）

（2）购买商品、接受劳务支付的现金＝600 000＋25 500－（600 000－150 000）＝175 500（元）

（3）支付给职工以及为职工支付的现金＝75 000＋150 000
＝225 000（元）

（4）支付的各项税费＝183 150（元）

（5）收回投资所收到的现金＝150 000＋150 000＝300 000（元）

（6）购建固定资产所支付的现金＝450 000＋75 000
＝525 000（元）

（7）偿还债务所支付的现金＝25 000（元）

表 14－3 **现 金 流 量 表** 会企 03 表

编制单位：北方饭店 2010 年度 单位：元

项 目	本期金额	上期金额
一、经营活动产生的现金流量：		
销售商品或提供劳务收到的现金	877 500	
收到的税费返还	0	
收到其他与经营活动有关的现金	0	
经营活动现金流入小计	877 500	
购买商品、接受劳务支付的现金	175 500	
支付给职工以及为职工支付的现金	225 000	
支付的各项税费	138 750	
支付其他与经营活动有关的现金	0	
经营活动现金流出小计	539 250	
经营活动产生的现金流量净额	338 250	
二、投资活动产生的现金流量：		
收回投资所收到的现金	0	
取得投资收益收到的现金	300 000	
处置固定资产、无形资产和其他长期资产收回的现金净额	0	
处置子公司及其他营业单位收到的现金净额	0	
收到其他与投资活动有关的现金	0	
投资活动现金流入小计	300 000	

续表

项　　目	本期金额	上期金额
购建固定资产、无形资产和其他长期资产支付的现金	525 000	
投资支付的现金	0	
取得子公司及其他营业单位支付的现金净额	0	
支付其他与投资活动有关的现金	0	
投资活动现金流出小计	525 000	
投资活动产生的现金流量净额	-225 000	
三、筹资活动产生的现金流量：		
吸收投资收到的现金	0	
取得借款收到的现金	0	
收到其他与筹资活动有关的现金	0	
筹资活动现金流入小计		
偿还债务支付的现金	25 000	
分配股利、利润或偿付利息支付的现金	0	
支付其他与筹资活动有关的现金	0	
筹资活动现金流出小计	25 000	
筹资活动产生的现金流量净额	-25 000	
四、汇率变动对现金及现金等价物的影响		
五、现金及现金等价物净增加额	88 250	
加：期初现金及现金等价物余额	300 000	
六、期末现金及现金等价物余额	388 250	

五、现金流量表补充资料编制方法

（一）将净利润调节为经营活动的现金流量

“将净利润调节为经营活动的现金流量”，实际上是经营活动产生的现金流量的另一种列报方法，即间接法的运用。在间接法下，首先要列出净利润，然后对净利润进行调整（增加或减少），即调整被包括在净利润中但是不涉及经营活动现金流入或现金流出的某些数额（如，折旧费用），以及调整经营循环涉及的非现金流动资产和流动负债的各种变化，可将利润调节为经营活动的现金流量。调节公式如下：

经营活动产生的现金流量净额＝净利润＋资产减值准备＋当期计提的固定资产折旧 ＋无形资产摊销＋长期待摊费用摊销＋处置固定资产、无形资产和其他长期资产的损失（减：收益） ＋固定资产报废损失（减：收益） ＋公允价值变动损失（减：收益） ＋财务费用（减：收益） ＋投资损失（减：收益）+递延所得税资产减少（减：增加）+递延所得税负债增加（减：减少）+存货的减少（减：增加）+经营性应收项目的减少（减：增加）+经营性应付项目的增加（减：减少）+其他

【例12－4】 承【例12－1】、【例12－2】，该饭店将净利润调节为经营活动的现金流量各项目计算结果及过程如下：

（1）固定资产折旧＝150 000＋75 000＝225 000（元）

（2）财务费用＝45 000（元）

（3）投资损失（减：收益）＝－150 000（元）

（4）存货的减少＝450 000（元）

（5）经营性应收项目的减少（减增加）＝－877 500（元）

将上述计算结果填入现金流量表补充资料，如表12－4所示。

（二）“不涉及现金收支的重大投资和筹资活动”项目

一定期间内影响资产或负债但不形成该期现金收支的所有投资和筹资活动的信息，应在报表附注中披露。这些投资和筹资活动虽然不涉及现金收支，但对以后各期的现金流量有重大影响。如融资租赁设备，记入“长期应付款”账户，当期并不支付设备款及租金，但以后各期必须为此支付现金，从而在一定期间内形成了一项固定的现金支出。不涉及现金收支的投资和筹资活动的业务主要有：债务转为资本、一年内到期的可转换公司债券和融资租赁固定资产。

（三）“现金及现金等价物净增加额”项目与现金流量表中的“现金及现金等价物净增加额”项目的金额应当相等

表12－4　　现金流量表补充资料

补充资料	本期金额	上期金额
1. 将净利润调节为经营活动现金流量：		（略）
净利润	416 250	
加：资产减值准备	0	
固定资产折旧、油气资产折耗、生产性生物资产折旧	225 000	
无形资产摊销	0	
长期待摊费用摊销	0	
处置固定资产、无形资产和其他长期资产的损失（收益以“－”号填列）	0	

续表

补充资料	本期金额	上期金额
固定资产报废损失（收益以“-”号填列）	0	
公允价值变动损失（收益以“-”号填列）	0	
财务费用（收益以“-”号填列）	45 000	
投资损失（收益以“-”号填列）	-150 000	
递延所得税资产减少（增加以“-”号填列）	0	
递延所得税负债增加（减少以“-”号填列）	0	
存货的减少（增加以“-”号填列）	450 000	
经营性应收项目的减少（增加以“-”号填列）	-877 500	
经营性应付项目的增加（减少以“-”号填列）	229 500	
其他	0	
经营活动产生的现金流量净额	338 250	
2. 不涉及现金收支的重大投资和筹资活动：		
债务转为资本	0	
一年内到期的可转换公司债券	0	
融资租入固定资产	0	
3. 现金及现金等价物净变动情况：	0	
现金的期末余额	388 250	
减：现金的期初余额	300 000	
加：现金等价物的期末余额	0	
减：现金等价物的期初余额	0	
现金及现金等价物净增加额	88 250	

第五节 所有者权益变动表

一、所有者权益变动表的作用

所有者权益变动表，是反映构成所有者权益的各组成部分当期的增减变动情况的报表。所有者权益变动表全面反映了企业一定时期所有者权益变动的情况，不仅包括所有者权益总量的增减变动，还包括所有者权益增减变动的重要结构性信息，特别是直接计入所有者权益的利得和损失等方面情况，为会计信息使用者分析企业所有者权益的增减、准确判断企业资本保值增值等情况，提供对决策有用的信息。

二、所有者权益变动表的结构

所有者权益变动表的结构分为表头和基本内容两部分，其格式如表 14－5 所示。表头主要包括报表名称、编制单位、编制时期和金额单位等。

表 14－5 所有者权益变动表 会企 04 表

编制单位：北苑饭店 2010 年度 单位：元

项 目	本年金额					
	实收资本	资本公积	减库存股	盈余公积	未分配利润	所有者权益合计
一、上年年末余额	20 000 000			400 000	200 000	20 600 000
加：会计政策变更						
前期差错更正						
二、本年年初余额	20 000 000			400 000	200 000	20 600 000
三、本年增减变动金额（减少以“－”号填列）						
（一）净利润					936 552. 8	936 552. 8
（二）直接计入所有者权益的利得和损失						
1. 可供出售金融资产公允价值变动净额						
2. 权益法下被投资单位其他所有者权益变动的影响						
3. 与计入所有者权益项目相关的所得税影响						
4. 其他						
上述（一）和（二）小计						
（三）所有者投入和减少资本						
1. 所有者投入资本						
2. 股份支付计入所有者权益的金额						
3. 其他						
（四）利润分配						
1. 提取盈余				93 655. 28	－93 655. 28	0

续表

项　　目	本年金额					
	实收资本	资本公积	减库存股	盈余公积	未分配利润	所有者权益合计
2. 对所有者（或股东）的分配						
3. 其他						
（五）所有者权益内部结转						
1. 资本公积转增资本（或股本）						
2. 盈余公积转增资本（或股本）						
3. 盈余公积弥补亏损						
4. 其他						
四、本年年末余额	20 000 000			49 355. 28	104 297. 52	21 536 552. 8

第六节　财务报表附注

一、财务报表附注的概念及作用

财务报表附注，是对在资产负债表、利润表、所有者权益变动表和现金流量表等报表中列示项目的文字描述或明细资料，以及对未能在这些报表中列示项目的说明等。

财务报表由于受格式、反映形式等因素的限制，有时所提供的信息不能完全满足报表使用者的需要。对此，需要财务报表附注形式来完善财务会计报告，为会计信息的使用者理解财务报表提供帮助。财务报表附注既是对财务报表的补充说明，也是财务报表不可缺少的内容。很多情况只有通过报表附注，才能对财务会计报告有全面、准确的理解，一些在报表中以表格形式难以表达的内容，也需要通过报表附注加以反映。可见，财务报表附注在保持报表正文简练的基础上提供一些与报表的数据相关的信息，它不仅能增进会计信息的可理解性，突出会计信息的重要性，提高会计信息的可比性，而且还可以反映作为整个财务报表组成部分的非数量信息以及其他比报表本身更为详细的信息，说明报表中个别项目的质量和条件限制等。财务报表的使用者通过阅读财务报表及其相关的附注，能为其决策提供更充分的信息。具体来说，财务报表附注作用具体表现在以下几方面：

二、财务报表附注的内容

财务报表附注提供的信息十分广泛，一般企业报表附注主要包括以下内容：

（一）企业的基本情况

（1）企业注册地、组织形式和总部地址。（2）企业的业务性质和主要经营活动。（3）母公司以及集团最终母公司的名称。（4）财务报表的批准报出者和财务报表批准报出日。

（二）财务报表的编制基础

一般旅游餐饮企业编制的财务报表应该以会计主体、会计分期、持续经营和货币计量四项为基本假设。但当旅游、餐饮企业鉴于某些特定情况、编制的财务报表不能满足上述基本假设一个或若干个时，则必须在附注中对此作出详细说明。

（三）遵循企业会计准则的声明

企业应当声明其所编制的财务报表符合企业会计准则的要求，真实、完整地反映了企业的财务状况、经营成果和现金流量等有关信息。如果企业编制的财务报表未能全部遵循企业会计准则，附注中则不得进行这种表述。

（四）重要会计政策和会计估计

企业应当披露采用的重要会计政策和会计估计，不重要的会计政策和会计估计可以不披露。在披露重要会计政策和会计估计时，应当披露重要会计政策的确定依据和财务报表项目的计量基础，以及会计估计中所采用的关键假设和不确定因素。

（五）会计政策和会计估计变更以及差错更正的说明

企业应当按照《企业会计准则第28号——会计政策、会计估计变更和差错更正》及其应用指南的规定，披露会计政策和会计估计变更以及差错更正的有关情况。

（六）报表重要项目的说明

企业对报表重要项目的说明，应当按照资产负债表、利润表、现金流量表、所有者权益变动表及其项目列示的顺序，采用文字和数字描述相结合的方式进行披露。报表重要项目的明细金额合计，应当与报表项目金额相衔接。

（七）其他需要说明的重要事项

这主要包括或有和承诺事项、资产负债表日后非调整事项、关联方关系及其交易等，具体的披露要求须遵循相关准则的规定，分别参见相关章节的内容。

第十五章 15

内部会计控制

旅游、餐饮企业内部会计控制作为旅游、餐饮企业内部管理的重要手段和方法越来越受到社会各方面的关注和重视，它对于确保资产的安全完整和会计信息的真实准确发挥了重要作用。旅游、餐饮企业怎样结合自身的经营和管理特点制定旅游、餐饮企业内部会计控制制度是需要认真考虑的问题。

第一节　内部会计控制的目标与原则

会计作为一种管理活动，为了达到提供经济信息的目的，除了要有科学的程序与方法外，还要实施有效的内部会计控制。“内部会计控制是指单位为了提高会计信息质量，保护资产的安全、完整，确保有关法律、法规和规章制度的贯彻执行等而制定和实施的一系列控制方法、措施和程序。”① 有效的内部会计控制可以提高会计信息质量、保护财产安全与完整，确保法律法规、规章制度的贯彻执行。

① 财政部：《内部会计控制规范——基本规范（试行）》，2001 年。

一、内部会计控制的目标

内部会计控制目标是指内部会计控制对象应达到的目标或欲达到的效果。实施内部会计控制离不开正确的控制目标。内部会计控制目标包括：

（一）规范旅游、餐饮企业会计行为，保证会计资料真实、完整

准确可靠的财务会计信息是会计信息使用者进行有效决策的重要依据，也是旅游、餐饮企业评价过去、控制现在及把握未来的重要条件。因此，内部会计控制的首要目标是通过制定和执行恰当的业务程序，采用科学、合理地控制方法使会计活动得到有效的控制，避免差错和弊端的发生，保证会计资料真实、完整，提高财务会计信息的质量水平。

（二）堵塞漏洞、消除隐患，防止并及时发现、纠正错误及舞弊行为，保护单位资产的安全、完整

内部会计控制通过实施严格的控制措施，尤其是不相容职务的分离，形成一种内部相互牵制制约机制。同时，实行限制接近财产和内部定期盘点核对等制度，使财产得到严密的控制，从而可以有效地防止和减少财产物资的损失浪费以及贪污盗窃等问题的发生，保护单位资产的安全与完整。

（三）确保国家有关法律、法规和单位内部规章制度的贯彻执行

国家有关法律、法规和单位内部规章制度是旅游、餐饮企业必须履行的法定义务。而健全、有效的内部会计控制制度则是完成这一义务的重要保证。内部会计控制目标之一就是通过内部会计控制所形成的相互协调与相互制约机制，能够及时地反映、监督、检查和纠正经营管理中的违法违规行为，从而有效地保证国家有关法律、法规和单位内部规章制度的贯彻执行。

二、内部会计控制的原则

为了更好地发挥内部会计控制作用，旅游、餐饮企业应当遵循一定的会计控制原则。内部会计控制原则包括：

1. 合法性原则，即内部会计控制应当符合国家有关法律法规和内部会计控制规范，以及旅游、餐饮企业的实际情况。

2. 有效性原则，即内部会计控制应当约束旅游、餐饮企业内部涉及会计工作的所有人员，任何个人都不得拥有超越内部会计控制的权力。

3. 全面性原则，即内部会计控制应当涵盖旅游、餐饮企业内部涉及会计工作的各项经济业务及相关岗位，并针对业务处理过程中的关键控制点，落实到决策、执行、监督、反馈等各个环节。

4. 不相容职务相分离原则，即内部会计控制应当保证旅游、餐饮企业内部涉及会计工作的机构、岗位的合理设置及其职责权限的合理划分，坚持不相容职务相互分离，确保不同机构和岗位之间权责分明、相互制约、相互监督。

5. 成本效益原则，即内部会计控制应当遵循成本效益原则，以合理的控制成本达到最佳的控制效果。

6. 适时性原则，即内部会计控制应随着外部环境的变化、旅游、餐饮企业业务职能的调整和管理要求的提高，不断修订和完善。

第二节　内部会计控制的内容

内部会计控制内容是内部会计控制的主体和核心，其内容既丰富，又广泛。旅游、餐饮企业具有企业经济活动的一般特征，又有其特殊性，本书着重阐述旅游、餐饮企业内部会计控制的内容。

一、货币资金会计控制

（一）货币资金会计控制目标

对货币资金的控制，最主要的目标是保证货币资金的安全性、完整性、合法性和效益性。

1. 保证货币资金余额的真实、准确。为了实现这一目标。旅游、餐饮企业应建立严格的内部控制制度，发挥“内部牵制”功效，从岗位设置、人员职责分工入手，严格限制未经授权的人员对货币资金的直接接触，采取定期盘点、财产记录、账实核对，做到“账实、账表”核对一致。

2. 检查货币资金的取得、使用是否符合国家财经法规，使其发挥最大效益。为此，一要保证货币资金按规定的用途使用，同时还要满足生产经营活动对货币资金的需要；二要加强对货币资金支出的控制，严格审批、控制每一笔支出，防止侵占、挪用货币资金行为的发生。

（二）货币资金控制的内容

主要是对货币资金收入、保管、支付等全过程中的关键点进行严格控制。

1. 货币资金的完整性控制。是指对旅游、餐饮企业特定会计期间发生的货币资金收支业务是否均已按规定计入有关账户。通过检查销售、采购业务或应收账款、应付账款的收回和归还情况，或余额截止日后入账的收入和支出，查找未入账的货币资金。具体包括：银行对账单控制、发票与收据控制、业务量控制以及往来账项核对控制等。

2. 货币资金安全性控制。是指旅游、餐饮企业通过岗位分离控制、账实盘点控制、库存现金限额控制、实物隔离控制等手段，对旅游、餐饮企业的库存现金、银行存款、其他货币资金以及变现能力强的应收、应付票据的控制。

3. 货币资金合法性控制，主要是指针对货币资金的收入与支付合法性控制。一般都采用加大内部监督检查力度的方法，如加大对货币资金收付复核的力度、实行严格的授权审批制度、重点控制大笔金额货币资金支付等。必要时旅游、餐饮企业也可以利用政府职能部门、社会力量（会计师事务所审计）来加强货币资金的监督和检查。

4. 货币资金效益性控制，是指服从旅游、餐饮企业财富最大化的财务管理目标，通过运用各种筹资、投资等手段，合理、高效地持有和使用货币资金的控制方法。企业可制定货币资金收支的计划，在合理预测一定时期货币资金存量的情况下，通过实施推迟付款或提前收回货款等方法解决货币资金的缺口，充分利用闲置资金，使其发挥最大效益。

5. 票据管理责任的控制，企业应当加强与货币资金相关的票据的管理，明确各种票据的购买、保管、领用、背书转让、注销等环节的职责权限和程序，并专设登记簿进行记录，防止空白票据的遗失和被盗用。财务专用章应由专人保管，个人名章必须由本人或其授权人员保管。严禁一人保管支付款项所需的全部印章。按规定需要有关负责人签字或盖章的经济业务，必须严格履行签字或盖章手续。

二、应收款项的控制

1. 旅游餐饮企业应当建立销售与收款业务的岗位责任制，分别设立办理销售、服务、收款三项业务的部门（或岗位），明确相关部门和岗位的职责、权限，确保办理销售与收款业务的不相容岗位相互分离、制约和监督。

2. 加强对赊销业务的管理，对符合赊销条件的客户，应经审批人批准后方可办理赊销业务；超出销售政策和信用政策规定的赊销业务，应当实行集体决策审批。

3. 应当按客户设置应收账款台账，及时登记每一客户应收账款余额增减变动情况和信用额度使用情况。对长期往来客户应当建立起完善的客户资料，并对客户资料实行动态管理，及时更新。比如，应当建立应收账款账龄分析制度和逾期应收账款催收制度。销售部门（或岗位）负责应收账款的催收，财会部门（或岗位）督促销售部门（或岗位）加紧催收。对催收无效的逾期应收账款可通过法律程序予以解决。

对于可能成为坏账的应收账款应当报告有关决策机构，由其进行审查，确定是否确认为坏账。发生的各项坏账，应查明原因，明确责任，并在履行规定的审批程序后进行会计处理。

注销的坏账应当进行备查登记，做到账销案存。已注销的坏账又收回时应当及时入账，防止形成账外款。

4. 应当有专人保管应收票据，对于即将到期的应收票据，应及时向付款人提示付款；已贴现票据应在备查簿中登记，以便日后追踪管理。应收票据的取得和贴现必须经由保管票据以外的主管人员的书面批准。对于逾期票据，应严格冲销管理程序和追踪监控。

5. 应当定期与往来客户通过函证等方式核对应收账款、应收票据、预收账款等往来款项。如有不符，应查明原因，及时处理。

三、实物资产的控制

实物资产会计控制，主要从实物的取得、保管、领用、发出、盘点、处理等环节找出关键控制点，采用授权批准、会计记录与实物保管相互分离和制约、非实物保管人员无权领发货物等一系列控制方法，防止各种实物资产的被盗、偷拿、毁损和流失。

（一）商品、物资资金控制

旅游、餐饮企业为了方便顾客，并实现增加收入的目的，一般设有商品部、餐饮部甚至零售商场，这些部门单位都存有一定的库存商品或物资。应在以下方面加强这些商品物资的控制：

1. 采购。采购业务应由专门的人员负责，并且相关的采购要经过企业内部授权人员的批准，就采购商品的种类、数量、价格标准等作出一定的规定，采购人员在此基础上进行采购。

2. 验收。无论是饭店还是宾馆、旅行社，对所购入的货物要经过验收程序，确保其符合确定的质量标准，并且在验收过程中要对取得存货的品种、规格、数量进行核对后才能作为企业的库存材料或商品。对于验收过程中发现的异常情况，负责验收的部门和人员应当立即指出，经查明原因后，视存货的不同取得方式进行相应处理。负责存货项目验收的人员不能同时也负责采购。

3. 存储。企业取得的存货入库，须由仓库进行点验和检查，然后签收。签收以后，按照实际入库的数量通知财务部门。仓库应加强对存货的日常管理，严格限制未经授权的人员接触存货。仓库应建立存货的分类管理制度，对贵重物品、精密仪器、危险品等重要存货，应当采取额外措施，保证存货的保管。另外，仓库应建立健全存货的清查盘点制度，定期或不定期地对各类存货进行实地清查和盘点，对于存货的损失、损坏、变质和长期积压等情况，以及发现的存货的盘盈、盘亏等，应及时进行处理。

4. 发货。饭店厨房、零售商场、客人服务部的仓库必须根据经批准的领料单或其他经批准的销售凭据发货，发货以后应对发出存货的品种、数量等进行详细记录。企业因生产、管理等需要领用原材料等存货的，应当履行审批手续。

5. 盘点控制，定期对商品实物计点数量，账实核对。不仅检查盘点数和账面数之间相符情况，还要定期对商品质量进行分析，查看有无损坏、变质或长期不流动的情况，检查结果应予记录。仓库应建立最低库存量的报警系统，或者指定专人逐日对各种商品库存量进行追踪。对处置残、次、冷、背存货，应根据企业内部的管理权限，经授权管理部门批准后实施。

（二）固定资产控制

固定资产是旅游、餐饮企业重要的资产项目。固定资产的安全、完整对旅游、餐饮企业的商品经营活动影响极大，固定资产管理一旦失控，所造成的损失远远超过一般的流动资产。因此，旅游、餐饮企业应高度重视对固定资产的内部控制。良好的固定资产的内部控制主要包括以下几个方面。

1. 职责分工制度。对固定资产的取得、记录、保管、使用、维修、处置等，均应明确划分责任，由专门部门和专人负责。明确的职责分工制度，有利于防止舞弊，有利于固定资产的维护和保养。

2. 授权批准制度。完善的授权批准制度包括：旅游、餐饮企业资本性预算只有经过董事会等上级部门批准方可生效；所有固定资产的取得和处置均需经企业管理层的书面认可。

3. 账簿记录制度。除固定资产总账外，旅游、餐饮企业还须设置固定资产明细分类账和固定资产登记卡，按固定资产类别、使用部门对各项固定资产进行明细分类核算，固定资产的增减变化均应有充分的原始凭证。

4. 维护保养制度与处置制度。固定资产应有严密的维护保养制度，以防止其因各种自然和人为的因素而遭受损失，并应建立日常维护和定期检修制度，以延长其使用寿命固定资产的处置，包括投资转出、报废、出售等，这些都要有一定的申请报批程序。

5. 定期盘点制度。对固定资产定期实地盘点，可以验证账列各项资产是否真实存在，了解资产放置地点和使用状况。

四、采购与付款控制

采购与付款业务是旅游、餐饮企业商品购销活动的重要环节。采购与付款控制在整个内部会计控制中具有重要地位。

（一）采购与付款的内部控制目标

1. 合理经济地开展各种在途物资业务。保证购入的商品必须符合消费者的要求，适应市场的需要。

2. 保证采购的商品及时、足额入库，并保证商品安全与完整。

3. 及时支付各种货款。对已验收入库的采购商品，应按照合同的规定及时支付相应的货款，以维护良好的信誉。

（二）采购业务的控制

采购业务的内部控制应包括如下内容：

1. 分工与授权。商品的采购、验收、储存、会计及财务部门在人员安排及职责分工等方面应相互独立，以防止职责不清，出现错弊不易查找；偿还债务也应经上述部门进行相应确认或批准。

2. 请购。请购单应适应不同的情况灵活编制；有时可以根据商品的采购计划和市场销售情况及提货时间编制；有时也可设计自动请购程序，一旦商品库存水平降到某一点，即可请购；有时可由库管人员、售货员依照实际情况而定。

3. 采购。采购部门根据计划、授权或存储部门填制的请购单进行采购。购货之前均须填制正式订货单，并将订单副本分送会计部门和验收部门。

4. 验收。购入的货品运达后，均应由独立于采购、存储等部门以外的其他部门负责验收。验收部门应根据运单、发票、合同及产品说明书等检查货物的数量和质量，并据实填制验收单。验收单必须顺序编号。验收完毕，应立即将验收的货物转运存储部门，并将验收单副本分送来购部门、存储部门和会计部门。

（三）采购货款的控制

1. 复核。财务部门收到购货发票后，应立即送交采购部门，将购货发票、订货单及验收单进行比较，确认货物种类、数量、价格、折扣条件、付款金额及方式是否相符。

2. 付款。有关现金支出须经采购部门填制应付凭单，并经有关部门批准后方可支付货款。

3. 记账。会计部门收到有关单据后应及时编制记账凭证，登记账簿；应付账款总账和明细账应按月结账，并相互核对；对于现金折扣，应采用总价法记录，并制定严格的复核制度。

4. 对账。会计部门应按月向供货方取得对账单，并将其与应付账款明细账和未付凭单明细表相互核对。如有差异，应查明发生差异的原因。

五、销售与收款控制

旅游、餐饮企业的流动资金随着企业的购销活动而不断地按照“货币—商品—货币”方式周转变化。企业以货币资金购进商品，因销售商品又收回货币资金。商品销售的过程既是企业实现商品价值取得货币收入的过程，也是新的商品流转过程的起点。加强企业销售与收款控制具有重要的意义。

（一）销售与收款的控制目标

1. 保证销售业务合规合法。通过内部控制制度的建立和实施，保证企业销售收入在有关账户及时、准确和完整加以记录，防止转移收入侵吞货款行为的发生，保证销售业务的合规合法。

2. 预防销售与收款过程中的各种差错。旅游、餐饮企业的销售与付款业务发生频繁，存在大量的现金交易，稍有疏忽就有可能出现差错，因此，内部会计控制的重要目标就是预防销售与收款过程中的各种差错。

3. 保证销货款及时、足额收回。销售商品取得货币资金收入，是补偿企业各种消耗、维持企业再生产的资金来源，如不能及时、足额收回货款，势必影响生产经营活动，因此，应加强对货款回收的控制。

（二）商品销售与收款业务的控制

1. 合理确定销货收款方式。旅游、餐饮企业的销货收款方式，主要有两种：一是“一手钱，一手货”的方式，是由营业员直接收款。在这种方式下，营业员既管货，又管钱；二是集中收款方式，由专设收款台或收款人员负责收款。这两种销货收款方式各有利弊。企业应根据商品的特点（如商品价值高低等），采用不同的销货收款方式，正确组织销货结算。

2. 制订和执行有关的业务操作制度以及价格管理制度，提高服务质量，改善经营管理，堵塞漏洞，防止收款过程中的差错。

3. 按照现金管理办法的规定，旅游、餐饮企业由于销售商品而收进的现金，除找零用外，都必须及时送存银行。因此，旅游、餐饮企业每天的销货进款，必须及时送存银行。旅游、餐饮企业向银行送存销货款的送款方式有两种：一种是经过财务部门集中送存银行；另一种是由所属门市部营业柜、组直接向银行送款，然后将银行盖章的“送款回单”报送财务部门。财务部门应结合企业经营规模、组织机构以及距离银行远近等情况，会同业务部门研究确定送款方式以及送款次数和时间，以利于银行及时回笼货币并加速企业的资金周转，保证现金安全。

对于企业每天将销货款交存银行后发生的零星销货款，通常是销货款与找零用现款混在一起。营业柜、组在每日营业结束后，对这些款项，必须清点登记，并集中到财务部门或指定地点妥善加锁封存，以防被盗。

六、费用和成本的控制

通费既是商品在流通过程中所必需的开支，也是商品流通领域中社会财富的一种耗费和损失。商品成本是企业为获得商品销售利润所付出的代价。加强流通费和商品成本的控制，可以减少社会财富的耗费和损失，增加企业的经济效益和社会效益。

（一）做好商品流通费和商品成本控制的各项基础工作

为了有效地进行商品流通费和商品成本的控制，要做好各项基础工作，如商品流通费用和各项消耗定额的制定和修订工作；商品、材料物资的计量、收发、领退和盘点制度；商品流通费和商品成本的原始记录等。

（二）制定流通费用标准，分解费用指标

在日常费用管理中，对于经常发生的具有规律性，支出平稳与某种事物相关的费用应制定支出标准控制开支，例如对办公费可以按人制定定额标准；商品养护费可以与储量对比制定系数标准；保管费也可与储存量对比制定定额标准：商品损耗也可以制定定额标准。通过制定标准可以按科室、组、个人，分配定额，实行民主管理。

为了调动职工积极性，发挥费用预算的指导作用，可以把费用预算进行分解，如保管金交由仓库部门控制；运费由进货部门控制：水电费、租赁费按营业面积分摊；利息由财务部门控制；广告费、样品费由销售部门控制。

（三）采用科学的商品流通费控制方法

控制商品流通费可以采用预算控制法、归口分级控制法和凭证控制法。

1. 预算控制法。即通过编制商品流通费预算控制其支出。对流通费用采用预算控制，既可以确定费用开支计划，也为各项费用支出规定了限额，起到限制费用支出的作用。直接费用和流通额密切相关，一般可以按预算的绝对金额进行直接控制。这类费用项目可以实施弹性预算，即依据业务量确定各直接费用项目的费用金额，按业务量进行控制。

2. 归口分级控制法。是按照谁开支谁管理的精神，把各项费用划归各级经营组织和各职能科室管理。财会部门负责全面的综合管理。

3. 凭证控制法。即通过审核费用支出凭证控制商品流通费用的一种方法。凭证控制的依据主要有：费用开支范围、费用开支标准和费用预算（或计划）。即通过凭证的审核，对不属于商品流通费开支范围的，超过开支标准的和预算外的一切支出进行严密的控制和监督，同时，对凭证中的业务量进行核实，对凭证的真伪进行辨析，以发挥控制作用。

（三）考核成本费用指标的完成情况

旅游、餐饮企业考核成本费用指标完成情况的内容包括已销商品进价成本和商品流通费。考核时可采取综合考核与分类考核相结合的办法。综合考核标为企业成本率，分类考核指标为企业费用率和进价成本率。

第三节　内部会计控制的方法

内部会计控制方法是指实施内部会计控制所采取的手段、措施及程序等。我国《内部会计控制——基本规范》提出的内部会计控制方法主要包括：不相容职务相互分离控制、授权批准控制、会计系统控制、预算控制、财产保全控制、风险控制、内部报告控制、电子信息技术控制等。

一、不相容职务相互分离

不相容职务，是指某些职务若由一人（或一个部门）担任，既可能弄虚作假，又能够自己掩盖其舞弊行为的职务。不相容职务主要包括授权批准、业务经办、会计记录、财产保管、稽核检查等职务。不相容职务相互分离控制要求单位按照不相容职务相分离的原则，合理设置会计及相关工作岗位，明确职责权限，形成相互制衡机制。

旅游、餐饮企业应分离的职务主要表现在以下方面：

1. 商品购销环节。如每一项商品购销活动的授权职务与执行该项业务的职务要分离，如商场内部有权决定购买商品的人员不能同时兼任采购员职务等；执行某一经济业务和审核该经济业务的职务要分离，如填写销货发票的人员不能兼任审核人员。

2. 商品储存环节。保管库存商品及其他财产物资和核对实存数与账存数的职务要分离。

3. 会计核算环节。如记录库存商品、往来款项、收入与费用、财务成果、资本基金等明细账和记录总账的职务要分离；登记日记账和登记总账的职务要分离。

4. 会计核算环节与财产保管环节。如保管商品某些财产物资和对其进行记录的职务要分离，如会计部门的出纳员与记账员要分离，不能兼任；执行某项经济业务和记录该项业务的职务要分离，如销货人员不能同时兼任会计记账工作。

二、授权批准控制

授权批准控制是指对企业内部部门或员工处理与会计相关业务的权限控制。企业内部某个部门或某个员工在处理会计相关业务时，必须经过授权批准才能进行，否则就不能进行。授权批准有一般授权和特定授权两种形式。一般授权是对办理一般经济业务时权力等级和批准条件的规定，通常在单位的规章制度中予以明确；特定授权是对特定经济业务处理的权力等级和批准条件的规定，如当某项经济业务的数额超过某部门的批准权限时，只有经过特定授权批准才能处理。

为了发挥授权批准控制的作用，授权批准控制应符合以下基本要求：

1. 要明确一般授权与特定授权的界限和责任。

2. 要明确每类经济业务的授权批准程序。

3. 要建立必要的检查制度，以保证经授权后所处理的经济业务的工作质量。

三、会计系统控制

会计系统控制就是通过对企业发生的各项经济业务进行确认、计量、记录和报告等活动而实施的控制。会计系统控制要求单位依据我国《会计法》和国家统一的会计制度，制定适合本单位的会计制度，明确会计凭证、会计账簿和财务会计报告的处理程序，建立和完善会计档案保管和会计工作交接办法，实行会计人员岗位责任制，充分发挥会计的监督职能。

四、预算控制

预算是用数字形式编制的未来一定时期的计划，或者说是未来一定时间实现企业经营目标的具体化、数量化步骤。预算控制要求企业对单位各项经济业务编制详细的预算或计划，并通过授权，由有关部门对预算或计划的执行情况进行控制。通过预算控制，使得企业的经营目标转化为各部门、各个岗位以至个人的具体行为目标，作为各受控单位的约束条件，能够从根本上保证企业经营目标的实现。预算控制的基本要求是：

1. 所编制预算必须体现单位的经营管理目标，并明确责权。

2. 预算在执行中，应当允许经过授权批准对预算进行调整，以使预算更加符合实际。

3. 应当及时或定期反馈预算执行情况。

为了满足预算控制的基本要求，应注意抓好预算体系的建立（包括预算项目、标准和程序）、预算的编制和审定、预算指标的下达及相关责任人或部门的落实、预算执行的授权、预算执行过程的监控、预算差异的分析和调整、预算业绩的考核等环节的工作。

五、财产保全控制

财产保全是指对实物资产的安全保护。财产保全控制主要包括接近控制、定期盘点控制和会计记录要妥善保护等控制措施。

1. 限制接近，指以严格控制对实物资产及与实物资产有关文件的接触，如限制接近现金，现金收支的管理应该局限于特定的出纳人员，并且出纳人员要与现金记录人员和登记应收账款的人员相分离。在旅游、餐饮企业中，可以通过在营业时间中和营业时间后控制接近库房的方式对实物进行保护。对贵重商品采用带锁的营业柜，以及聘用专人日常巡视和采用某些监控设备等实物保护控制措施。

2. 定期盘点，指定期对实物资产进行盘点，并将盘点结果与会计记录进行比较，盘点结果与会计记录如不一致，应找出原因，及时采取相应措施加强管理。

3. 会计记录要妥善保护，应严格限制接近会计记录的人员，以保证不相容职务分离的有效性。会计记录应妥善保存，对某些重要资料如定期的财务报告等要留有后备记录，以便在遭受意外损失或毁坏时重新恢复。经过计算机处理的会计资料，后备记录更为重要。

六、风险控制

风险一般是指某一行动的结果具有多样性。当某一行动的结果具有多种可能而不肯定，就叫有风险；反之，若某一行动的结果是很肯定的，就叫没有风险。风险按其形成原因一般可分为经营风险和财务风险两大类。经营风险是指因生产经营方面的原因，如商品的供应、商品销售市场情况的变化，以及不可预见的自然因素的变化等给企业盈利带来的不确定性。财务风险又称筹资风险，是指由于举债而给企业财务状况带来的不确定性。借入资金就要还本付息，一旦企业无力偿付到期债务，便会陷入财务困境甚至破产。企业要树立风险意识，针对各个风险控制点，建立有效的风险管理系统，通过风险预警、风险识别、风险评估、风险分析、风险报告等措施，对财务风险和经营风险进行全面防范和控制。

七、内部报告控制

内部报告控制要求单位建立和完善内部报告制度，全面反映经济活动情况，及时提供业务活动中的重要信息，增强内部管理的时效性和针对性。旅游、餐饮企业常用的内部报告有：①商品流转分析报告；②商品流通费用分析报告；③企业资产分析报告；④企业财务分析报告等。

八、电子信息技术控制

会计电算化和电子商务的发展对信息的安全性提出更严格的要求，加强电算化的控制势在必行。电子信息技术控制要求运用电子信息技术手段建立内部会计控制系统，减少和消除人为操纵因素，确保内部会计控制的有效实施；同时要加强对财务会计电子信息系统开发与维护、数据输入与输出、文件储存与保管、网络安全等方面的控制。

参考文献

1. 王国生编著：《新编旅游、餐饮企业会计》，中国轻工业出版社1995 年版。

2. 宋雪鸣、费志冰主编：《饭店财务运转与管理》，高等教育出版社 2008 年版。

3. 蔡凤娇编著：《酒店会计实务》，江西人民出版社 2010 年版。

4. 李勇平编著：《餐饮服务与管理》，东北财经大学出版社 2010 年版。

5. 国瑞会计研究中心编著：《旅游、餐饮企业会计核算实务》，中华工商联合出版社 2008 年版

6. 2010 年度注册会计师全国统一考试辅导教材《会计》。

7. 王国生编：《旅游、餐饮企业会计实务》，《经济活页文选》，中国财政经济出版社 2006 年总第 87 期。